精准扶贫成效评估技术与方法

Technology and Method for Targeted Poverty Alleviation Effectiveness Assessment

刘彦随 等 著

科 学 出 版 社

北 京

内 容 简 介

精准扶贫成效评估技术与方法，是系统开展精准扶贫工作成效评估调查的主要规程与技术指南，在保障精准扶贫成效评估工作规范性、严谨性和决策科学性方面发挥着重要作用。本书是中国科学院精准扶贫评估研究中心专家团队结合主持开展国家精准扶贫工作成效第三方评估任务，经历多年研究和应用完善而成。本书重点阐述评估技术体系与流程、评估技术方案研制、实地调查核实规程、报告撰写方法要领、大数据平台系统应用等技术要点。

本书可供精准扶贫工作成效评估、贫困县退出评估，以及其他发展中国家和地区有关减贫与发展、城乡融合、可持续发展等政策落实的第三方评估者、决策者等使用，也可供地理学、社会学、区域发展、公共管理、农村经济、乡村振兴等相关领域学者和管理者等参考。

审图号：GS（2020）5029号

图书在版编目（CIP）数据

精准扶贫成效评估技术与方法 / 刘彦随等著. —北京：科学出版社，2020.11

ISBN 978-7-03-061057-7

Ⅰ. ①精… Ⅱ. ①刘… Ⅲ. ①扶贫-评估方法-中国 Ⅳ. ①F126

中国版本图书馆CIP数据核字（2019）第069557号

责任编辑：陈会迎 / 责任校对：贾伟娟

责任印制：张 伟 / 封面设计：无极书装

科学出版社出版

北京东黄城根北街16号

邮政编码：100717

http://www.sciencep.com

北京中石油彩色印刷有限责任公司 印刷

科学出版社发行 各地新华书店经销

*

2020年11月第 一 版 开本：720×1000 B5

2020年12月第二次印刷 印张：15

字数：300 000

定价：152.00元

（如有印装质量问题，我社负责调换）

前　言

评估是指由专门机构和人员，遵循法定的程序与规范，依据一定的目的与原则，按照特定的技术与科学方法，对某一对象、某种方案或工程成效进行评价估量的过程。第三方评估是政府绩效管理创新的重大举措，实施精准扶贫方略，通过引进独立、客观的第三方评价机制，有助于发现问题、以评促改和精准施策。在我国推进全面深化改革、决胜全面建成小康社会的新时期，科学实施第三方评估，对于提升科学决策能力、加快服务型政府建设，具有不可替代的引领和支撑作用。国家精准扶贫工作成效第三方评估，是实施全国脱贫攻坚考核评估的重要依据，是完善贫困治理体系的根本途径，是贫困地区主体性的重要体现，是打赢脱贫攻坚战，巩固提升脱贫成果，建立解决相对贫困长效机制，进而推进乡村振兴，实现农业农村现代化的主要内容。

2015 年 11 月，《中共中央 国务院关于打赢脱贫攻坚战的决定》（中发〔2015〕34 号）提出，要“健全精准扶贫工作机制”，“建立对扶贫政策落实情况和扶贫成效的第三方评估机制”。2016 年 2 月，中共中央办公厅、国务院办公厅印发的《省级党委和政府扶贫开发工作成效考核办法》指出，“考核工作从 2016 年到 2020 年，每年开展一次”，由“国务院扶贫开发领导小组委托有关科研机构和社会组织，采取专项调查、抽样调查和实地核查等方式”，对“中西部 22 个省（自治区、直辖市）党委和政府扶贫开发工作成效”进行考核，考核内容包括“建档立卡贫困人口识别、退出精准度”“驻村工作队和帮扶责任人帮扶工作的满意度”等。

2016 年以来，受国务院扶贫开发领导小组委托，在国务院扶贫开发领导小组办公室（简称国务院扶贫办）、中国科学院的指导和领导下，由中国科学院地理科学与资源研究所、中国科学院精准扶贫评估研究中心负责组织评估专家团队，已连续五年完成了国家精准扶贫工作成效第三方评估任务。为全面系统开展考核评估，服务支撑国家精准扶贫战略，评估专家组在领导小组、总体组的指导和中国科学院 STS（science and technology service network initiative，科技服务网络计划）项目资助下，率先开展了国家精准扶贫工作成效评估技术与方法（简称评估技术方法）研制，并在历年评估调查实践中得到应用和完善，既保证了评估工作落实最严格的考核评估、获取真实数据资料，又增强了评估工作的系统性、规范性，确保了评估结果的科学性、合理性。尤其应用团队研发的“国家精准扶贫成效第三方评估大数据平台”系统及“精评通”APP（application，第三方应用程序）全数据采集系统、标准化数据分析决策系统，使工作效率较常规方式提高 30%、成本降低 40%，产生了显著的经济和社会效益。

评估技术方法是国家精准扶贫工作成效第三方评估总体组在认真学习党的十九大关于新时代精准扶贫新思想、新要求，贯彻落实《中共中央 国务院关于打赢脱贫攻坚战三年行动的指导意见》，以及《省级党委和政府扶贫开发工作成效考核办法》的基础上，充分发挥专业优势和专家团队作用组织研究，并经历五年评估实践检验完善撰写形成的。该方法主要内容包括第三方评估依据与原则、评估技术体系与流程、评估技术方案研制、实地调查核实规程、报告撰写方法要领、大数据平台系统应用等内容。

在评估技术方法研讨与调查过程中，我们得到了国务院扶贫办、中国科学院相关司（局）、发展中国家科学院（The World Academy of Sciences，TWAS）、“一带一路”国际科学组织联盟（Alliance of International Science Organizations，ANSO）、国际地理联合会农业地理与土地工程委员会（International Geographical Union Commission on Agricultural Geography and Land Engineering，IGU-AGLE）、中国地理学会的大力支持和专家组成员的指导，以及国家精准扶贫第三方评估团队专家学者的积极参与和配合，特别是国务院扶贫办领导、中国科学院领导出席每年度的评估启动暨培训会并作讲话和指导，国务院扶贫办考核评估司、政策法规司、开发指导司、规划财务司等主要领导亲自为培训会精心授课，在此一并深表谢忱。参加评估技术方法研制、研讨和参加写作的专家学者主要有刘彦随、周成虎、龙花楼、王黎明、但文红、葛咏、方创琳、陈玉福、王介勇、李裕瑞、李玉恒、周扬、杨园园、严茂超、刘晓琼、王永生、刘正佳、曹智、郭远智、龚建周、乔伟峰、余成群、廖和平、杨子生、李同昇、陈兴鹏、王士君、周国华、刘建生、方斌、文琦、海山、程叶青、杜国明、乔家君、曹广超、杨存建、周兴、卢远、杨尽、胡守庚、胡银根、彭留英、员学锋、高军波、朱琳、乔陆印、马立军等，在此一并表示衷心的感谢。

创新应用评估技术方法，有效保证了第三方评估工作的独立、客观、公正、科学原则，得到了国家相关部委、地方政府、基层干部、贫困区群众及评估专家等的多方认可。评估技术方法除了在 2015~2019 年度国家精准扶贫工作成效第三方评估工作中得到应用之外，也在陕西、宁夏、重庆、云南、江西、河南等 20 多个省（自治区、直辖市）开展的精准扶贫工作成效考核评估，以及全国首批贫困县①退出评估中得到应用，成为第三方评估工作规程与技术规范之一。

2020 年如期决战脱贫攻坚、决胜全面建成小康社会，中国将在确保高质量打赢脱贫攻坚战的基础上，开启从消除绝对贫困，过渡到相对贫困与乡村振兴有机衔接的重要转型时期。进入“十四五”规划期，巩固提升脱贫攻坚成果、激发乡村内生发展动力、逐步缩小城乡发展差距的任务依然艰巨。评估技术方法需顺应新形势、迎接新挑战，按照“创新、协调、绿色、开放、共享”的新发展理念和“以国内大循环为主体、国内国际双循环相互促进”的新发展格局要求，进一步优化创新。同时，2020 年后，中国提前 10 年实现联合国减贫目标，成为全球第一个消除整体性、区域性绝对贫困的发展中国家，面向全球人地系统协调与可持续发展目标，以及世界减贫与发展的需要，中国科学院将重点依托 ANSO“一带一路”减贫与发展联盟、发展中国家科学院等平台，率先推进“一带一路”减贫与发展科学计划，尤其是面向南亚及东南亚的跨境减贫与发展基地、中亚及西亚减贫与发展联盟基地建设，进而为全球贫困治理与减贫事业贡献中国智慧和中国方案，为构建世界减贫与发展命运共同体、科技联合体贡献中国精准扶贫评估理论、技术与实践经验。

经过近一年时间的梳理总结，笔者及团队成员对相关评估技术方法进行了集辑并付诸出版，以供精准扶贫工作成效评估、贫困县退出评估，以及发展中国家和地区有关减贫与发展政策落实第三方评估等进行参考。由于时间和精力有限，若有不足和不妥之处，希望得到读者的批评和指正。

刘彦随

2020 年 6 月 9 日

① 贫困县是国家扶贫开发工作重点县和连片特困地区县的统称，为确定扶贫开发工作重点区域，国务院扶贫开发领导小组在贫困县基础上确定了深度贫困县名单。因此，本书提到的深度贫困县、一般贫困县也包含在其中。本书的县包括县、市、区、旗。

目　　录

第一章　绪　　论

贫困是世界性难题和问题。消除贫困是联合国制定的 2030 年全球可持续发展目标（sustainable development goals，SDGs）的首要任务，也是世界各个国家和地区谋求可持续发展的共同责任。中国是世界上人口最多的发展中国家，自中华人民共和国成立以来，扶贫开发一直受到党和政府的高度重视。特别是党的十八大以来，党和政府实施精准扶贫方略，把实现精准扶贫、精准脱贫作为全面建成小康社会的必然要求和底线任务。2015 年 11 月，《中共中央 国务院关于打赢脱贫攻坚战的决定》（中发〔2015〕34 号）提出要“健全精准扶贫工作机制”，“建立对扶贫政策落实情况和扶贫成效的第三方评估机制”。国家精准扶贫工作成效第三方评估是落实“最严格的考核评估”制度的主要内容，是分析、诊断精准扶贫存在问题、评判扶贫工作成效的重要依据。

2015 年 9 月，联合国通过了 2030 年全球可持续发展议程，确立了 17 项可持续发展目标，其中把消除贫困作为核心目标列为首位。中国率先制定实施精准扶贫、精准脱贫方略，2015~2019 年在党中央集中统一领导和全面部署下，取得了举世瞩目的决定性成就，为世界减贫与发展事业做出了典型示范和国家样板。笔者以为，这些成就的取得主要取决于“五个大”，即重大理论创新、宏大制度设计、伟大扶贫实践、浩大帮扶队伍、巨大减贫成效。那么，如何科学分析、准确评判精准扶贫工作成效，更好地总结经验、发现问题、精准施策，就为创新开展国家精准扶贫工作成效第三方评估赋予了新使命、新要求。

国家精准扶贫工作成效第三方评估是一项复杂的系统工程。首先，要系统分析和明晰实施第三方评估工作的背景与要求、开展评估的依据与内容；其次，要研究制定评估调查技术方案与工作流程；最后，要组织评估队伍、开展业务培训，制定抽样技术规则、确定抽样调查方案，制作实地调查问卷、开发 APP 采集系统，开展实地调查、获取真实可靠数据等。只有高度重视、精心组织、周密计划，才能确保评估工作目标明确、组织有序、顺利开展、圆满完成。本章主要介绍国家精准扶贫工作成效第三方评估的评估背景、评估依据、评估指标、评估原则，重点说明什么是第三方评估，为什么要开展第三方评估工作，依据什么开展第三方评估及如何组织实施第三方评估等内容。

第一节　第三方评估

第三方评估是政府创新管理方式的重大举措，具有系统性、公开性和社会性。通过引进独立、客观的第三方评估机制，有助于发现具体问题、以评促改和精准施策。在我国推进全面深化改革、决胜全面建成小康社会的新时期，科学实施第三方评估，对于加快服务型政府建设、提升科学决策能力和水平，具有不可替代的引领和支撑作用。因此，党的十八大以来，第三方评估受到我国政府的高度重视，并尝试开展探索实践，日益成为衡量政府绩效和政策措施落实成效的重要依据。2013 年以来，国务院相继委托国内外多家机构，针对一些重大政策措施落实情况开展了第三方评估。

国家精准扶贫工作成效第三方评估，是实施考核评估的重要方式之一。其实质是完善贫困治理体系的根本途径，是贫困地区主体性的重要体现，是落实精准扶贫、精准脱贫方略，进而推进实施乡村振兴战略，实现农业农村现代化目标的主要内容。国家精准扶贫工作成效第三方评估任务与责任逻辑见图 1-1。评估任务由第二方——国务院扶贫开发领导小组发起，委托第三方机构独立开展评估工作，重点评估第一方——中西部 22 个省（自治区、直辖市）党委和政府对以第二方为代表而制定的国家扶贫开发政策的执行情况，评估工作通过深入基层专项调查扶贫对象的形式开展，评估成果主要用于服务支撑第二方对第一方确定奖惩措施、制定进一步的扶贫政策和策略等。

中国科学院是国家精准扶贫工作成效第三方评估的技术支撑机构，具体由中国科学院地理科学与资源研究所作为独立评估主体，在第三方评估领导小组的直接组织和指导下连续开展了 5 年（2015~2019 年）国家精准扶贫工作成效第三方评估，服务支撑了国家精准扶贫工作成效考核与决策咨询。2015 年 7 月，国务院办公厅委托中国科学院主持开展了“实施精准扶贫、精准脱贫重大政策措施落实情况第三方评估”。2015 年 8 月 26 日，国务院总理李克强主持召开国务院第 103 次常务会议，专门听取了“实施精准扶贫、精准脱贫”等重大政策措施落实情况第三方评估成果的汇报。他强调，决不能让第三方评估报告“束之高阁”。在座的所有部门都要“对号入座”，针对评估中指出的问题要认真研究，并向国务院反馈解决方案。[①]

---

① 李克强：决不能让第三方评估报告“束之高阁”. http://www.xinhuanet.com/politics/2015-08/27/c_1116390800.Htm[2015-08-27].

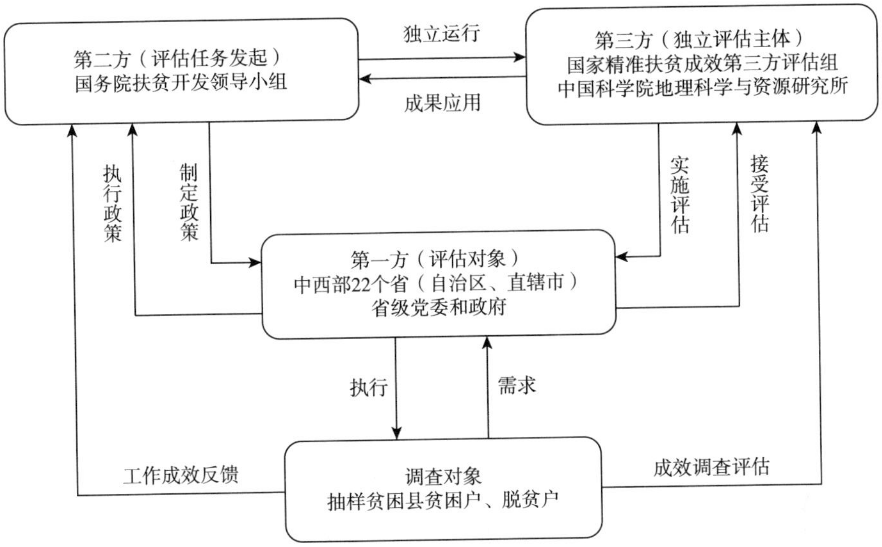

图 1-1 国家精准扶贫工作成效第三方评估任务与责任逻辑

2016 年 7 月 28 日，汪洋副总理在北京主持召开“国家精准扶贫工作成效第三方评估进展及成果汇报会”，对中国科学院牵头承担的第三方评估工作给予了充分的肯定，他强调，精准扶贫第三方评估是国家一项探索性、开创性很强的工作，评估指标就是实施精准扶贫的指挥棒，是促进各级政府扶贫工作的手段①。

2017 年 1 月 14 日，汪洋副总理在山西省武乡县主持召开座谈会，听取了 2017 年国家精准扶贫工作成效第三方评估调查汇报，他强调指出，考核评估是打赢脱贫攻坚战的重要制度保障。既是明确脱贫实效导向的“指挥棒”，也是检验脱贫质量的“质检仪”，更是传导压力、压实责任的“推进器”。②

2018 年 12 月 30 日，在国家精准扶贫工作成效第三方评估启动暨培训会上，国务院扶贫办党组成员、副主任夏更生指出，开展精准扶贫考核评估既是明确脱贫实效导向的“指挥棒”，也是检验脱贫质量的“质检仪”，更是传导压力、压实责任的“推进器”，还是农户满意度、获得感的“温度计”，已连续开展了四年的第三方评估确实发挥了“推进器”、“质检仪”、“指挥棒”和“温度计”的作用，脱贫攻坚取得决定性进展和重大决定性成就，考核评估功不可没。因此，开展国家精准扶贫工作成效第三方评估，已成为打赢脱贫攻坚的重要支撑和主要组成部分，为国家层面及各级政府深入开展精准扶贫工作成效评估与科学决策提出了更高、更严的要求。

---

① 汪洋副总理听取国家精准扶贫工作成效第三方评估成果汇报. http://www.igsnrr.ac.cn/xwzx/zhxw/201608/t20160801_4647316.html[2016-08-01].

② 汪洋副总理在山西调研时看望慰问精准扶贫第三方评估人员. http://www.igsnrr.ac.cn/xwzx/tpxw/201701/t20170117_4737871.html[2017-01-17].

从第三方评估理论创新、顶层设计，到评估的科学组织、功效发挥，充分展现了国家精准扶贫工作成效第三方评估的目标多层次性和组织严密性，突出了评估组织与系统目标的有机统一。第三方评估具体表现为宏观上的顶层设计、中观上的分层协调、微观上的基层落实，即把国家脱贫攻坚的宏观战略、制度创新，经过部门协同、以评促改的系统战法，实现各项战术的基层落实、取得精准成效（图 1-2）。

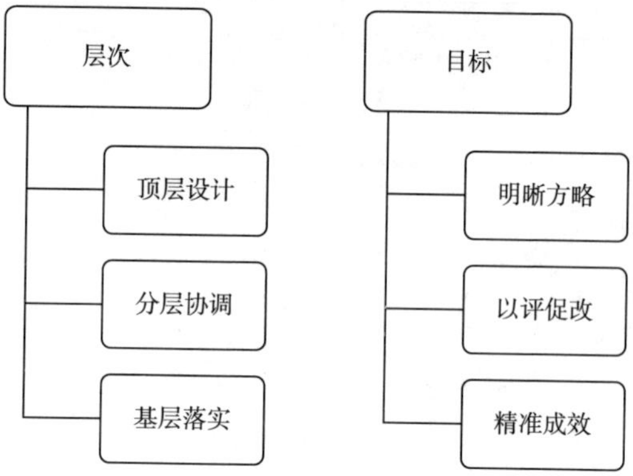

图 1-2 第三方评估层次与目标

第二节 评 估 背 景

2013 年 11 月，习近平到湖南湘西考察时强调，“实事求是、因地制宜、分类指导、精准扶贫”，首次提出了“精准扶贫”的重要思想[①]。精准扶贫的内涵可概括为“六个精准”和“五个一批”。“六个精准”是指扶持对象精准、项目安排精准、资金使用精准、措施到户精准、因村派人精准和脱贫成效精准，“五个一批”是指通过扶持生产和就业发展一批，通过易地搬迁安置一批，通过生态保护脱贫一批，通过教育扶贫脱贫一批，通过低保政策兜底一批。精准扶贫的主要方式是“建档立卡”“五级书记”。

2014 年 1 月，为切实推进国家精准扶贫方略，《中共中央办公厅 国务院办公厅印发〈关于创新机制扎实推进农村扶贫开发工作的意见〉的通知》（中办发〔2013〕25 号），提出“建立精准扶贫工作机制”“国家制定统一的扶贫对象识别办法”“对每个贫困村、贫困户建档立卡，建设全国扶贫信息网络系统”。

2014 年 5 月，为贯彻落实《关于创新机制扎实推进农村扶贫开发工作的意见》

① 王子晖. 十八大以来，习近平对脱贫攻坚作出超强部署. http://www.xinhuanet.com/politics/2017-06/28/c_1121223629.htm[2017-06-28].

中关于“建立精准扶贫工作机制”的精神，国务院扶贫办、中央农村工作领导小组办公室、民政部、人力资源和社会保障部、国家统计局、中国共产主义青年团中央委员会、中国残疾人联合会研究制定了《建立精准扶贫工作机制实施方案》，提出“通过对贫困户和贫困村精准识别、精准帮扶、精准管理和精准考核，引导各类扶贫资源优化配置，实现扶贫到村到户，逐步构建精准扶贫工作长效机制，为科学扶贫奠定坚实基础”。

2015 年 11 月，《中共中央 国务院关于打赢脱贫攻坚战的决定》（中发〔2015〕34 号）颁布，明确了打赢脱贫攻坚战的总体目标与基本原则（专栏 1-1），提出要“健全精准扶贫工作机制”“建立对扶贫政策落实情况和扶贫成效的第三方评估机制”。2016 年 2 月，中共中央办公厅、国务院办公厅印发了《省级党委和政府扶贫开发工作成效考核办法》，根据该考核办法，从 2016 年到 2020 年由国务院扶贫开发领导小组委托有关科研机构和社会组织，采取专项调查、抽样调查和实地核查等方式，对中西部 22 个省（自治区、直辖市）党委和政府扶贫开发工作成效的相关考核指标进行第三方评估。该考核办法成为组织开展国家精准扶贫工作成效第三方评估的主要依据和要求。

专栏 1-1

打赢脱贫攻坚战的总体目标与基本原则

我国扶贫开发已进入啃硬骨头、攻坚拔寨的冲刺期。中西部一些省（自治区、直辖市）贫困人口规模依然较大，剩下的贫困人口贫困程度较深，减贫成本更高，脱贫难度更大。实现到 2020 年让 7 000 多万农村贫困人口摆脱贫困的既定目标，时间十分紧迫、任务相当繁重。必须在现有基础上不断创新扶贫开发思路和办法，坚决打赢这场攻坚战。

总体目标：

到 2020 年，稳定实现农村贫困人口不愁吃、不愁穿，义务教育、基本医疗和住房安全有保障。实现贫困地区农民人均可支配收入增长幅度高于全国平均水平，基本公共服务主要领域指标接近全国平均水平。确保我国现行标准下农村贫困人口实现脱贫，贫困县全部摘帽，解决区域性整体贫困。

基本原则：

——坚持党的领导，夯实组织基础。充分发挥各级党委总揽全局、协调各方的领导核心作用，严格执行脱贫攻坚一把手负责制，省市县乡村五级书记一起抓。切实加强贫困地区农村基层党组织建设，使其成为带领群众脱贫致富的坚强战斗堡垒。

——坚持政府主导，增强社会合力。强化政府责任，引领市场、社会协同发力，鼓励先富帮后富，构建专项扶贫、行业扶贫、社会扶贫互为补充的大扶贫格局。

——坚持精准扶贫，提高扶贫成效。扶贫开发贵在精准，重在精准，必须解决好扶持谁、谁来扶、怎么扶的问题，做到扶真贫、真扶贫、真脱贫，切实提高扶贫成果可持续性，让贫困人口有更多的获得感。

——坚持保护生态，实现绿色发展。牢固树立绿水青山就是金山银山的理念，把生态保护放在优先位置，扶贫开发不能以牺牲生态为代价，探索生态脱贫新路子，让贫困人口从生态建设与修复中得到更多实惠。

——坚持群众主体，激发内生动力。继续推进开发式扶贫，处理好国家、社会帮扶和自身努力的关系，发扬自力更生、艰苦奋斗、勤劳致富精神，充分调动贫困地区干部群众积极性和创造性，注重扶贫先扶智，增强贫困人口自我发展能力。

——坚持因地制宜，创新体制机制。突出问题导向，创新扶贫开发路径，由“大水漫灌”向“精准滴灌”转变；创新扶贫资源使用方式，由多头分散向统筹集中转变；创新扶贫开发模式，由偏重“输血”向注重“造血”转变；创新扶贫考评体系，由侧重考核地区生产总值向主要考核脱贫成效转变。

2016年12月，在2016年全国扶贫开发工作会议上，国务院扶贫办提出从2017年起将实行严格的考核评估制度，其中要对中西部22个省（自治区、直辖市）党委和政府扶贫开发工作成效进行第三方评估。按照国务院扶贫开发领导小组的要求，经过公开竞标和顶层系统设计，2016年由中国科学院组织开展了国家精准扶贫工作成效第三方评估预评估，2017年正式开展第三方评估。

2018年6月15日，《中共中央 国务院关于打赢脱贫攻坚战三年行动的指导意见》在“完善脱贫攻坚考核监督评估机制”中要求：“改进对省级党委和政府扶贫开发工作成效第三方评估方式，缩小范围，简化程序，精简内容，重点评估‘两不愁、三保障’实现情况，提高考核评估质量和水平。”这为进一步总结评估实践经验，提升评估工作质量、效率与技术水平，为服务支撑打赢打好脱贫攻坚战，提出了更高、更严的要求。

第三节 评估依据

根据中共中央办公厅、国务院办公厅印发的《省级党委和政府扶贫开发工作成效考核办法》，第三方评估组需深入分析中西部22个省（自治区、直辖市）深入分析在精准识别、精准帮扶、精准退出和政策措施落实等方面存在的主要问题，为扶贫开发工作成效考核与分析评价提供数据支持和参考依据。该考核办法规定的省级党委和政府扶贫开发工作成效考核内容见专栏 1-2。

专栏 1-2

省级党委和政府扶贫开发工作成效考核内容

考核内容包括以下几个方面：

（一）减贫成效。考核建档立卡贫困人口数量减少、贫困县退出、贫困地区农村居民收入增长情况。

（二）精准识别。考核建档立卡贫困人口识别、退出精准度。

（三）精准帮扶。考核对驻村工作队和帮扶责任人帮扶工作的满意度。

（四）扶贫资金。依据财政专项扶贫资金绩效考评办法，重点考核各省（自治区、直辖市）扶贫资金安排、使用、监管和成效等。

考核工作于每年年底开始实施，次年 2 月底前完成，按以下步骤进行：

（一）省级总结。各省（自治区、直辖市）党委和政府，对照国务院扶贫开发领导小组审定的年度减贫计划，就工作进展情况和取得成效形成总结报告，报送国务院扶贫开发领导小组。

（二）第三方评估。国务院扶贫开发领导小组委托有关科研机构和社会组织，采取专项调查、抽样调查和实地核查等方式，对相关考核指标进行评估。

（三）数据汇总。国务院扶贫办会同有关部门对建档立卡动态监测数据、国家农村贫困监测调查数据、第三方评估和财政专项扶贫资金绩效考评情况等进行汇总整理。

（四）综合评价。国务院扶贫办会同有关部门对汇总整理的数据和各省（自治区、直辖市）的总结报告进行综合分析，形成考核报告。考核报告应当反映基本情况、指标分析、存在问题等，作出综合评价，提出处理建议，经国务院扶贫开发领导小组审议后，报党中央、国务院审定。

（五）沟通反馈。国务院扶贫开发领导小组向各省（自治区、直辖市）专题反馈考核结果，并提出改进工作的意见建议。

第四节 评估指标

《省级党委和政府扶贫开发工作成效考核办法》要求第三方评估考核的内容主要包括精准识别和精准帮扶两个方面，并指出精准识别的考核指标为贫困人口识别准确率和贫困人口退出准确率，精准帮扶的考核指标为因村因户帮扶工作群众满意度，概括为“两率一度”（图 1-3）。

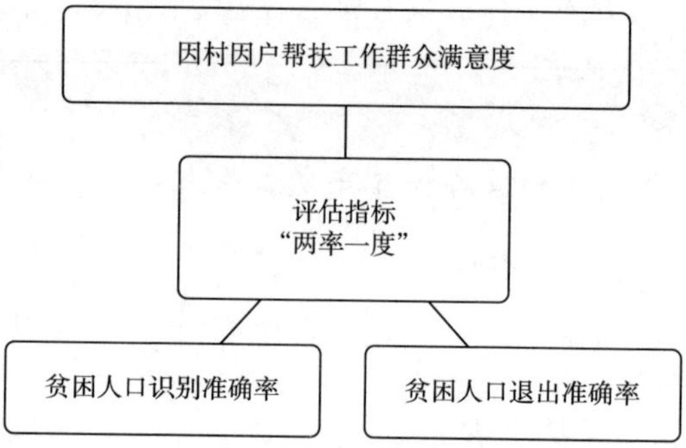

图 1-3　第三方评估指标

2016~2018 年，国务院扶贫开发领导小组委托中国科学院地理科学与资源研究所开展了国家精准扶贫工作成效第三方评估，探索形成了扶贫开发工作成效第三方评估指标体系。其中，贫困人口识别准确率包括贫困人口错评率、贫困人口漏评率 2 个指标，贫困人口退出准确率包括脱贫人口错退率 1 个指标；因村因户帮扶工作群众满意度包括群众满意度 1 个指标。

贫困人口漏评率指调查非贫困人口核实的漏评户占抽查村（组）非建档立卡户的比重。贫困人口错评率指抽查全部建档立卡贫困户发现的错评户占抽查贫困户的比重。脱贫人口错退率指抽查全部建档立卡脱贫户发现的错退户占抽查脱贫户的比重。因村因户帮扶工作群众满意度是通过调查抽样建档立卡户，评估产业扶贫、就业扶贫、扶贫小额信贷、易地扶贫搬迁、危房改造、教育、医疗等脱贫攻坚重要政策措施落实到户情况和帮扶工作的群众获得感、满意程度。

实地进村入户调查时，通常以独立的农户为单元。若经核实某农户为漏评户，则漏评人口等于该户人口数；若实地调查了某村 M 个非建档立卡农户，经核实有 N 个漏评户，则该村漏评人口等于 N 个漏评户人口之和，非建档立卡农业户籍人口等于 M 个非建档立卡农户人口总和。错评人口、错退人口计算，以此类推。

第五节　评 估 原 则

国家精准扶贫工作成效第三方评估，必须强调独立性、客观性、公正性、科学性的原则（图 1-4），做到坚持标准、秉持原则、保持定力。

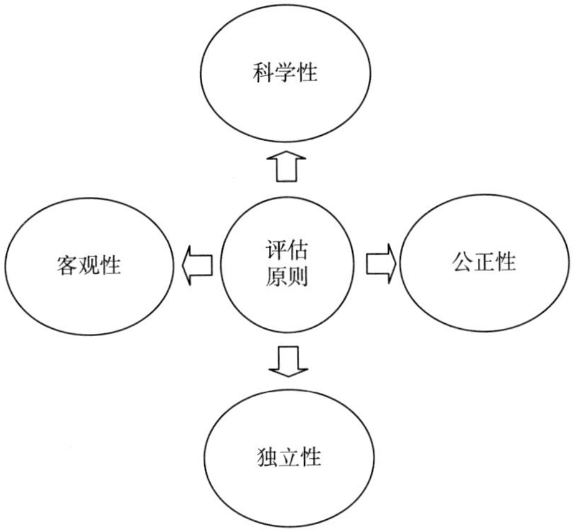

图 1-4 第三方评估原则

（1）独立性原则。独立性是开展第三方评估工作的前提。在评估过程中必须始终坚持独立的第三方立场，在遵守相关法律法规和政策规定的前提下，不偏袒政府或农户，不受利益相关的单位或个人干扰，保证评估过程的客观性、评估结果的公正性。

（2）客观性原则。在评估过程中必须坚持实事求是，通过深入调查研究，获取翔实的数据资料，调查、核实、发现问题，对评估对象及事实的分析判断应客观真实，避免主观随意性。

（3）公正性原则。在评估过程中必须平等对待省、市、县、乡（镇）、村干部，以及被调查农户，以事实为依据，在全面丰富的调查数据和相关资料支撑下，确保做出的判断有理有据、公开公正。

（4）科学性原则。根据考核评估特定目的和要求，科学制订抽样调查方案，合理确定评估指标权重，规范实地调查程序，统一问卷调查与填写规范要求，确保评估调查数据准确合理，结论真实可信。

第二章　技术体系与流程

精准扶贫工作成效评估是一项理论性、科学性、技术性较强，规范性、客观性、政策性要求高的系统工程。贫困化是如何发生、如何分布的？定性的战略与目标如何指标化、计量化？更重要的是，如何能够通过指标化真实反映出扶贫开发工作成效？那么，又如何建立一整套技术体系和规范流程，用于全程支撑和指导国家精准扶贫工作成效第三方评估？本章将从贫困化理论分析切入，探究适宜的评估方法、适用的评估技术，为全面开展第三方评估提供关键技术与规范程序支撑。

第一节　理 论 依 据

一、农村贫困化时空分异规律

认识农村贫困化地域分异规律，把握农村贫困化演化特征，了解农村贫困形成机制及致贫原因，对细化扶贫工作成效评估指标、探明指标内涵、制订评估工作方案具有基础的支撑作用。

1. 农村贫困化“孤岛效应”[①]

我国农村贫困化的地域类型多，农村贫困人口呈现范围广且相对集中的空间分布规律，具有贫困户、贫困村、贫困县、贫困区（片）等多级并存的组织结构和空间集聚分布格局。农村贫困地区总体上呈现出三种地域类型：①东部平原山丘环境及革命根据地孤岛型贫困区，包括中国东北地区与朝鲜、俄罗斯、蒙古接壤地区；冀鲁豫皖的黑龙港流域和鲁北冀东滨海地区及淮河中上游地区，主

① 刘彦随，周扬，刘继来. 中国农村贫困化地域分异特征及其精准扶贫策略. 中国科学院院刊，2016，31（3）：269-278.

要集中在沂蒙山、大别山、井冈山、闽赣接壤山区等岛状分布的丘陵山区。②中部山地高原环境脆弱贫困带，包括胡焕庸线两侧，从中国东北地区延伸至西南地区、四川盆地和汉中盆地，呈带状分布的山地高原区。③西部沙漠、高寒山地环境恶劣贫困区，包括新疆、青海、西藏的沙漠地区，帕米尔高原、青藏高原及云贵高原地区。

随着中国快速城镇化发展和扶贫开发工作的持续推进，贫困人口逐渐远离城市、县域或道路沿线经济相对较发达的地区，呈向山地丘陵区、生态脆弱区、高寒区、革命老区、边境地区等区域集聚之势，进而形成农村贫困化的特有现象，特殊贫困群体显现出相对集聚、封闭和孤立的状态，我们称之为“孤岛效应”。

农村贫困化“孤岛效应”所揭示的区域封闭性、空间集聚性、贫困人群集中性、致贫成因多样性，为增强扶贫开发战略的精准性、实效性提出了更高、更严的要求，这也正是强调实施精准扶贫、精准脱贫方略的真实需求和重大意义所在。因此，如何创新精准扶贫科学理论、技术方法和配套政策体系，深化贫困状况精准识别，细化靶向治疗精准方案，强化因贫施策精准措施，有效防止“孤岛效应”问题的进一步激化，着力破解区域聚集性贫困化问题，成为新时期中国实施精准扶贫、精准脱贫方略的关键所在。这也对精准扶贫工作成效评估如何更好地发挥“指挥棒”和“推进器”作用，科学引导扶贫资源向区域性“孤岛”集中，促进扶贫更加精准提出了更高的要求。

2. 贫困化制约因素的区域分异规律

中国14个集中连片特困地区的乡村发展，均面临类型多样、程度不等的区域性制约因素。由于自然地理、生态环境、历史进程、民族文化、经济区位等，贫困地区与生态脆弱区、限制或禁止开发区、少数民族集聚区、边境地区和革命老区呈现空间上的高度叠合。贫困人口多分布在深石山区、高寒区、高原区和地方病高发区，人地矛盾突出，资源环境承载能力弱，其中，山区、丘陵地区、限制开发区多为贫困人口最为集中的区域。

2011年发布的《中国农村扶贫开发纲要（2011—2020年）》将14个集中连片特困地区作为扶贫攻坚主战场。六盘山区的区域制约因素主要为地形破碎、干旱缺水、地质灾害频发、水土流失严重；秦巴山区的区域制约因素主要为生态保护区、革命老区发展滞后、灾害频发；武陵山区的区域制约因素主要为生境脆弱、基础设施落后、地质灾害频发、民族地区；乌蒙山区的区域制约因素主要为生态保护区、民族地区、革命老区、基础设施落后、流行病盛行；滇桂黔石漠化区的区域制约因素主要为地形复杂、土层瘠薄、生境脆弱、灾害频发、基础设施落后；滇西边境山区的区域制约因素主要为生态保护区、灾害频发、少数民族聚集；大兴安岭南麓山区的区域制约因素主要为生态保护区、产业转型困难；

燕山-太行山区的区域制约因素主要为石山地区生境脆弱、基础设施落后、自然灾害频发；吕梁山区的区域制约因素主要为地形复杂、沟壑纵横、耕地稀少、干旱与水土流失严重；大别山区的区域制约因素主要为水土流失严重、基础设施落后、产业基础薄弱；罗霄山区的区域制约因素主要为洪涝灾害频发、水土流失严重、生境保护与基础设施落后；西藏的区域制约因素主要为地形复杂、气候高寒，农业生产季节较短、生产力水平低；四省藏区（青海藏区、四川藏区、云南藏区、甘肃藏区）的区域制约因素主要为高山峡谷、基础设施落后、灾害频发；新疆南疆三地州的区域制约因素主要为气候干旱、生境脆弱、灾害频发、人力资源不足。

分析揭示乡村贫困化的制约因素及其区域分异规律，为认知脱贫限制因素的区域差异性、区内相对一致性规律提供了理论依据，为按照区域制约因素制定相应的扶贫政策与措施，有效推进精准扶贫工作提供了重要参考。然而，在精准扶贫工作成效评估实践中，如何稳定发挥扶贫工作成效评估“指挥棒”和“推进器”作用，引导区域脱贫政策更具有区域适应性、针对性？如何更加客观、公正、科学地评估相关扶贫政策措施的区域合理性、可持续性？如何选取扶贫工作成效评估指标及其量化方法，都对评估调查问卷设计的全面性、评估队伍组织和技能培训的区域针对性等提出了明确、严格和具体的要求。

3. 扶贫开发“边际递减效应”

在扶贫开发过程中，贫困人口减少的速度呈现递减趋势①。剩余的贫困人口多具有贫困程度深、脱贫难度大、发展能力弱等特点，且越到最后扶贫问题越多、难度越大，越需要付出更多的人力、财力、物力，可谓“行百里者半九十”。2014年实行贫困人口“建档立卡”以来，中国精准脱贫取得决定性进展，但扶贫开发逐步进入“啃硬骨头、攻坚拔寨”的冲刺期，国家扶贫工作机制不仅要由“区域性扶贫”转为“精准扶贫”，而且要遵循贫困化“孤岛效应”和“边际递减效应”原理，进一步聚焦深度贫困地区和特殊贫困群体，脱真贫、真脱贫。脱贫攻坚是决胜全面建成小康社会的底线任务和标志性指标，是到2020年必须完成的重大任务。为此，第三方评估应做到评估对象精准、区域精准、指标精准，重点面向深度贫困地区、特殊困难群体的“两不愁、三保障”②及其扶贫工作、政策、责任“三落实”情况的空间抽样、指标选取和成效调查，为扶贫开发精准施策、靶向诊治与决策提供参考。

---

① Liu Y S，Liu J L，Zhou Y. Spatio-temporal patterns of rural poverty in China and targeted poverty alleviation strategies. Journal of Rural Studies，2017，52：66-75；Liu Y S，Guo Y，Zhou Y. Poverty alleviation in rural China：policy changes，future challenges and policy implications. China Agricultural Economic Review，2018，10(2)：241-259.

② “两不愁”即不愁吃、不愁穿；“三保障”即义务教育、基本医疗和住房安全有保障。

二、社会调查研究方法

调查研究是一种标准化程度较高的研究方法，其实施过程有一套相对固定的程序和方法，一般包括调查设计、科学抽样、实地调查、完成资料搜集、资料处理和撰写报告等内容①。社会调查研究方法在问卷编制、抽样设计、实地调查等方面具有丰富的理论和经验可供借鉴。

1. 问卷编制

社会调查的基本依据是符合规范和调查目标要求的一整套问卷。其核心是明确调查测量目标，澄清概念和关键术语，帮助被访者确定信息和减少社会遵从效应。问卷编制具体包括：①将定义纳入题目是明确调查测量目标与澄清概念和关键术语的一种重要方法，包括通过定义澄清题目用词含糊不清的地方、用多个题目来分解复杂的概念定义、对生僻术语进行适当的处理等。②明确被访者不能回答确定信息的情况，有助于采取针对性措施帮助被访者确定信息、梳理信息。被访者不能回答确定信息的情况主要包括不确切知道相关事件的信息、忘记了回答题目的信息和无法确认题目的时间框架等。③降低社会遵从效应的策略，主要包括给敏感题目提供背景信息、设计辅助题目、调整答案详略程度、采用随机回答法等方式。

2. 抽样设计

抽样设计的主要任务是确定实地调查的对象。抽样设计的关键环节包括：①根据调查主要任务和目标要求，编制抽样框架、选择抽样方法、估计抽样误差、确定样本规模等。②优先抽样方法。常用的概率抽样法包括简单随机抽样、系统抽样、分层抽样、整群抽样、不等概率抽样和多阶段抽样等形式。对于多阶段抽样和整群抽样中样本规模随机变动问题，一般采用分层多阶段等概率抽样和多阶段概率比例规模（probability proportionate to size，PPS）抽样，确保总抽样比不变。③在精准扶贫抽样设计中，主要采用分层随机抽样法，辅以样本特征法抽样，兼顾不同类型的贫困县、贫困村、贫困户，为分区调查、分类评估提供科学依据。

3. 实地调查

实地调查是获取一手资料、数据和信息的主要途径。其基本要求包括：①明

① 郝大海. 社会调查研究方法. 2 版. 北京：中国人民大学出版社，2009.

确适宜的调查方法，包括自填问卷、当面访问和电话访问等形式。调查方法的确定需要综合考虑调查成本、人力资源、总体类型、样本代表性、调查周期、调查内容、问卷回收率和资料质量要求等方面。②当面访问主要包括根据样本清单、地址查找被抽查的村庄、农户家庭，征得相关方同意后进村入户，并选取符合条件的被访者按问卷题目进行口头提问、填写问卷。③按照控制程度的不同，当面访问过程可细分为结构式、半结构式和无结构式访问等形式。其中，结构式访问是为了有效减少和控制访问员误差设计的访问方式。④提前做好调查员培训工作，主要包括调查项目、抽样方法与问卷、访问技术与技巧、注意事项和职业道德等多项内容。⑤数据质量检查与监管，切实做好调查质量督导，包括健全调查组织与工作机制，实行现场督导、结果检查、实地核查和电话回访、书面契约等。

国家精准扶贫工作成效第三方评估的技术方案设计和实地调查规程制定充分借鉴了社会调查研究方法与程序。但由于社会调查研究方法本身具有一定的局限性，主要包括：事先完成研究设计，并在研究中保持不变，缺少应变弹性；被访者受到调查设计的标准化处理，无法了解被访者具体的生活情境；被访者的态度很容易受到他人的影响，因而对于态度的调查很难获取真实信息。在精准扶贫工作成效评估实践中，应借鉴社会调查研究方法，同时要增加必需的现代科技手段、大数据平台支持，做到社会调查方法与技术平台支持、大数据分析方法有机结合。这都对精准扶贫工作成效评估调查的工作细节、技术环节和操作规范提出了更高要求。

三、乡村管理相关研究

长期以来，我国农业农村政策在执行过程中存在政策目标难以度量、工作激励不足、政策不完备、多级政府组织机制等问题，造成政策执行过程中出现信息隐瞒、政策套利、相互推诿责任等现象，甚至在政策执行实践、落实过程中出现扭曲走样和异化的结果，在精准扶贫工作成效评估调查实践中必须认识到扶贫工作、政策、责任落实的特殊重要性，力求做到依靠精准管理、精准决策，保障精准扶贫、精准脱贫成效。

1. 政策目标

政策目标具有定性居多、多重任务、偶有冲突及适应性等特点，省、市、县、乡政策执行者不可避免地出现歪曲政策现象[①]。例如，政策目标模糊导致执行者有

① 谭秋成. 农村政策为什么在执行中容易走样. 中国农村观察，2008,（4）：2-17.

机会偷懒、拖延，甚至曲解政策，牟取私利；政策目标多重属性导致执行者过于偏重可观测目标，忽视难以观测目标；政策目标出现冲突导致执行者偏重与自己有关的目标；区域差异造成对政策执行理解偏差导致政策落实差异等。

2. 工作激励

在当前我国的制度体制下，中央政府激励地方政府的方式主要有标尺竞争方式和锦标赛方式两种。标尺竞争方式，即以其他考核对象的表现作为衡量每一个考核对象表现的标尺；锦标赛方式，即以优胜劣汰的方式表彰优秀考核对象。受我国不同区域经济发展水平、资源禀赋、财政收入、地理条件等方面的影响，不顾客观环境采取“一刀切”的考核方式，容易导致浮夸谎报、弄虚作假现象出现，同时也在一定程度上挫败考核对象的积极性。

3. 决策管理

由于我国地域广阔、人地关系地域系统复杂、政策目标不清等，制定的政策和做出的决策往往不能够兼顾多方面，呈现不完备的特点和问题。一些不够完备的决策，其在执行过程中也会导致相应工作、职责界定与归属不清楚，往往出现一些决策执行者为了自己执行方便或为了部门、地方利益而侵占、损害他人利益，造成决策管理的混乱和低效，这也是创新公共管理、服务精准扶贫和乡村治理现代化建设中亟须改革和完善的主要方面。

4. 组织机制

我国实行省、市、县、乡（镇）、村五级政府管理机制，政策与规划决策在传递过程中，往往会由于一些政策目标含糊不清、理解差异或被集团利益故意曲解而走样。同时，政策制定与落实时可能出现多层级政府获取和掌握信息不全导致政策制定反复，在挫败执行者积极性的同时，可能引起政策执行者扭曲政策为自己牟取利益。政策往往由几个部门联合执行，执行过程中可能会出现相互推诿、偷懒、拆台等现象，影响政策贯彻落实。

着眼于乡村地域系统的公共管理相关研究有助于认识自上而下的政策执行过程中可能出现偏差的环节。在精准扶贫工作实践中，一些地方存在“重填表”、“追求短平快”、“优亲厚友”和“走过场”等问题。如何发挥国家精准扶贫工作成效第三方评估“指挥棒”“推进器”作用，有效避免政策执行过程中“懒”“乱”“寻租”等现象，对聚焦扶贫成效提出了更高要求。乡村管理相关研究为国家精准扶贫工作成效第三方评估调查问卷设计、调研方案研制提供了理论支撑。

第二节　规 范 程 序

国家精准扶贫工作成效第三方评估技术流程主要分为 4 阶段、28 项（图 2-1）。总体流程包括技术方案准备、实地调查核实、汇总统计分析、成果总结提交。

国家精准扶贫工作成效第三方评估总体组在接到国务院扶贫开发领导小组的委托任务之后，在国务院扶贫办的支持与指导下，加强多部门、多机构密切沟通与协商，在专家组的组织与主持下系统开展技术方案研制与准备工作，主要包括技术准备、队伍准备、经费准备等主要环节。开展实地调查核实，主要包括入户问卷调查、信息采集、问卷复核等关键步骤。完成外业实地调查工作之后，开展内业数据汇总统计分析、调研总结和评估测算工作。最后是评估成果总结提交，包括撰写评估报告、开展评估工作总结、提交评估成果、提出后续工作建议等。下面重点介绍评估技术主要环节。

一、技术方案准备

根据第三方评估工作任务和要求，精心设计评估工作技术方案。技术方案的制订，重点围绕第三方评估任务中有关“两率一度”考核指标，研制评估指标体系，明确指标的内涵与计算方法。根据评估指标需求，设计贫困户、脱贫户、非贫困户和村干部等不同类型农户调查问卷。遵照规范性、典型性和随机性原则，制订实地调查空间分层抽样方案，对拟调查村和农户进行分层随机抽样，确定调查样本户的数量。根据调查样本数和评估工作量，组建评估调查团队，做好实地调查准备工作。在年度评估工作启动之前，围绕精准扶贫政策、任务要求、调查方案、调查内容、调查方法、数据分析、报告撰写等内容完成人员培训工作。

二、实地调查核实

分省调查组需要根据总体任务要求和评估省（自治区、直辖市）精准扶贫的实际情况，细化实地调查方案，明确调查目标和技术路线，与接受抽查市县的主要领导干部沟通，详细安排进村入户调查工作，并依据抽样结果逐村逐户开展实地调查和访谈。按照调查方案规定的样本量，对村干部、贫困户和脱贫户分别开展问卷调查、走访调研。各调查小组负责对调研问卷、录音、录像、扶贫资料等进行检查、整理，并完成当天的 APP 调查数据的核查和传输。在每个抽样调查市

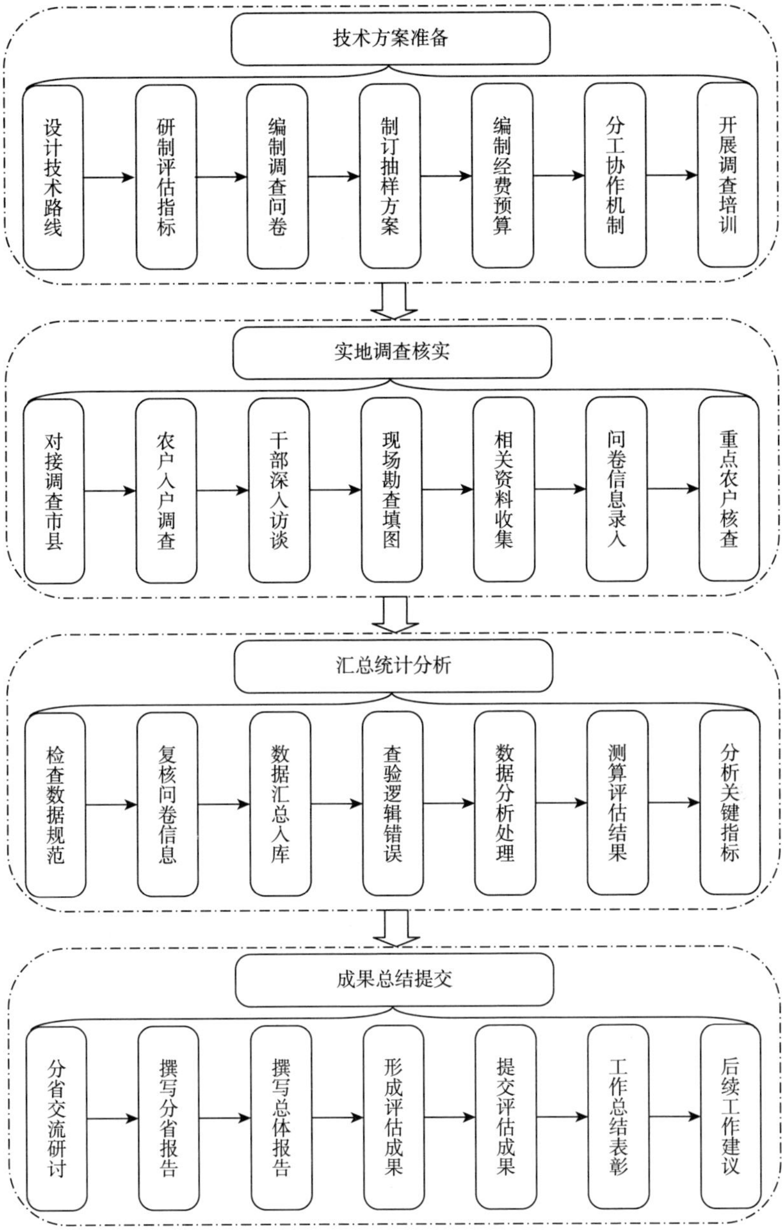

图 2-1　国家精准扶贫工作成效第三方评估技术流程

县的入户调查工作期间，各调查小组需要择机对调查过程中发现的错评、漏评、错退等问题进行逐一复核、查实，必要时通过“背对背”方式走访问题农户的邻居和村干部，精准核实问题农户的真实情况，做实判断问题农户识别材料或退出准确性的评判依据。

三、汇总统计分析

通过整理农户调查数据，进行数据逻辑错误检查和格式错误检查，并将通过检查的合格的数据汇总形成第三方评估调查总体数据库。基于数据库，再进行各类指标计算、问题统计和评估结果测算，完成汇总统计工作。基于调查问卷数据，按照调查农户对象特征，住房、医疗、教育基本保障状况，以及农户漏评、错评、错退情况等进行具体分析，用于支撑分省评估调查问题的梳理、核实。基于调研资料、数据分析和调研记录，进行调查过程与结果的讨论、梳理，逐条整理调研中发现的突出问题，分析问题产生的原因，并提出针对性的对策建议。

四、成果总结提交

分省调查组在结束调查工作后，要根据评估工作任务安排和规范要求，梳理分省调查问题、撰写分省评估报告。第三方评估总体组会及时组织召开分省调查工作总结交流会议，充分交流分省调查成果和讨论调查发现的问题，研讨分省评估调查报告提纲，并部署撰写分省评估报告事宜。第三方评估总体组将基于评估测算结果，系统总结分省调查成果，梳理发现的主要问题，撰写国家精准扶贫工作成效第三方评估总体报告。评估总体报告与分省报告必须经评估专家组、评估领导小组审定，分别进行修改和完善。最后，形成年度评估报告，向国务院扶贫办提交成果，并呈报国务院扶贫开发领导小组。

第三节　技 术 体 系

根据国家精准扶贫工作成效第三方评估任务和技术需求，由第三方评估总体技术组制定第三方评估技术支撑体系（图 2-2）。该体系主要包括六项评估关键技术、四项评估支撑技术、成套设备支持系统、评估大数据平台等四部分。评估关键技术是指影响评估全局工作、不可或缺的评估核心技术。评估支撑技术是指保障评估结果准确、高效与可靠性所构建的关键支撑技术，是对各项评估步骤的支撑和保障，是评估技术的一大创新。成套设备支持系统是指集成地图、图像、影像、问卷等多种设备，可以全面、客观、真实地反映扶贫开发工作进展，以确保调查评估的场景可还原、过程可追溯、结果可比较的支持系统，具体包括一套 APP 问卷系统、一部摄像机、一支录音笔、一台照相机、一个 GPS（global positioning system，全球定位系统）定位仪、一张地图，简称“六个一”成套设备支持系统。2018 年，“国家精准扶贫成效第三方评估大数据平台”系统开始将“六个一”集成为“六合一”系统。评估大数据平台是指充分利用互联网技术和遥感与地理信息系统技术构建的基于云构架的软件平台，是保证评估技术先进性的重要体现。

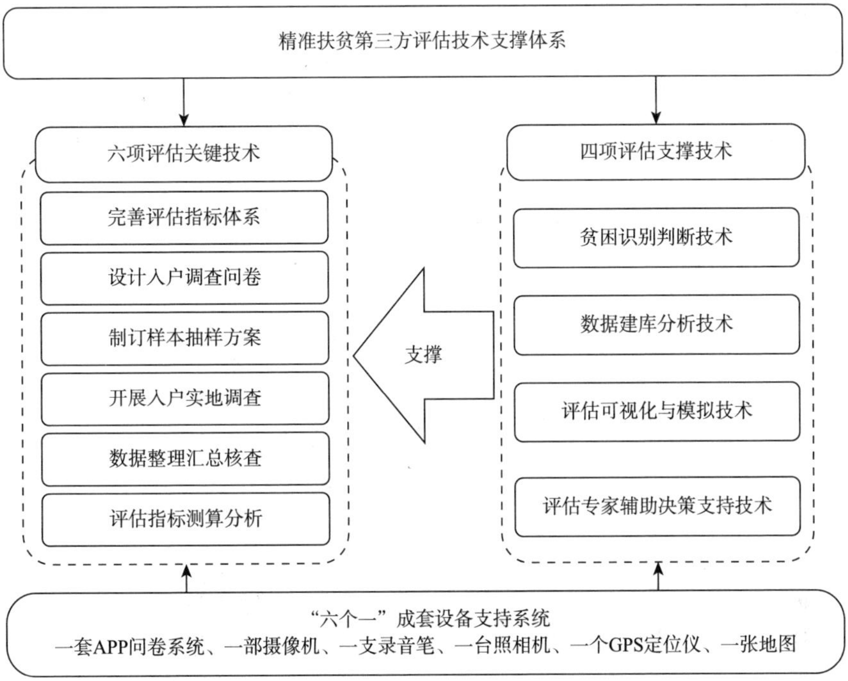

图 2-2　第三方评估技术支撑体系

一、六项评估关键技术

六项评估关键技术包括完善评估指标体系、设计入户调查问卷、制订样本抽样方案、开展入户实地调查、数据整理汇总核查及评估指标测算分析。这六项评估关键技术贯穿于第三方评估调查工作的全过程，是第三方评估工作的主体内容。

二、四项评估支撑技术

四项评估支撑技术主要包括贫困识别判断技术、数据建库分析技术、评估可视化与模拟技术、评估专家辅助决策支持技术。这四项评估支撑技术有助于提高评估工作效率，增强评估过程的真实性，保障评估结果的科学性与可靠性。

三、成套设备支持系统

为了实现既定的评估目标，根据评估工作实际和实地调查需要，第三方评估专家组设计了基于“六个一”的成套设备支持系统，即一套APP问卷系统、一部摄像机、一支录音笔、一台照相机、一个GPS定位仪、一张地图（图2-3）。一套APP问卷系统用于调查访谈农户信息记录；一部摄像机用于录制贫困户家庭实况；一支录音笔用于储存访谈过程的音频信息；一台照相机用于拍摄调研过程中发现的现象和问题等；一个GPS定位仪用于采集调研地点的经纬度、高程信息；一张地图用于村干部在访谈过程中帮助受访者标注干部帮扶新建的基础设施位置、长度及范围等信息。

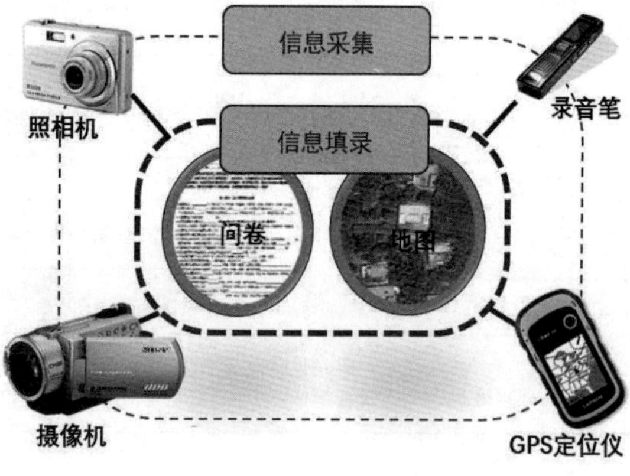

图2-3 “六个一”成套设备支持系统

四、评估大数据平台

评估大数据平台系统由PC（personal computer，个人计算机）端（图2-4）和移动端APP（“精评通”）构成（图2-5）。通过移动端APP采集问卷、照片、录音、录像、位置等信息，并联网上传至评估总体组后台数据库，通过移动端APP和PC端对相关数据进行系统的审核、查询和分析。

为了提高评估调查工作效率，“精评通”将成套设备支持系统，即“一套APP问卷系统、一部摄像机、一支录音笔、一台照相机、一个GPS定位仪、一张地图”的六个功能都集成到APP系统，实现了“六合一”，因而可以方便使用APP的六项功能，有效实现了功能融合、数据关联、信息共享。

图 2-4　评估大数据平台系统 PC 端界面

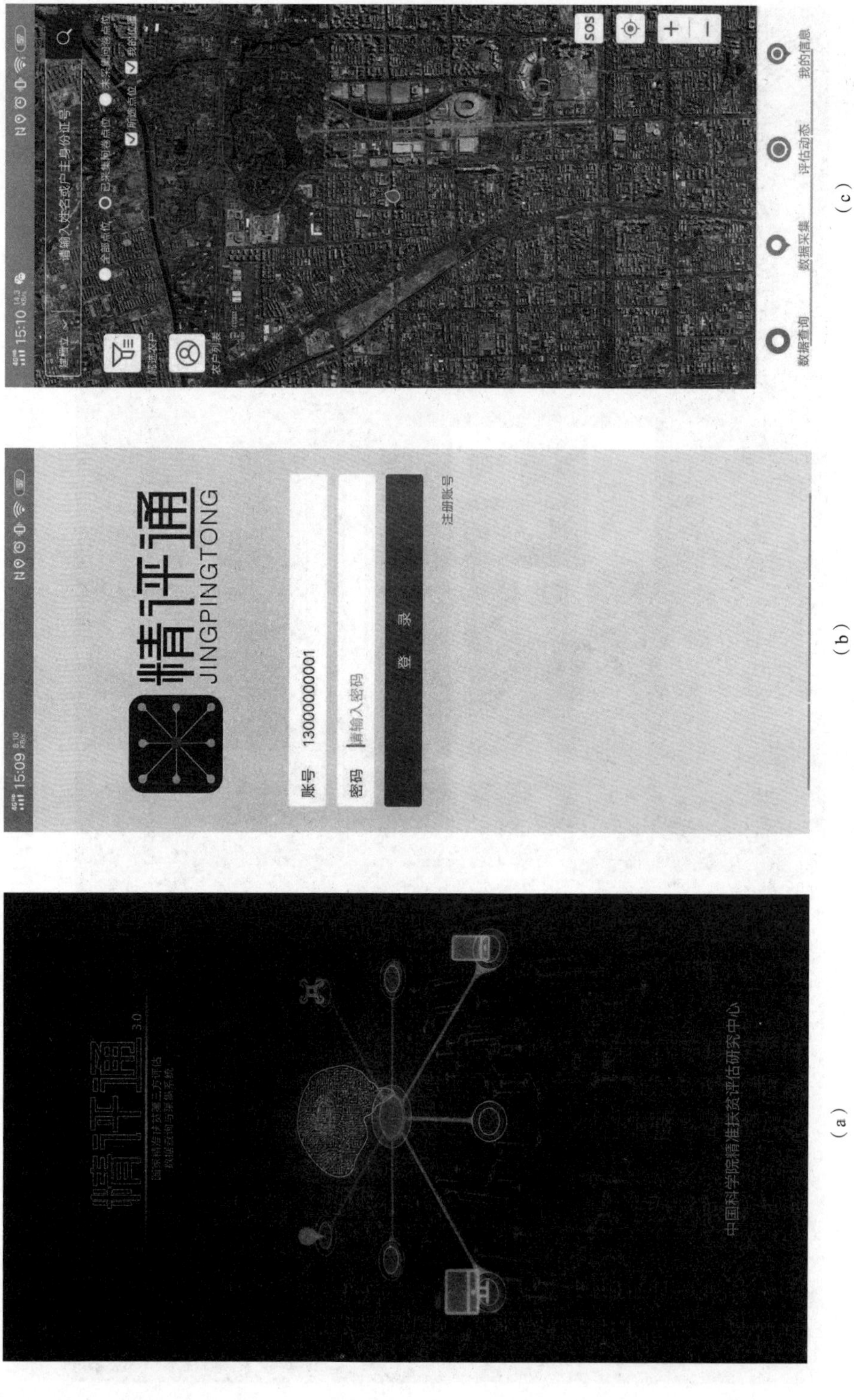

图 2-5 评估大数据平台系统移动端 APP 界面——“精评通”

第三章　技术方案研制

为了保障第三方评估工作能够符合《省级党委和政府扶贫开发工作成效考核办法》对评估任务的要求，确保评估工作顺利、有序和高效地开展，在组织开展分省实地调查之前需要重点就评估队伍组建、调查问卷研制、抽样方案制订、工作机制设计、评估人员培训及物品准备等方面做好充分准备。本章主要介绍第三方评估技术方案准备的核心内容，重点包括评估队伍组建、调研问卷研制、抽样方案制订、工作机制设计、评估人员培训等关键环节。

第一节　评估队伍组建

国家精准扶贫工作成效第三方评估工作由国务院扶贫开发领导小组委托第三方机构承担。国务院扶贫办、中共中央组织部牵头，会同中央农村工作领导小组办公室、国家发展和改革委员会、民政部、财政部、农业农村部等 23 个扶贫领导小组成员单位组建考核工作组，具体组织实施。国务院扶贫办考核评估司负责对评估调查工作的全程进行监督与指导。

2016 年以来，通过竞标并受国务院扶贫开发领导小组委托，中国科学院承担了第三方评估任务。中国科学院专门成立了国家精准扶贫工作成效第三方评估领导小组，中国科学院地理科学与资源研究所负责成立评估专家组、技术研发组、应急协调组和分省调查组（图 3-1）。

评估领导小组负责领导和指导国家精准扶贫工作成效第三方评估工作，协调涉及国家有关部委和中国科学院内相关单位的重大事项，审定评估工作方案、评估报告等；评估专家组负责制定指标体系、调查问卷、实施方案等，开展评估人员培训、实地督导，撰写总体报告、审定分省评估报告，对发现的疑难问题提出专家意见；技术研发组负责研制抽样技术、开发 APP 调查技术、数据传输管理与质量监控技术，以及大数据平台系统建设、调查数据分析与指标测算等；应急协调组负责实地调查环节的协调管理和相关问题的应急处置等工作；分省调查组负

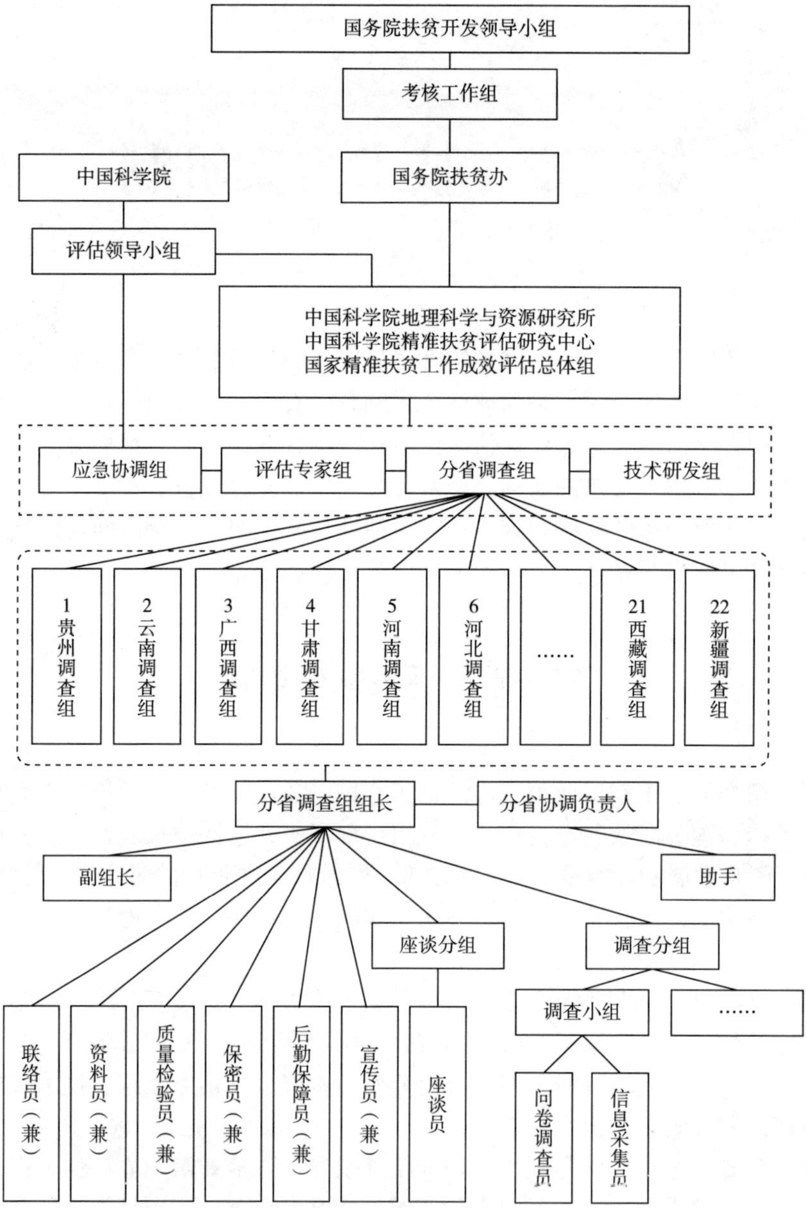

图 3-1　国家精准扶贫工作成效第三方评估组织体系

责完成抽查农户的实地调查与分省评估任务。分省调查组按照评估回避机制和分省交叉评估制度进行遴选，优先选择评估经验丰富、工作能力强的高校及科研院所，组建分省调查组。每支分省调查组承担 1 个省（自治区、直辖市）的评估调查任务，分省调查组组长对分省评估结果的真实性、可靠性和公正性负责。

分省调查组按照评估调查抽样及调查规范的总体要求，组织完成实地调查与数据采集任务。为确保评估调查工作的顺利开展，分省调查组相应成立本单位评估调查领导小组、专家小组、应急协调组和实地调查组。同时，分省调查组设置组长、副组长、联络员、资料员、质量检验员、保密员、后勤保障员、宣传员、座谈员、问卷调查员和信息采集员等。为确保总体组与分省调查组信息畅通、分省调研质量与核实标准统一、实地调研工作独立客观，由总体组派出 1 名协调负责人及 2 名助手到各分省调查组，负责全程沟通、协调和联络工作。

分省协调负责人：实地调查期间由总体组派出各省（自治区、直辖市）分省协调负责人 1 名、助手 2 名，具体负责协助分省调查组与地方对接，排查干扰，保障总体组与分省调查组信息畅通、及时沟通。

组长：统筹协调，全面负责评估调查省（自治区、直辖市）调查任务、问题梳理与评估报告撰写等。

副组长：协助组长负责省（自治区、直辖市）内调研任务。

联络员：负责与地方联络、与总体组沟通及分省调查组食、宿、行安排等后勤事宜，副组长可以兼任。

资料员：负责按照资料清单的要求及时收集和整理相关资料。

质量检验员：学习评估设备平台的操作、使用，协助组长、副组长审核调查问卷质量，保证调查问卷的真实性和逻辑性。

保密员：监督执行保密纪律，保存调研资料，需配备一定的保密设施，如保险箱等，资料员可兼任。

后勤保障员：协助联络员开展食、宿、行安排工作，并注意学习相关财务管理及报销文件，按照财务管理办法管理账目、整理发票；购买、管理胸牌、录音笔、录像机、GPS 定位仪、平板电脑等调查工具；购买、准备、保存、管理遮阳防雨装备和应急药品等；每天晚上了解每位队员的身体健康状况；及时替补生病和过度劳累的队员；等等。

宣传员：负责撰写通信报道、调研工作日志、小组会议纪要，及时在相关通信群中汇报工作进展，每调研结束一个村后，系统汇报一次工作进展。

座谈员：负责协助组长、副组长组织开展县领导、部门及乡（镇）领导访谈，记录访谈内容，整理访谈纪要，并注意在座谈过程中全程录音。

问卷调查员：负责入户调查，填写调查问卷，并注意在问卷调查过程中全程录音。

信息采集员：负责入户调查，采集调研农户 GPS 坐标、拍照、录像等信息。

第二节　调查问卷研制

依据“两率一度”（贫困人口识别准确率、贫困人口退出准确率、因村因户帮扶工作群众满意度）指标体系，以及“两不愁、三保障”情况、脱贫攻坚重大政策措施落实到户和成效情况等评估内容，调查评定贫困人口的错评、漏评、错退的情况，评估以“两不愁、三保障”为主要指标，以农户人均纯收入为辅助指标。对于建档立卡户的收入指标采取复核方式调查，重点考察农户收入结构是否合理，收入是否稳定、是否可持续，脱贫退出是否长远有保障。基于上述指标，系统设计出针对性强、操作性好的农户调查问卷和村干部调查问卷。实践证明，调查问卷设计是整个评估调查工作的核心内容，问卷质量的好坏事关国家精准扶贫工作成效第三方评估工作的成败。

一、调查问卷类型

根据评估任务需求和调研对象特征，主要设计三种类型的调查问卷，具体包括建档立卡户调查问卷、非建档立卡户调查问卷及村干部调查问卷。建档立卡户调查问卷数据主要用于测算贫困人口识别准确率及贫困人口退出准确率，非建档立卡户调查问卷数据主要用于测度贫困人口漏评率。基于三种调查问卷的汇总进一步测算出因村因户帮扶工作群众满意度。

二、调查问卷内容

建档立卡户调查问卷主要包括农户家庭基本信息、“两不愁、三保障”情况、家庭收入核实情况、产业扶贫政策落实情况、就业扶贫政策落实情况、扶贫小额信贷落实情况，以及农户对精准帮扶工作是否满意情况等内容。

非建档立卡户调查问卷主要包括农户家庭基本信息、“两不愁、三保障”情况、家庭收入情况等内容。

村干部调查问卷主要包括村庄公共服务基础设施情况、村集体经济情况、动态调整与扶贫政策落实情况及驻村帮扶情况等内容。

为保护受访农户个人信息，保持第三方评估的独立性和客观性，调查问卷采用 APP 加密的方式，即仅允许第三方评估调查工作人员按照权限登录进入，以免泄露受访农户基本信息和其他调查数据。

三、评估标准细则

1. 关于“两不愁、三保障”

“两不愁”是指农户吃饭和穿衣有保障，能够稳定实现不愁吃、不愁穿，主要评判依据如下。

（1）不愁吃，指根据居住地饮食习惯，农户有能力通过自产或自购，满足口粮需求及补充一定的肉、蛋、豆制品等必要营养食物，同时饮水安全应有保障。

（2）不愁穿，指根据居住地环境，农户有能力通过自购或通过亲属购买，做到四季有换季衣服、日常有换洗衣服。穿衣主要靠社会捐赠、接济的，不属于穿衣不愁或有保障。

“三保障”是指义务教育、基本医疗和住房安全有保障。

（1）义务教育有保障，农户享有义务教育的权利。贫困户家庭中，没有义务教育阶段适龄儿童辍学的，认定为义务教育有保障（出于自身身体原因不宜上学的除外）。《教育脱贫攻坚“十三五”规划》明确了教育脱贫攻坚目标及任务举措，见专栏 3-1。

专栏 3-1

教育脱贫攻坚目标及任务举措

主要目标：

发展学前教育，巩固提高义务教育，普及高中阶段教育，到 2020 年，贫困地区教育总体发展水平显著提升，实现建档立卡等贫困人口教育基本公共服务全覆盖。保障各教育阶段从入学到毕业的全程全部资助，保障贫困家庭孩子都可以上学，不让一个学生因家庭困难而失学。每个人都有机会通过职业教育、高等教育或职业培训实现家庭脱贫，教育服务区域经济社会发展的能力显著增强。

对建档立卡学龄前儿童，确保都有机会接受学前教育；对建档立卡义务教育阶段适龄人口，确保都能接受公平有质量的义务教育；对建档立卡高中阶段适龄人口，确保都能接受高中阶段教育特别是中等职业教育；对建档立卡高等教育阶段适龄人口，提供更多接受高等教育的机会；对建档立卡学龄后人口，提供适应就业创业需求的职业技能培训。

任务举措[①]：

巩固提高九年义务教育水平。加快推进贫困地区全面改善农村薄弱学校基本办学条件，引导和支持地方于 2017 年底前完成贫困县全面改善义务教育薄弱学校基本办学条件任务，各地不得超标准建设豪华学校。办好贫困地区必要的村小学和教学点，建设好农村寄宿制学校，保障学生就近上学。中小学校布局建设要满足易地扶贫搬迁的需要，根据学生规模新建、改扩建移民学校，确保搬迁学生就学。落实好“两免一补”政策，完善控辍保学机制，保障建档立卡等贫困家庭学生顺利完成义务教育。鼓励地方扩大营养改善计划试点范围，实现贫困县全覆盖，中央财政给予奖补支持。加强教育教学质量和学生学业质量的监测评价，推动提高贫困地区义务教育办学质量。

加大特殊群体支持力度。建立建档立卡等贫困家庭留守儿童台账，构建家庭、学校、政府和社会力量相衔接的留守儿童关爱服务网络。在农村留守儿童集中地区加强农村寄宿制学校建设，促进寄宿制学校合理分布，提高农村留守儿童入住率。支持和指导中小学校对农村留守儿童受教育情况实施全过程管理，加强心理健康教育，帮助监护人掌握农村留守儿童学习情况，提升监护人责任意识和教育管理能力。发展特殊教育，加大对各类残疾人进入各类相应学校的支持力度。提高贫困地区残疾儿童教育普及水平，按照“一人一案”的要求，针对建档立卡的未入学适龄残疾儿童少年，采用多种形式安排其接受义务教育。

积极发展普通高中教育。普通高中改造计划和教育基础薄弱县普通高中建设项目优先支持贫困县普通高中改善办学条件，保障建档立卡等贫困家庭学生接受普通高中教育的机会。各地要加大对贫困地区普通高中的投入力度，逐步建立健全普通高中生均拨款制度，为实现 2020 年普及高中阶段教育兜住底线。继续实施普通高中国家助学金政策，实现对建档立卡等贫困家庭学生的全覆盖。免除公办普通高中建档立卡等家庭经济困难学生学杂费。

（2）基本医疗有保障：①建档立卡贫困户的新型农村合作医疗、大病医疗保险、大病救助等健康扶贫政策实现全覆盖；②患大病的建档立卡贫困户需按照基本医疗保障制度的要求，到指定医院进行治疗，并按报销规定得到报销。不符合报销规定部分的医疗支出，建档立卡贫困户无能力承担，需实施民政救助或商业保险。《关于进一步加强医疗救助与城乡居民大病保险有效衔接的通知》中详述了针对贫困地区、困难群众开展医疗救助、大病保险的工作内容，见专栏 3-2。

① 仅列示部分任务举措内容。

专栏 3-2

医疗救助与城乡居民大病保险有效衔接（节选）

拓展重特大疾病医疗救助对象范围。各地要贯彻落实国务院办公厅转发民政部等五部门《关于进一步完善医疗救助制度全面开展重特大疾病医疗救助工作的意见》（国办发〔2015〕30 号），对经大病保险报销后仍有困难的低保对象、特困人员、建档立卡贫困人口、低收入重度残疾人等困难群众（含低收入老年人、未成年人、重病患者）实施重特大疾病医疗救助，积极探索做好因病致贫家庭重病患者救助工作。省级民政部门要会同相关部门综合考虑家庭经济状况以及医疗费用支出、医疗保险支付情况等因素，完善低收入救助对象和因病致贫家庭重病患者的认定办法，指导市、县民政部门依托社会救助家庭经济状况核对机制，准确认定救助对象，及时落实救助政策。

加强支付政策衔接：

落实大病保险倾斜性支付政策。各地要统筹考虑大病保险筹资水平、当地人均可支配收入和低保标准等，制定大病保险向低保对象、特困人员、建档立卡贫困人口、低收入重度残疾人等困难群众（含低收入老年人、未成年人、重病患者）倾斜的具体办法，明确降低大病保险起付线、提高报销比例的量化要求，实施精准支付，提高困难群众受益水平。各省（自治区、直辖市）要根据大病患者需求、筹资能力等实际，合理确定大病保险合规医疗费用范围。要将对困难群众的倾斜照顾措施纳入大病保险实施方案，通过招投标等方式，与承办机构签订合同，确保部署实施。

提高重特大疾病医疗救助水平。各地要合理调整医疗救助资金支出结构，稳步提高重特大疾病医疗救助资金支出占比。综合救助家庭经济状况、自负医疗费用、当地医疗救助筹资情况等因素，建立健全分类分段的梯度救助模式，科学设定救助比例和年度最高救助限额。重点救助对象救助水平要高于其他救助对象；同一类救助对象，个人自负费用数额越大，救助比例越高。积极拓展重特大疾病医疗救助费用报销范围，原则上经基本医疗保险、大病保险、各类补充保险等报销后个人负担的合规医疗费用，均计入救助基数。合规医疗费用范围应参照大病保险的相关规定确定，并做好与基本医疗保险按病种付费改革衔接。鼓励有条件的地方对困难群众合规医疗费用之外的自负费用按照一定比例给予救助，进一步提高大病保障水平。

实行县级行政区域内困难群众住院先诊疗后付费。各地要针对低保对象、特困人员、建档立卡贫困人口、低收入重度残疾人等困难群众（含低收入老年人、未成年人、重病患者），全面实施县级行政区域内定点医疗机构住院先诊疗后付费改革。依托定点医疗机构服务窗口，实现基本医疗保险、大病保险、医疗救助的同步即时结算，困难群众出院时只需支付自负医疗费用。鼓励有条件的地方建立市级和省级行政区域内困难群众按规定分级转诊和异地就医先诊疗后付费的结算机制。

（3）住房安全有保障，在评估调查时点，农户居住房屋达到住房和城乡建设部部门规定的A级、B级标准的，视为住房安全有保障。易地扶贫搬迁户入住视为住房安全有保障。没有房屋的农户，长期居住在子女家、亲戚朋友家或敬（养）老院及稳定租房居住的，视为住房安全有保障。跑风漏雨、水淹开裂等造成不适宜居住的房屋，要进行重点核实，甚至需要专业部门鉴定。

结合住房和城乡建设部、财政部、国务院扶贫办、国家发展和改革委员会等部门相关文件和多年评估实践，技术研发组制定了基于住房实际情况的判定细则，见专栏3-3。相关文件中对农村危房改造和易地扶贫搬迁标准说明详见专栏3-4。

专栏 3-3

基于住房实际情况的判定细则

（1）已脱贫户。已脱贫户，危房改造未完成或有指标没有实施，农户确实住在漏风、漏雨，结构不稳固的房子里，属于错退。

（2）屋顶漏雨。屋顶出现塌陷漏雨，有一定面积可以看到天，雨水直接漏入家中。水泥屋顶渗水，不属于漏雨的范畴。

（3）房子漏风。南方地区，夏季炎热，传统建筑的歇山顶不密封，厨房简陋，不属于漏风、漏雨。

（4）房屋主体。墙体开裂，夯土墙、泥夹壁土墙等，墙体有细小裂缝，不在承重位置，墙体整体不歪斜，不属于主体不稳固。

（5）民族建筑。传统民居建筑，因建造技术和生活方式，造成低矮、潮湿、封闭性差、卫生条件较差，容易识别为"漏风、漏雨"危房，应由当地行政业务主管部门根据当地传统习俗制定具体细则标准。

（6）因房负债。

危房改造贫困户。已列入危房改造的建档立卡贫困户，必须完成危房改造后，且没有大额负债的，识别为住房有保障。未列入危房改造的建档立卡贫困户，贫困农户住房识别为C、D级危房，未列入危房改造项目，必须实施并完成危房改造后，且没有大额负债的，识别为住房有保障。长期居住在不安全住房（C、D级危房）里，自身不具备建房、购房和租房的经济能力，属于漏评贫困农户纳入建档立卡贫困户后，应实施并完成危房改造，识别为住房有保障。

易地扶贫搬迁户。列入易地扶贫搬迁的建档立卡贫困户，人均负债不超过

2 500元，家庭负债不超过10 000元；当年12月31日前搬迁入住，如出于农户原因没有搬迁入住，必须具备基本入住条件（通水、通电、通路），且农户拿到住房钥匙。脱贫的搬迁农户需要具有稳定脱贫能力。易地扶贫搬迁农户入住的搬迁住房的产权应明确属于搬迁农户。

无房农户。对于没有住房的建档立卡贫困户，需要采取合理的住房保障措施，实现有住房保障之后，才能列入脱贫户。

专栏3-4

四类重点对象农村危房改造标准和程序[①]

危房改造对象认定。中央支持的农村危房改造对象应在建档立卡贫困户、低保户、农村分散供养特困人员和贫困残疾人家庭等4类重点对象（以下简称4类重点对象）中根据住房危险程度确定。建档立卡贫困户身份识别以扶贫部门认定为准，低保户和农村分散供养特困人员身份识别以民政部门认定为准，贫困残疾人家庭身份识别应由残联商扶贫或民政部门联合认定为准。县级住房城乡建设部门要依据上述部门提供的4类重点对象名单组织开展房屋危险性评定，根据《农村危险房屋鉴定技术导则（试行）》（建村函〔2009〕69号）制定简明易行的评定办法，少数确实难以评定的可通过购买服务方式请专业机构鉴定。经评定为C级和D级危房的4类重点对象列为危房改造对象。已纳入易地扶贫搬迁计划的4类重点对象不得列为农村危房改造对象。

贫困户"住房安全有保障"的认定标准和程序：

建档立卡贫困户退出时住房应满足以下基本质量要求：选址安全，地基坚实；基础牢靠，结构稳定，强度满足要求；抗震构造措施齐全、符合规定；围护结构和非结构构件与主体结构连接牢固；建筑材料质量合格。省级住房城乡建设部门要按照上述要求，明确"住房安全有保障"的具体要求或标准，配合扶贫部门确定贫困户退出的实施办法和工作程序。县级住房城乡建设部门负责认定住房安全性并出具房屋安全性评定结果。

推广低成本改造方式。加固改造是低成本解决农民住房安全问题最为有效的措施之一，可有效避免因建房而致贫返贫。各地务必高度重视，制定鼓励政策，加大推广力度，引导农户优先选择加固方式改造危房。要按照消除直接危险，同步提高房屋整体强度的要求科学实施，确保质量安全。原则上C级危房必须加固改造，鼓励具备条件的D级危房除险加固。鼓励通过统建农村集体公租房及幸福

① 节选自《住房城乡建设部 财政部 国务院扶贫办关于加强和完善建档立卡贫困户等重点对象农村危房改造若干问题的通知》。

大院、修缮加固现有闲置公房、置换或长期租赁村内闲置农房等方式，兜底解决自筹资金和投工投料能力极弱深度贫困户住房安全问题。要充分调动农户积极性，通过投工投劳和互助等方式降低改造成本。鼓励运用当地建材，建设造价低、功能好的农房。

易地扶贫搬迁标准相关说明[①]

基本原则：

精准识别，精准搬迁。瞄准“一方水土养不起一方人”地区中的建档立卡贫困人口，提高搬迁对象精准识别和动态管理水平。易地扶贫搬迁各项政策、各项资金都要精准集聚，优先保障建档立卡贫困人口搬迁安置和后续脱贫，防止“大水漫灌”。

群众自愿，应搬尽搬。充分尊重搬迁群众意愿，不搞强迫命令，防止以易地扶贫搬迁之名搞“运动式”搬迁。努力做到对建档立卡贫困人口应搬尽搬，并统筹处理好整村搬迁的建档立卡贫困人口与未纳入建档立卡的农村低保户、特困户等同步搬迁人口的关系。加强社会风险防控工作，确保有序搬迁、平稳搬迁、顺利搬迁。

保障基本，完善配套。严格按照“保障基本、安全适用”的要求，做好建档立卡搬迁人口安置住房的规划和建设，严禁“垒大户”、“造盆景”，防止因建房面积过大而增加搬迁群众负担，使建档立卡搬迁人口因建房而负债。统筹规划、合理布局，切实做好安置区配套基础设施和基本公共服务设施建设。

整合资源，稳定脱贫。紧密围绕搬迁对象脱贫目标，把扶持搬迁对象后续发展摆在更加重要位置，坚持因地制宜、多措并举、精准施策，与相关专项规划充分衔接，积极探索资产收益扶贫新机制，拓宽搬迁对象稳定增收渠道，搬迁安置与产业发展同步推进，实现稳定脱贫。

主要目标：

到 2020 年，实现约 1 000 万建档立卡贫困人口的搬迁安置，搬迁对象住房安全得到有效保障，安全饮水、出行、用电、通讯等基本生活需求得到基本满足，享有便利可及的教育、医疗等基本公共服务，迁出区生态环境明显改善，安置区特色产业持续发展，搬迁对象有稳定的收入渠道，生活水平明显改善，全部实现稳定脱贫，与全国人民一道迈入全面小康社会。

迁出区选择条件：

迁出区域主要为自然条件严酷、生存环境恶劣、发展条件严重欠缺且建档立卡贫困人口相对集中的农村贫困地区。

① 节选自《全国“十三五”易地扶贫搬迁规划》。

——深山石山、边远高寒、荒漠化和水土流失严重，且水土、光热条件难以满足日常生活生产需要，不具备基本发展条件的地区。

——国家主体功能区规划中的禁止开发区或限制开发区。

——交通、水利、电力、通信等基础设施，以及教育、医疗卫生等基本公共服务设施十分薄弱，工程措施解决难度大、建设和运行成本高的地区。

——地方病严重、地质灾害频发，以及其他确需实施易地扶贫搬迁的地区。边境一线地区不纳入迁出范围。

搬迁方式：

搬迁方式包括自然村整村搬迁和分散搬迁两种。其中，生存环境差、贫困程度深、地质灾害严重的村庄，应以自然村整村搬迁为主，同时，按照统一规划、分批实施的原则给予优先安排。

安置住房：

建设要求。按照“保障基本、安全适用”的原则，建档立卡搬迁人口住房建设面积严格执行不超过 25 平方米/人的标准（宅基地严格按照当地标准执行），其中单人单户安置住房可采取集中建设公寓、与幸福院、养老院共建等方式解决，具体建设方式和标准由地方政府结合当地实际确定。按照一户一宅方式安置的，可以在分配的宅基地预留续建空间，稳定脱贫后可自行扩建。同步搬迁人口住房建设应在地方政府统一指导下，按照安置区规划组织实施，住房面积标准可以建档立卡搬迁人口标准为参照，由当地市县级政府酌定。新建住房结构设计执行相关建筑规范和技术标准，确保住房质量和安全。集中安置区住房建设应统一规划，工程实施可采取统建、自建、代建等方式进行。依托小城镇或工业园区安置的，地方政府可酌情采取回购符合面积控制标准的城镇商品住房的方式，但不得回购公租房、廉租房等国家已补助投资建设的住房。依托乡村旅游区安置的，安置规划及住房、基础设施、公共服务设施和商业配套等建设要符合乡村旅游特色，充分考虑旅游发展实际需求，促进安置区与景区和谐统一。

补助标准：

中央预算内投资专项用于建档立卡搬迁人口的住房建设补助，并按照区域类型实行差异化补助政策。其中：河北、山西、吉林、安徽、福建、江西、山东、河南、湖北、湖南等 10 个东中部省份，按照人均 7 000 元标准补助；内蒙古、广西、重庆、贵州、陕西、宁夏等 6 个西部省份和四川、云南、甘肃 3 省非藏区，按人均 8 000 元标准补助；新疆、西藏、青海和四川、云南、甘肃 3 省藏区，按人均 10 000 元标准补助。

建档立卡搬迁人口脱贫发展：

发展特色农林业脱贫一批、发展劳务经济脱贫一批、发展现代服务业脱贫一批、资产收益扶贫脱贫一批、社会保障兜底脱贫一批。

2. 关于家庭人均纯收入

家庭人均纯收入作为评估检查的辅助指标，脱贫户家庭人均纯收入应稳定超过国家扶贫标准（以 2010 年不变价 2 300 元/人为基本标准）。家庭人均纯收入主要包括以下几方面。

（1）家庭经营收入，主要包括种养殖业收入、经果林经营收入和其他家庭自主经营收入（家庭经营超市、商店、小卖部、饭店、幼儿园、养老院、工厂、建筑队、货车运输、客车运输等收入）。人均纯收入计算要扣除生产经营过程中的家庭经营费用支出、生产性固定资产折旧、税金和上交的承包费用等。

（2）工资性收入，指家庭成员受雇于单位或个人，靠付出劳动获得的收入，可简要理解为务工或其他工资性收入。外地务工，要扣除房租、日常生活支出等相关花费。

（3）财产性收入，指家庭向其他机构或单位提供资金或将有形非生产性资产供其支配，作为回报从中获得的收入。财产性收入主要包括利息、股息、租金、红利、土地征用补偿等。

（4）转移性收入，指家庭成员无须付出任何对应物而获得的货物、服务、资金或资产所有权等。在国家精准扶贫工作成效第三方评估调查过程中，需根据转移性收入来源的稳定性判断相关收入项目是否可计入农户收入。

根据统计部门和扶贫部门的有关要求，长期性的、稳定性的收入计入农户收入，包括：①离退休金；②赡养金；③五保金和一年及以上低保金；④长期抚恤金；⑤稳定性的补贴收入（如退耕还林还草补偿款、生态林补贴、农业综合补贴等）；⑥残疾补贴；⑦三年以上的资产性收入（如土地整治、旅游园区、光伏、设施农业、水利发电、矿产等）；⑧其他具有稳定长期的转移性收入。

根据统计部门和扶贫部门的有关要求，短期性的、临时性的收入不计入农户收入，包括：①政府发放的种苗、种畜，化肥、农药等农资；②危房改造补助；③易地扶贫搬迁补助；④扶贫小额信贷；⑤保险赔付资金；⑥临时性慰问金；⑦临时救助金；⑧帮扶干部给予的帮扶资金；⑨社会各界给予的帮扶赠予、捐助资金；⑩亲友偶尔赠予的资金；⑪医疗报销、大病救助补助资金；⑫教育补贴；⑬“雨露计划”补助；⑭“两后生”职业培训专项计划补贴；⑮一年期以下的低保；⑯其他。根据相关文件，国家“十三五”期间，在农村低保和扶贫对象认定时，中央确定的农村居民基本养老保险基础养老金暂不计入家庭收入。

3. 关于负债

（1）因房负债。建档立卡贫困户因易地扶贫搬迁建房负债超过 10 000 元或人均超过 2 500 元的，或因危房改造建房发生大额负债的家庭，在没有稳定解决“两不愁、三保障”问题的情况下不能作为脱贫处理。

（2）因病负债。建档立卡农户在落实医疗费用报销后，农户家庭负担的医疗支出明显超过家庭收入，且出现大额负债的情况，建档立卡贫困户不列入拟脱贫户，已脱贫的建档立卡农户也应动态识别为返贫户。非建档立卡农户，家庭主要劳动力突发重大疾病，导致家庭收入明显减少，家庭生活水平急剧下降，家庭因病出现大额负债，以及家庭有义务教育阶段学生的，须列为新增因病致贫农户。

4. 错评、漏评与错退的判断标准

1）错评

在判断贫困户是否为错评时，主要基于是否满足“两不愁、三保障”，并辅助参考家庭人均纯收入是否达到国家扶贫标准来综合判断。存在以下情况的，可初步判断为疑似错评，应进行核实确定。

（1）收入来源稳定且家庭人均纯收入远高于标准线，实现了“两不愁、三保障”，若仍为贫困户，通常为错评。

（2）家庭劳动力强，凭自身体力、智力可保障其稳定收入，或长期缴纳了商业养老保险、失业保险的农户，若仍为贫困户，通常为错评。

（3）隐瞒信息逃避调查，对举报或质疑不能做出合理解释的农户，若仍为贫困户，通常为错评。

（4）村民及基层干部一致认为明显不符合贫困户条件的其他情况，经评估组确认属实。

此外，在考核评估建档立卡的“错评”对象时，因获得低保金后家庭收入超过扶贫标准但存在“三保障”问题的农村低保对象、特困人员，不应作为“错评”对象。

2）漏评

在判断非建档立卡户是否为漏评时，主要基于是否满足“两不愁、三保障”，并辅助参考家庭人均纯收入是否达到国家扶贫标准来综合判断。如果家庭情况符合建档立卡贫困户标准，但未列为建档立卡贫困户，则判定属于漏评。存在以下情况的，可初步判断为疑似漏评，最终还应进行核实确定。

（1）子女属于义务教育适龄青少年，但因家庭经济困难，无法承担，造成义务教务无保障的。

（2）家庭房屋经鉴定为C级或D级危房的。

（3）家庭成员中有残疾、大病、重病患者需要治疗，难以承担医疗费用，医疗无保障的。

（4）吃饭、穿衣无法得到保障，收入水平低、不稳定，丧失劳动能力的。

（5）住房安全、基本医疗、义务教育基本有保障，但收入不稳定，且因危房改造、易地扶贫搬迁建房、因病、因学等造成大额负债的。

（6）当地村民及调查组一致认为属于漏评的其他因素。

此外，在考核评估建档立卡的“漏评”对象时，“档”外的农村低保对象、特困人员除存在义务教育、基本医疗、安全住房“三保障”问题外，不应作为“漏评”对象。

3）错退

精准认定脱贫对象，凡未解决“两不愁、三保障”问题的扶贫建档立卡户，均不能宣布脱贫。存在以下情况的，可初步判断为疑似错退，应进行核实确定。

（1）吃饭、穿衣无法得到保障，收入水平低、不稳定，丧失劳动能力的。

（2）家庭成员发生重大疾病、做了重大手术，或有重度残疾人员，丧失劳动能力，医疗状况无法得到保障，需要花费大量医疗费用，致使家庭贫困的。

（3）家庭成员中子女均上学，由于家庭情况困难，义务教育无法得到保障，教育负担较重，而又无稳定收入来源的。

（4）居住房屋属于C级或D级危房且无其他住房，丧失劳动能力，收入水平低，无稳定经济来源的。

（5）当地村民及调查组一致认为不应脱贫的其他因素。

5. 问题户判断案例[①]

1）错退户案例

（1）案例一。

该户为建档立卡户，2014年识别为贫困户，2016年识别为脱贫户。

户籍人口2人，户主45岁，其母亲（79岁）属于低保户，户主本人患有间歇性精神病，其母亲年迈，丧失部分劳动能力。

医疗：户主患有间歇性精神病，已送往赤水安定精神病医院住院接受免费治疗。

住房：该户住房存在漏雨、漏风及墙体开裂等问题，存在一定隐患（图3-2）。

收入：家庭主要收入来源为低保和户主母亲养老保险金。该户2016年登记收入中存在一项“四员”岗位收入3 600元，该项收入存疑。2016年该户低保收入1 440元，户主母亲的养老保险金70元/月（共计840元），公益林补助134.37元，退耕还林956.76元，农资补贴659.97元，共计4031.10元，2016年人均纯收入为2 015.55元，低于国家扶贫标准，判为错退户。

① 所选案例均为2017年的案例。

（a）（b）（c）（d）（e）

图 3-2　错退户案例一住房情况

（2）案例二。

该户为建档立卡户，2014 年识别为贫困户，2016 年识别为脱贫户。户籍人口 1 人（81 岁），属于五保户、低保户。

调研干扰情况：户主所在组组长告知调查员该户已被接至养老院，又改口说该户在养老院和某小学两边居住，已不在自家房屋居住，后经调查员查看，其住房有明显的生活痕迹，调查员找到了该户进行访谈并核实其住房问题。

收入：该户享受低保金、五保金、养老保险金及高龄补贴等，收入超过国家扶贫标准。

住房：该户住房为经过政府鉴定的危房，存在漏风、漏雨及墙体开裂等问题。村支书于 2017 年 7 月 5 日让其搬进附近的某小学食堂居住。经调查，该小学食堂内未通自来水，不能视作已满足入住条件，该户每日在自家危房中生活，仅晚上在该小学食堂休息。该户住房安全无保障，认定其为错退户（图 3-3）。

（a）　　　　（b）

图 3-3　错退户案例二住房情况

（3）案例三。

该户为建档立卡户，2014 年识别为贫困户，2016 年识别为脱贫户。

户籍人口 3 人，户主（46 岁）为家庭唯一劳动力，其妻子为精神病患者，2017 年时其女儿处于义务教育阶段。

医疗：户主本人臀部长瘤，需进行手术，但无力负担。其妻子为精神病患者（精神残疾三级），常住于精神病医院，每月生活费 500 元。

教育：其女儿就读于初中，处于义务教育阶段。

收入：2016 年该户人均纯收入为 3 433.8 元，高于国家扶贫标准。

住房：该户住房为 D 级危房，2017 年自费进行了危房改造，政府承诺的 35 000 元的危房改造补助至今未发放，2017 年因危房改造欠债 30 000 元，负债较重。

（4）案例四。

该户为建档立卡户，2014 年识别为贫困户，2014 年底识别为脱贫户。

户籍人口 2 人，户主 64 岁。

吃和穿：有保障。

教育：无义务教育阶段学生。

医疗：户主患有腰肌劳损；户主妻子患有腰椎间盘突出，2017 年 3 月曾接受手术，现在仍骨痛，无法直身，长时间卧床，丧失劳动能力。

收入：2016 年人均纯收入 9 700 元，稳定超过国家扶贫标准。

住房：住房无保障。住房为砖木结构，1988 年修建；2008 年地震滑坡导致一面墙体倒塌，整个墙体出现严重裂纹，墙体有明显倾斜。2017 年 6 月，该户开始修建新房，2017 年 7 月 24 日第三方评估检查组入户调查时尚未完工，未达到入住标准，因此判定其住房安全无保障，7 月 26 日核查时新房刚完工盖瓦（图 3-4）。

（a）

（b）

（c）

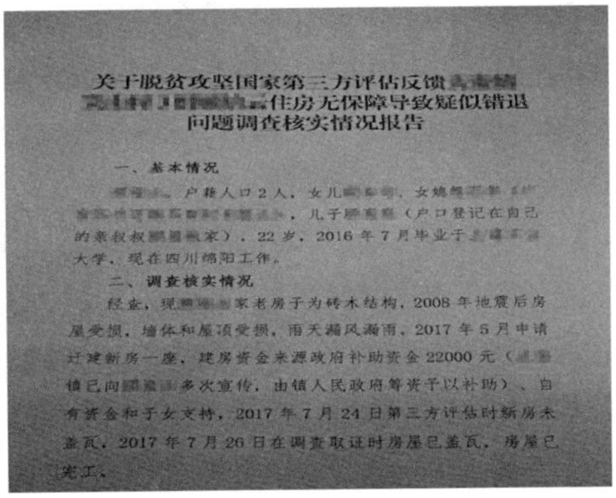

关于脱贫攻坚国家第三方评估反馈[redacted]住房无保障导致疑似错退问题调查核实情况报告

一、基本情况

[redacted]，户籍人口 2 人，女儿[redacted]，女婿[redacted]，儿子[redacted]（户口登记在自己的亲叔叔[redacted]家），22 岁，2016 年 7 月毕业于[redacted]大学，现在四川绵阳工作。

二、调查核实情况

经查，现[redacted]家老房子为砖木结构，2008 年地震后房屋受损，墙体和屋顶受损，雨天漏风漏雨，2017 年 5 月申请迁建新房一座，建房资金来源政府补助资金 22000 元（[redacted]镇已向[redacted]多次宣传，由镇人民政府筹资予以补助）、自有资金和子女支持，2017 年 7 月 24 日第三方评估时新房未盖瓦，2017 年 7 月 26 日在调查取证时房屋已盖瓦，房屋已完工。

（d）

图 3-4　错退户案例四住房情况

（5）案例五。

该户为建档立卡户，2014 年识别为贫困户，2016 年识别为脱贫户。

户籍人口 1 人，户主（44 岁）本人智力残疾，无劳动能力，靠其哥哥扶助生活。该户户主从2015年7月开始享受低保，2016年领取低保金1 665元。

住房：安全。

收入：无经营性收入，无财产性收入，转移性收入包括最低生活保障1 665元，临时性收入（2016年在村里白事上吹唢呐，哭包）200元，总计收入为1 865元，人均纯收入为1 865元，低于国家扶贫标准线，判定为错退户（图3-5）。

（a） （b） （c）

图3-5 错退户案例五住房及收入情况

（6）案例六。

该户为脱贫户，2014年建档立卡，2016年脱贫，建档系统人口1人。

户籍人口1人，未婚，精神残疾二级，无劳动能力。

家庭收入：无经营性收入、工资性收入及财产性收入，转移性收入包括退耕还林还草补偿款 439 元，二类低保金 160 元（从 2016 年第三季度开始才有），残疾补贴每月 50 元（2016 年共 600 元），2016 年核实后的农户人均纯收入是 1 999 元，未超过国家扶贫标准。

吃：有保障。

穿：有保障。

住房：砖混结构，住房安全。

医疗：户主 2015 年打工发生事故后（得到赔偿款 8 万多元，2017 年只剩 3 万多元），无左手，残疾，自身丧失劳动力，患有乙肝，每月的药费 400 元左右。

提供的户主收入材料中显示该户 2016 年度家庭人均纯收入为 3 759.17 元，户主自 2016 年 1 月起帮其兄弟看家，每月有 300 元收入，2017 年 7 月有 38 144.8 元存款，但调查员并未发现有该存款信息，且看家收入存在造假，乡（镇）在执行该户退出程序时明显存在“算账”脱贫的嫌疑。该户“两不愁、三保障”虽已解决，但是 2016 年收入不达标，故判定其为错退户。该户相关信息及住房情况如图 3-6 所示。

单位：元

项目	2015年第四季度分月收入情况			2016年度分月收入情况									合计	年度人均纯收入
	十月	十一月	十二月	一月	二月	三月	四月	五月	六月	七月	八月	九月		
增收项目名称及收入 1.收入小计				300	300	300	300	300	300	300	739	780	3619	
①工资性收入				300	300	300	300	300	300	300	300	300	2700	
②经营性项目及收入 种植业 品种														
②经营性项目及收入 种植业 数量														
②经营性项目及收入 种植业 收入														
②经营性项目及收入 养殖业 品种														
②经营性项目及收入 养殖业 数量														
②经营性项目及收入 养殖业 收入														
②经营性项目及收入 加工														
②经营性项目及收入 经商														
②经营性项目及收入 运输														
②经营性项目及收入 其他														
③转移性项目及收入 政策性 地力补贴											439		439	
③转移性项目及收入 政策性 退耕还林														3619
③转移性项目及收入 政策性 其他												480	480	
③转移性项目及收入 保障性 低保金														
③转移性项目及收入 保障性 养老金														
③转移性项目及收入 保障性 其他														
③转移性项目及收入 赠予														
③转移性项目及收入 赡养														
③转移性项目及收入 保险														
③转移性项目及收入 其他														
④财产性项目及收入 土地租赁														
④财产性项目及收入 房屋租赁														
④财产性项目及收入 利息														
④财产性项目及收入 股份收益														
④财产性项目及收入 其他														
2.生产成本														
3.纯收入				300	300	300	300	300	300	300	739	780	3619	
签字确认 贫困户	[redacted]													
签字确认 村两委														
签字确认 帮扶干部														
签字确认 驻村工作组														

（a）

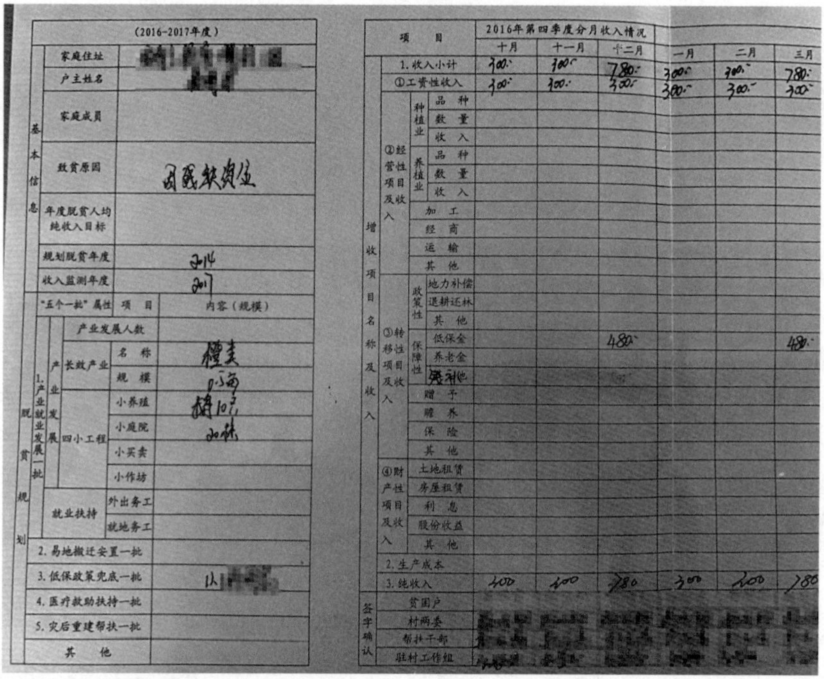

（2016-2017年度）

基本信息	家庭住址		[redacted]
基本信息	户主姓名		[redacted]
基本信息	家庭成员		
基本信息	致贫原因		因病缺资金
基本信息	年度脱贫人均纯收入目标		
基本信息	规划脱贫年度		2014
基本信息	收入监测年度		2017
脱贫规划	"五个一批"属性	项 目	内容（规模）
1.产业就业发展一批	产业发展	产业发展人数	
1.产业就业发展一批	产业发展 长效产业	名 称	[illegible]
1.产业就业发展一批	产业发展 长效产业	规 模	0.5亩
1.产业就业发展一批	产业发展 四小工程	小养殖	[illegible]10只
1.产业就业发展一批	产业发展 四小工程	小庭院	20株
1.产业就业发展一批	产业发展 四小工程	小买卖	
1.产业就业发展一批	产业发展 四小工程	小作坊	
1.产业就业发展一批	就业扶持	外出务工	
1.产业就业发展一批	就业扶持	就地务工	
2. 易地搬迁安置一批			
3. 低保政策兜底一批			以[redacted]
4. 医疗救助扶持一批			
5. 灾后重建帮扶一批			
其 他			

项 目			十月	十一月	十二月	一月	二月	三月
			2016年第四季度分月收入情况					
增收项目名称及收入	1. 收入小计		300	300	780	300	300	780
	①工资性收入		300	300	300	300	300	300
	②经营性项目及收入	种植业 品 种						
		种植业 数 量						
		种植业 收 入						
		养植业 品 种						
		养植业 数 量						
		养植业 收 入						
		加 工						
		经 商						
		运 输						
		其 他						
	③转移性项目及收入	政策性 地力补偿						
		政策性 退耕还林						
		政策性 其 他						
		保障性 低保金			480			480
		保障性 养老金						
		保障性 其 他						
		赠 予						
		赡 养						
		保 险						
		其 他						
	④财产性项目及收入	土地租赁						
		房屋租赁						
		利 息						
		股份收益						
		其 他						
	2. 生产成本							
	3. 纯收入		300	300	780	300	300	780
签字确认	贫困户		[redacted]					
	村两委							
	帮扶干部							
	驻村工作组							

（b）

（c）

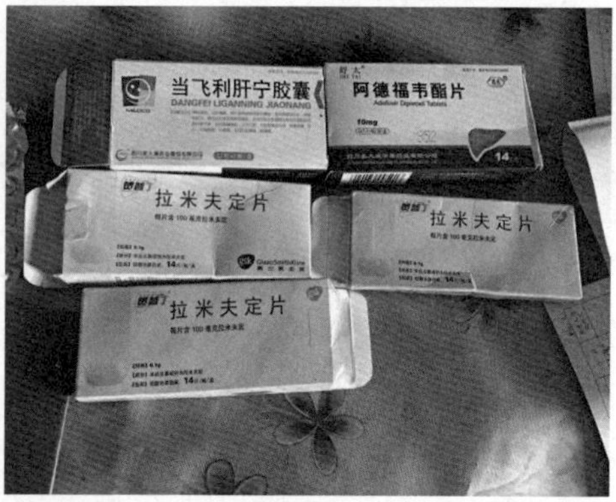

（d）

图 3-6　错退户案例六相关信息及住房情况

（7）案例七。

该户为脱贫户，2014 年建档立卡，2016 年脱贫，建档系统人口 5 人。

户籍人口 5 人，户主（70 岁）、儿子（43 岁）、儿媳妇（49 岁）、两个孙子（一个 5 岁，一个 18 岁）。

家庭收入：2016 年经营性收入 5 100 元左右，主要为种植蔬菜收入，家中养有一头猪；家中老人有养老保险金 75 元/月，家中低保人数为 1 人，每月低保金 150 元；工资性收入 18 700 元。2016 年人均纯收入 5 300 元。

吃：主要靠家中种植与养殖。

穿：有保障。

住房：砖混结构，住房安全。

教育：2017 年 7 月调研期间，有一个孙子在上幼儿园。

医疗：户主患有心脏病，经常住院治疗，医疗开销较大。2016 年在小型医院治病买药花费 1 万元左右，没有报销。2017 年以后，住院、吃药全部报销。

危房改造负债：该户家中住房是 2016 年进行危房改造后的，同年 11 月搬迁入住，政府对于家中 D 级危房改造补贴 6 万元，2016 年自己因危房改造向银行贷款 3 万元，向亲戚借款 2 万元（已电话证实），共计 5 万元，2017 年 7 月调研期间均未还。

该户因为危房改造借款 5 万元，医疗负担重，影响到家庭基本生活条件，且较同村其他贫困户条件差，2017 年 7 月调研期间因家庭收入较低无法归还欠款，故综合判断其为错退户。该户医疗及收入情况如图 3-7 所示。

（a）

（b）

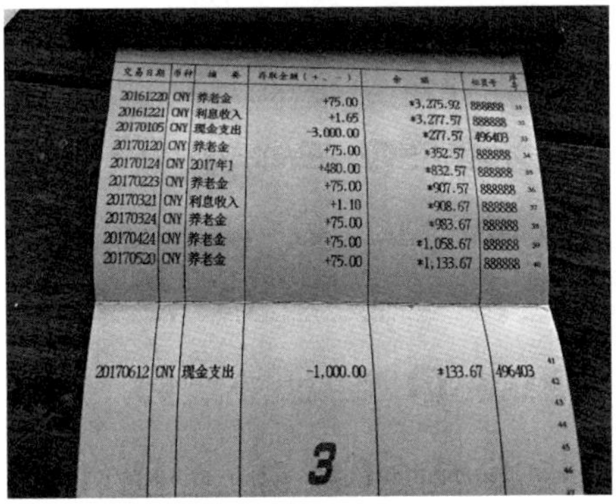

（c）

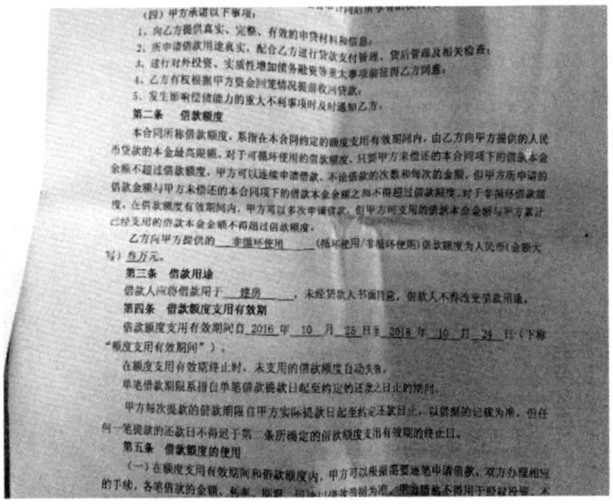

（d）

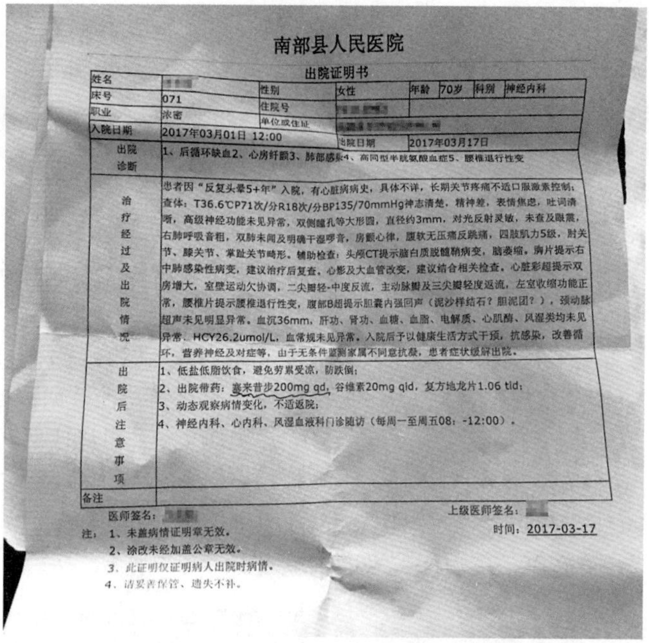

南部县人民医院

出院证明书

姓名	[redacted]	性别	女性	年龄	70岁	科别	神经内科
床号	071	住院号	[redacted]				
职业	浓密	单位或住址	[redacted]				
入院日期	2017年03月01日 12:00	出院日期	2017年03月17日				
出院诊断	1、后循环缺血2、心房纤颤3、肺部感染4、高同型半胱氨酸血症5、腰椎退行性变						
治疗经过及出院情况	患者因“反复头晕5+年”入院，有心脏病病史，具体不详，长期关节疼痛不适口服激素控制；查体：T36.6℃P71次/分R18次/分BP135/70mmHg神志清楚，精神差，表情焦虑，吐词清晰，高级神经功能未见异常，双侧瞳孔等大形圆，直径约3mm，对光反射灵敏，未查及眼震，右肺呼吸音粗，双肺未闻及明确干湿啰音，房颤心律，腹软无压痛反跳痛，四肢肌力5级，肘关节、膝关节、掌趾关节畸形。辅助检查：头颅CT提示脑白质脱髓鞘病变，脑萎缩。胸片提示右中肺感染性病变，建议治疗后复查，心影及大血管改变，建议结合相关检查。心脏彩超提示双房增大，室壁运动欠协调，二尖瓣轻-中度反流，主动脉瓣及三尖瓣轻度返流，左室收缩功能正常，腰椎片提示腰椎退行性变，腹部B超提示胆囊内强回声（泥沙样结石？胆泥团？），颈动脉超声未见明显异常。血沉36mm，肝功、肾功、血糖、血脂、电解质、心肌酶、风湿类均未见异常．HCY26.2umol/L，血常规未见异常。入院后予以健康生活方式干预，抗感染，改善循环，营养神经及对症等，由于无条件监测家属不同意抗凝，患者症状缓解出院。						
出院后注意事项	1、低盐低脂饮食，避免劳累受凉，防跌倒； 2、出院带药：塞来昔步200mg qd，谷维素20mg qid，复方地龙片1.06 tid； 3、动态观察病情变化，不适返院； 4、神经内科、心内科、风湿血液科门诊随访（每周一至周五08：-12:00）。						
备注							

医师签名：[redacted]　　上级医师签名：[redacted]

时间：2017-03-17

注：1、未盖病情证明章无效。

2、涂改未经加盖公章无效。

3、此证明仅证明病人出院时病情。

4、请妥善保管、遗失不补。

（e）

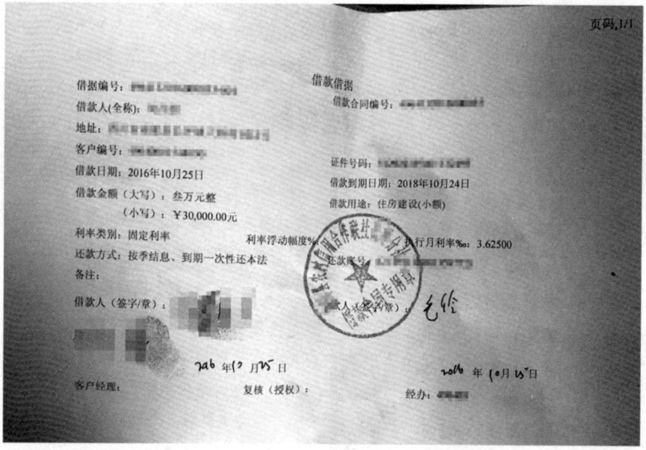

页码:1/1

借款借据

借据编号：[redacted]

借款合同编号：[redacted]

借款人(全称)：[redacted]

地址：[redacted]

客户编号：[redacted]

证件号码：[redacted]

借款日期：2016年10月25日

借款到期日期：2018年10月24日

借款金额（大写）：叁万元整

（小写）：￥30,000.00元

借款用途：住房建设(小额)

利率类别：固定利率　　利率浮动幅度%：　　执行月利率‰：3.62500

还款方式：按季结息、到期一次性还本法　　还款账号：[redacted]

备注：

借款人（签字/章）：[redacted]　　贷款人（签字/章）：毛伦

[redacted]

2016年10月25日　　2016年10月25日

客户经理：　　复核（授权）：　　经办：[redacted]

（f）

图 3-7　错退户案例七医疗及收入情况

（8）案例八。

该户 2013 年被评为建档立卡户，2017 年识别为脱贫户。

户籍人口 4 人，户主 60 岁，有一个儿子和一个孙子，儿子与儿媳妇已离婚，但儿媳妇户口未迁出。孙子患有癫痫，只能靠吃药维持，每月 300 元药费；儿子工作不固定，收入较低。

住房：房屋漏风、漏雨，房顶多处坍塌，房梁顶靠绳子拉住固定，曾被洪水淹没约 25 厘米，存在倒塌风险；房屋为 D 级危房，未纳入危房改造名单。

收入：主要收入来源为低保金和该户户主儿子临时工工资，收入基本达标。

教育：无义务教育阶段学龄儿童。

评判理由：该户截至 2017 年 7 月调研期间，D 级危房未改造，住房存在重大安全隐患，住房安全无保障。综合该户家庭情况，以及家庭成员身体状况，评估组一致判定该户为错退户。该户住房情况如图 3-8 所示。

（a）

（b）

（c）

（d）

图 3-8　错退户案例八住房情况

2）漏评户案例

（1）案例一。

该户为非建档立卡户，户籍人口 1 人（41 岁）。

2017 年 5 月该户被评为低保户，每月低保金 150 元。该户主患有痛风，丧失部分劳动力，仅依靠低保金和亲人赠予维持生活。

住房：通过该户主自述及对其亲人访谈了解到，该户房屋于 2013 年完成 C 级危房改造，造成其 50 000 元债务，暂无力偿还。

医疗：户主患痛风，常年用药，每月花费 1 000 元左右，医疗负担较重。

收入：该户目前收入仅为每月低保金 150 元，常年支出来自亲人的借贷和赠予，且欠下巨额债务，无力偿还。

（2）案例二。

该户户籍人口 1 人。户主，男，75 岁，患有风湿性关节炎，已丧失劳动能力。该户户主有两个儿子，大儿子帮忙修公路（每月大概四五天，可挣六七百元），小儿子在外务工，已询问，具体务工地点不详，两个儿媳妇均在家务农。无低保、五保补贴收入。

住房：该户住房为 D 级危房，房前支柱已腐朽，即将断裂，两处房顶坍塌靠木杆支撑，屋内裂缝遍布且数处超过三指宽度，改造只是简单粉刷，且有部分完全未改造。住房漏风、漏雨，有倒塌风险，入户调研时改造正在进行，但截至 2017 年 7 月调研期间，改造未完成，住房安全无保障（图 3-9）。

（a）

（b）

（c）

（d）

（e）

（f）

图 3-9　漏评户案例二住房情况

（3）案例三。

该户户籍人口 1 人，38 岁，2017 年开始享受低保。根据提供的问题户核实材料农户访谈笔录，该户疑似于 2017 年 7 月 2 日合入其父兄户籍。

家庭收入：户主车祸后医疗费 32 万余元，通过法律途径令肇事公交公司承担，除此之外无赔付。2016 年该户人均收入 100 元，低于国家扶贫标准。

住房：户主本人无住房，居住于其父亲家中，该户住房墙体开裂严重。

医疗：户主本人 2015 年发生车祸，导致智力残疾、颅骨缺失、右肺叶切除等，完全丧失劳动能力，由其父照看，无力承担医药费，人造颅骨手术不能进行，后续治疗费用也无法承担。该户住房及医疗凭证如图 3-10 所示。

（a）

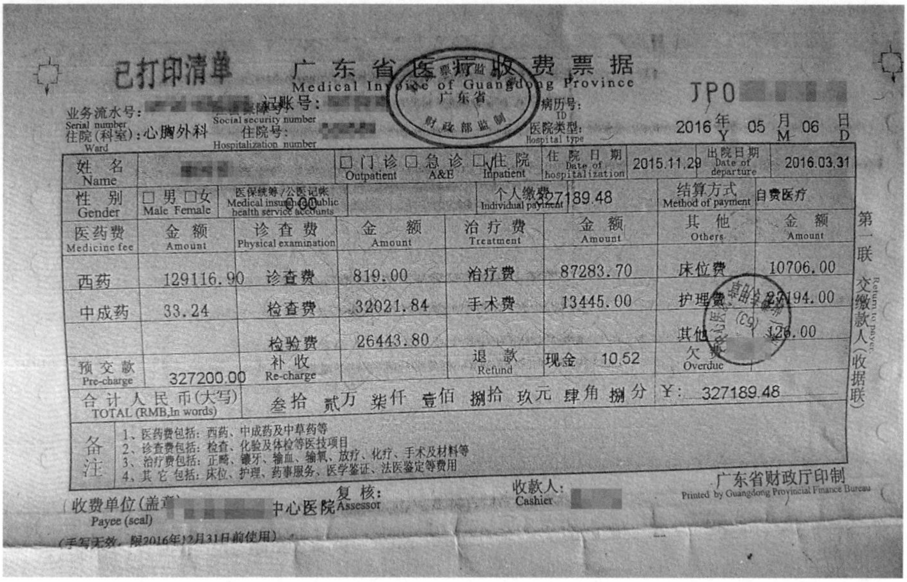

已打印清单　广东省医疗收费票据
Medical Invoice of Guangdong Province
JPO[redacted]

业务流水号：[redacted] Serial number　记账号：[redacted] Social security number　病历号：ID
住院(科室)：心胸外科 Ward　住院号：[redacted] Hospitalization number　医院类型：Hospital type
2016 年 05 月 06 日

姓名 Name	[redacted]	□门诊 Outpatient □急诊 A&E ☑住院 Inpatient		住院日期 Date of hospitalization	2015.11.29	出院日期 Date of departure	2016.03.31
性别 Gender	□男 □女 Male Female	医保统筹/公医记账 Medical insurance/public health service accounts		个人缴费 Individual payment	327189.48	结算方式 Method of payment	自费医疗
医药费 Medicine fee	金额 Amount	诊查费 Physical examination	金额 Amount	治疗费 Treatment	金额 Amount	其他 Others	金额 Amount
西药	129116.90	诊查费	819.00	治疗费	87283.70	床位费	10706.00
中成药	33.24	检查费	32021.84	手术费	13445.00	护理费	27194.00
		检验费	26443.80			其他	126.00
预交款 Pre-charge	327200.00	补收 Re-charge		退款 Refund	现金 10.52	欠费 Overdue	[redacted]
合计人民币(大写) TOTAL (RMB,In words)	叁拾贰万柒仟壹佰捌拾玖元肆角捌分				¥：327189.48		

备注：
1、医药费包括：西药、中成药及中草药等
2、诊查费包括：检查、化验及体检等医技项目
3、治疗费包括：正畸、镶牙、输血、输氧、放疗、化疗、手术及材料等
4、其它包括：床位、护理、药事服务、医学鉴证、法医鉴定等费用

收费单位(盖章) Payee (seal)　[redacted]中心医院　复核：Assessor　收款人：Cashier [redacted]
广东省财政厅印制 Printed by Guangdong Provincial Finance Bureau
(手写无效，限2016年12月31日前使用)
第一联 交缴款人(收据联) Return to payer

（b）

图 3-10　漏评户案例三住房及医疗凭证

（4）案例四。

该户为非建档立卡户，户籍人口 3 人（户主，52 岁；妻子，48 岁；女儿，24 岁，已婚，但在该户户口上，实际无经济往来）。

家庭收入：无经营性收入，工资性收入 12 600 元，无财产性收入，转移性收入包括退耕还林补贴（200 元）、惠农补贴（200 元）、生态林补贴（60 元），总计 13 060 元，人均收入为 4353.33 元。

住房：新房在建没有通电，暂住在亲戚家，住房无保障（图 3-11）。

（a）

（b）

（c）

（d）

图 3-11　漏评户案例四住房情况

住房为 D 级危房，村里提供的名单显示已改造完毕，根据现场观察，该户现居侄子家的老房子内，该老房子为危房，自己家的新房子还在建设，只通水，没有通电，只在新家做饭，且其房子的建筑材料在其侄子家赊账，大约 80 000 元，已打电话核实。判断其为漏评的依据：该户人均收入达到 4353.33 元，但 2017 年 7 月调研期间住房无保障，危房改造未完成。

（5）案例五。

该户为非建档立卡户，户籍人口 2 人（户主，64 岁；儿子，37 岁）。

户主肢体三级残疾，右臂截肢，左手指畸形，无低保金，患有肾结石和肿瘤，2017 年刚做完手术，基本无劳动能力。儿子入赘到河南，常年在河南务工。

收入：家庭经营性收入有卖杂竹收入 1 040 元，工资性收入 5 000 元（儿子），转移性收入有退耕还林补贴 480 元，总计 6 520 元，人均纯收入 3 260 元。

住房：住房墙体开裂，且房梁不太稳定，2017 年正在进行危房改造，但是 2017 年住房安全仍然没有保障（图 3-12）。

（a）

（b）

图 3-12　漏评户案例五住房情况

（6）案例六。

该户户籍人口 3 人，分别是户主（63 岁）、大女儿（20 岁）、小女儿（16 岁），非建档立卡户，已纳入低保。

吃和穿：有保障。

教育：没有教育需求。

医疗：户主患有脑梗死、脑硬化，因纳入低保，基本医疗有保障。

家庭收入：2016 年低保补助约为 1 360 元（2016 年下半年低保金曾被取消，2017 年 3 月又重新纳入低保），养老保险金 840 元，家庭经营性收入约为 4 000 元。

住房：漏雨土坯房，调查组与政府工作人员一致认定该户住房安全无保障（图 3-13）。

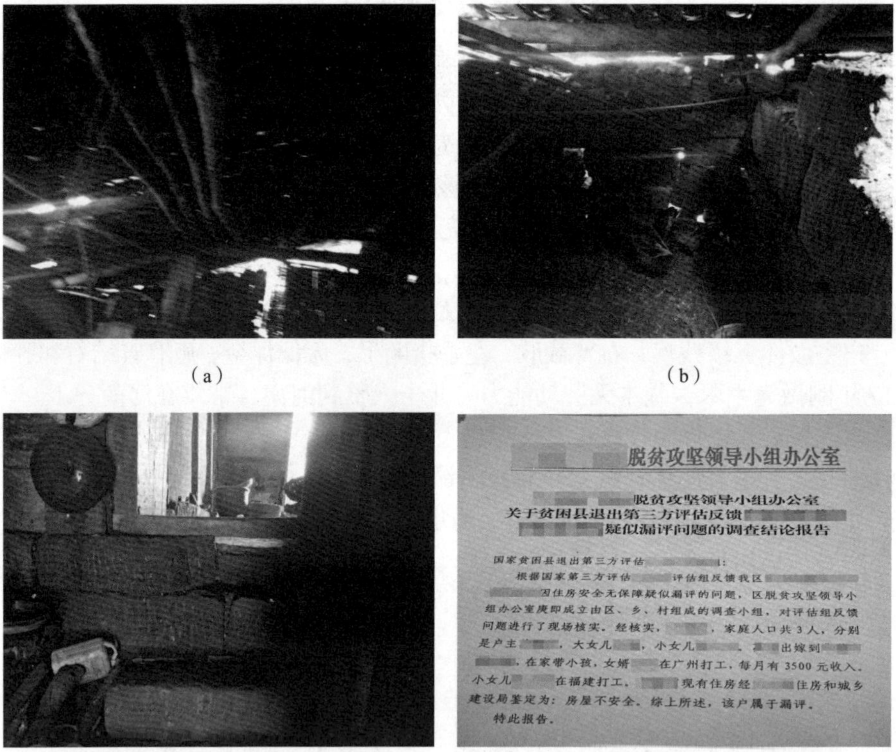

[redacted]脱贫攻坚领导小组办公室

[redacted]脱贫攻坚领导小组办公室
关于贫困县退出第三方评估反馈[redacted]
[redacted]疑似漏评问题的调查结论报告

国家贫困县退出第三方评估[redacted]：

根据国家第三方评估[redacted]评估组反馈我区[redacted]因住房安全无保障疑似漏评的问题，区脱贫攻坚领导小组办公室庚即成立由区、乡、村组成的调查小组，对评估组反馈问题进行了现场核实。经核实，[redacted]，家庭人口共 3 人，分别是户主[redacted]，大女儿[redacted]，小女儿[redacted]。[redacted]出嫁到[redacted]，在家带小孩，女婿[redacted]在广州打工，每月有 3500 元收入。小女儿[redacted]在福建打工。[redacted]现有住房经[redacted]住房和城乡建设局鉴定为：房屋不安全。综上所述，该户属于漏评。

特此报告。

（a）　（b）　（c）　（d）

图 3-13　漏评户案例六住房情况

（7）案例七。

该户为非建档立卡户，分散供养五保户。户籍人口 1 人，年龄 62 岁。户主视力残疾一级（全盲），一个人居住于老屋，做饭、洗衣等由自己完成。

吃：主要靠购买，由同村的人帮忙带回。村里邻居帮忙种一些蔬菜，吃饭多为米饭，少菜，半个月到一个月吃一次肉。

穿：20 年未买过新衣服，现在穿自己的旧衣服和亲戚、邻居赠送的衣服。

教育：无义务教育阶段学生。

医疗：有保障。

收入：主要为五保金，270 元/月，一年 3 240 元，超过国家扶贫标准。

住房：第三方评估组于 2017 年 7 月 22 日入户调研，该户户主居住一间土坯房，墙体开裂、漏水情况严重，主梁腐朽，有垮塌危险。户主平时居住在弟弟分家所得的房间（同一栋房子的另外一间），当地政府反馈时未提供房屋安全鉴定证明，并说明于 2017 年 7 月 25 日安排户主入住敬老院。因此，判定评估时点前，该户住房安全无保障（图 3-14）。

（a）

（b）

（c）

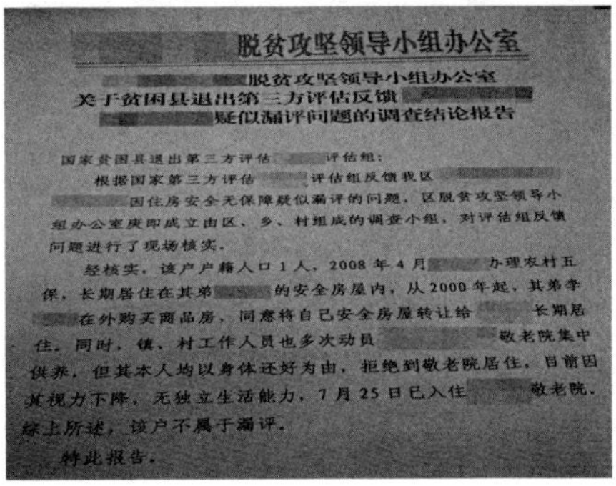

[redacted]脱贫攻坚领导小组办公室

[redacted]脱贫攻坚领导小组办公室
关于贫困县退出第三方评估反馈[redacted]
[redacted]疑似漏评问题的调查结论报告

国家贫困县退出第三方评估[redacted]评估组：

根据国家第三方评估[redacted]评估组反馈我区[redacted]因住房安全无保障疑似漏评的问题，区脱贫攻坚领导小组办公室庚即成立由区、乡、村组成的调查小组，对评估组反馈问题进行了现场核实。

经核实，该户户籍人口 1 人，2008 年 4 月[redacted]办理农村五保，长期居住在其弟[redacted]的安全房屋内，从 2000 年起，其弟李[redacted]在外购买商品房，同意将自己安全房屋转让给[redacted]长期居住。同时，镇、村工作人员也多次动员[redacted]敬老院集中供养，但其本人均以身体还好为由，拒绝到敬老院居住，目前因其视力下降，无独立生活能力，7 月 25 日已入住[redacted]敬老院。综上所述，该户不属于漏评。

特此报告。

（d）

图 3-14　漏评户案例七住房情况

（8）案例八。

该户户籍人口 1 人，低保户，户主 68 岁，在家务农。

吃和穿：有保障。

教育：不存在义务教育阶段学生。

医疗：基本无大病。

家庭收入：当地政府反馈其 2016 年收入为 6 147.28 元，其中 3 000 元的务工收入存疑（当地政府反馈户主 2016 年通过抬棺材收入 3 000 元，但是该户主已经驼背，有无能力从事该职业存疑，第三方评估组入户调查时其并未反映有该部分收入），养鸡收入（840 元）存疑（第三方评估组入户调研时户主反映其 2016 年未养鸡），扣除存疑部分，该户 2016 年人均纯收入为 2 307.28 元，低于国家扶贫标准。

住房：该户房屋已无法居住，居住于亲戚家无人居住的老房子中，住房安全有保障（图 3-15）。

（a）　（b）　（c）　（d）

图 3-15　漏评户案例八住房情况

（9）案例九。

该户为五保户，非建档立卡户。

户籍人口 1 人，户主 92 岁，无劳动能力。

家庭收入：五保金每月 300 元，每年 3 600 元；离退休金每月 75 元，每年 900 元。年人均纯收入为 4 500 元。

吃：没有存粮。

穿：衣服主要来自他人赠送。

住房：户主租房居住在其侄子家，每月 200 元。其侄子的房屋结构为土坯，有墙体开裂现象，存在安全隐患；户主家中有生活痕迹，房屋也有墙体开裂现象，存在明显安全隐患。判定该户无稳定安全住房。

教育：不存在义务教育阶段学生。

该户在调研之前没有稳定安全住房，墙体开裂，住房存在安全隐患。当地政府提供的户主材料中显示，户主本人执意不愿到敬老院集中供养，并无佐证材料，且在调查员到访后用时四天（2017 年 7 月 24 日至 7 月 27 日），为其修建新房并投入使用（图 3-16）。该户识别不精准，存在明显的漏评问题。

（a）

（b）

（c）

（d）

（e）　　　　（f）

图 3-16　漏评户案例九住房情况

（10）案例十。

该户住房无保障，医疗负担重，判断其为漏评户。

该户户籍人口 5 人，分别为户主（84 岁），户主儿子，户主儿媳妇，户主孙子（2 个，分别为 9 岁、6 岁）。

收入：该户 2017 年无家庭经营性收入，工资性收入约 27 000 元，转移性收入 12 660 元（低保金 10 800 元，养老保险金 1 260 元，残疾补贴 600 元），2017 年人均纯收入 7 932 元，超过国家扶贫标准。

住房：住房为 C 级危房，住房安全无保障。

医疗：户主患有胃病、脑血管堵塞，药物花费 1 000 元/月，儿媳妇患有小儿麻痹症，每年残疾补助 600 元，其中一个孙子因车祸小腿截肢，需花费 30 000 元安装假肢。无大病保险、大病救助，药物等报销费用低，医疗无保障。

教育：两个义务教育阶段的适龄儿童。

该户住房为 C 级危房未改造，且医疗支出较大，综合该户家庭情况，评估组一致判定该户为漏评户。

（11）案例十一。

该户户籍人口 3 人，户主 52 岁，长期瘫痪在医院，2017 年患有脑出血，其妻子患有慢性腰椎间盘突出，常住人口 2 人。户主儿子外出务工，其收入仅够维持房租、日常开销，还要负担户主的护理用品花费，每月的收入基本没有结余。该户粮食主要依靠亲戚、朋友接济。

住房：该户主房屋是土坯房，存在漏雨现象。

收入：主要依靠低保金，每月 660 元。

医疗：该户户主患有脑出血，已长期居住于该镇卫生院，每月医疗费用在 700

元左右，由于负担不起医药费，面临停药出院的结果。

教育：无义务教育阶段学龄儿童。

综合考虑该户家庭情况及其每月医疗支出，评估组一致判定该户为漏评户。

（12）案例十二。

该户户籍人口 1 人。户主 71 岁，五保户，患有间歇性精神疾病，右眼失明，为独居老人。户主长期饮食为面条，住房位于山中，道路泥泞，无入户硬化道路。

住房：该户住房为 D 级危房，房屋部分已倒塌，房外一处房梁即将断裂，主要靠木棒支撑，其余即将倒塌之处也由木棒支撑，且住房主要承重部位已出现不同程度的断裂；部分墙体即将倒塌，由一根木棒支撑，屋内裂缝过多，多处漏风、漏雨，截至 2017 年 7 月调研期间，房屋还未进行改造。住房未通电，光线昏暗。经调研人员核实，户主长期居住在危房中，住房安全无保障。

收入：该户唯一收入来源为转移性收入，每月 600 元，核实后每年人均纯收入为 7 200 元。

医疗：户主无身份证致使其无法享受相关医疗保障政策。

教育：无义务教育阶段学龄儿童。

综合其家庭实际情况，评估组一致判定该户为漏评户。该户住房情况如图 3-17 所示。

（a）　（b）

（c）　（d）

图 3-17　漏评户案例十二住房情况

四、评估指标测算

国家精准扶贫工作成效第三方评估的考核指标主要包括“两率一度”，即贫困人口识别准确率、贫困人口退出准确率、因村因户帮扶工作群众满意度。其中，贫困人口识别准确率包括贫困人口漏评率、贫困人口错评率两个指标；贫困人口退出准确率包括脱贫人口错退率一个指标；因村因户帮扶工作群众满意度包括群众满意度一个指标，包含了对各项帮扶政策的满意情况调查指标。因评估调查的主要对象和单元是各省（自治区、直辖市），所以各分省调查组主要计算各省（自治区、直辖市）的“两率一度”，不计算评估调查县的相对指标，在进行分县的评估分析时，主要采用错评户数、漏评户数、错退户数等信息进行相关指标和问题表述。

1. 贫困人口识别准确率

（1）贫困人口漏评率=核实的漏评户数/抽查的全部非建档立卡户户数×100%。

（2）贫困人口错评率=核实的错评户数/抽查的评估年度新识别贫困户户数×100%。

（3）贫困人口识别准确率=1−贫困人口识别错误率，其中贫困人口识别错误率计算公式如下：

贫困人口识别错误率

$$=\frac{\text{核实的漏评户数}+\text{核实的错评户数}}{\text{抽查的全部非建档立卡户户数}+\text{抽查的评估年度新识别贫困户户数}}\times 100\%$$

以上公式的分母中，抽查的全部非建档立卡户户数和抽查的评估年度新识别贫困户户数分别指实际调查完成的省级全部非建档立卡户和全部建档立卡贫困户户数，和各调查组完成的全部非建档立卡户、抽查的评估年度新识别贫困户户数的有效问卷数量相一致。

2. 贫困人口退出准确率

（1）脱贫人口错退率=核实的错退户数/抽查的评估年度建档立卡脱贫户户数×100%。

（2）贫困人口退出准确率=1−脱贫人口错退率。

3. 因村因户帮扶工作群众满意度

因村因户帮扶工作群众满意度调查问卷针对每项扶贫政策措施均有满意度调查问题，扶贫政策措施包括易地扶贫搬迁、义务教育、健康扶贫、转移就业与产业扶贫、小额信贷、驻村工作队、帮扶责任人等 7 类。满意度选项及赋值分别为“满意”100 分，“基本满意”75 分，“一般”50 分，“不满意”0 分。

实地调查抽样包含贫困村和非贫困村，因国家对非贫困村的驻村工作队没有要求，在获取驻村工作队满意指标时只统计贫困村受访农户对驻村工作队的满意情况。

国家精准扶贫工作成效第三方评估群众满意度调查包括建档立卡贫困户、建档立卡脱贫户、村干部等 3 类对象。其中，建档立卡贫困户和建档立卡脱贫户涉及易地扶贫搬迁、义务教育、健康扶贫、转移就业与产业扶贫、小额信贷、驻村工作队、帮扶责任人等 7 类帮扶政策措施，村干部涉及基础设施、公共服务、驻村工作队和帮扶工作成效等 4 项。

不同农户对单项政策措施落实满意度计算公式如下：

$$A_i = \frac{\sum \text{不同选项数量} \times \text{选项对应分值}}{\text{享受}i\text{扶贫政策的农户数量} \times 100} \times 100\%$$

单项政策采用等权重法，农户的满意度计算公式为

$$A = \frac{\sum A_i}{\sum i} \times 100\%$$

$$B_i = \frac{\sum \text{不同选项数量} \times \text{选项对应分值}}{\text{所有受访村干部问卷数量} \times 100} \times 100\%$$

村干部的满意度计算公式为

$$C = \frac{\sum B_i}{4} \times 100\%$$

农户和村干部的权重分别为 0.7 和 0.3，则综合满意度计算公式为

$$S = 0.7A + 0.3C$$

式中，i 表示农户享受的某项扶贫政策，$0 \leqslant i \leqslant 10$；$A_i$ 表示农户对 i 扶贫政策的满意度；A 表示农户对扶贫政策的整体满意度；B_i 表示村干部对 i 扶贫政策的满意度；C 表示村干部对扶贫政策的整体满意度；S 表示综合满意度。

第三节 抽样方案制订

遵循随机抽样原则，按照“省—县—行政村—村民小组—农户”空间分层抽样方法，对国家精准扶贫工作成效第三方评估实地调查样本进行随机抽样。抽样程序与方法如下：根据省（自治区、直辖市）内地域类型差异，抽取不同类型的典型县；在各县内根据区位条件的差异随机抽取调查村；在调查村内根据农户的

个体差异抽取调查户。具体抽样原则和步骤包括如下三个方面。

一、抽样原则

国家精准扶贫工作成效第三方评估调查抽样遵循以下主要原则。

1. 总量控制、科学测算

通常按照95%置信区间、各省（自治区、直辖市）抽样误差控制在5%以内等统计条件要求，根据各省（自治区、直辖市）建档立卡数据分别测算各省（自治区、直辖市）调查样本规模，每年抽样规模约2万户。

$$n=\frac{z^2\hat{P}(1-\hat{P})}{e^2+\frac{z^2\hat{P}(1-\hat{P})}{N}}$$

式中，n表示抽样样本量；N表示总体样本；z表示某一置信区间内的统计量（本书中置信度为95%，该置信区间内的z统计量为1.96）；e表示可接受的抽样误差范围（取±1%）；$\hat{P}$表示样本变异程度，通常取样本变异程度最大时的值（$\hat{P}$=0.5）。

2. 分层、分类抽样

按省（自治区、直辖市）、县、村、户进行空间分层随机抽样。原则上，每个省（自治区、直辖市）抽取4~5个县，其中深度贫困县、一般贫困县、脱贫摘帽县和非贫困县各抽查1个，贫困程度较深和贫困人口数量较多的省（自治区、直辖市）可增加1个深度贫困县或一般贫困县样本。各县抽取8~10个行政村，其中深度贫困村、一般贫困村、退出村、非贫困村各抽取2个，贫困程度较深和贫困人口数量较多的抽查县可考虑增加1~2个深度贫困村或一般贫困村样本。考虑到因天气、自然灾害等临时调整的特殊情况，每个省（自治区、直辖市）多抽查1个县作为备选抽样县；各县按预定调查村数的2倍抽取样本村。同时，兼顾抽样县的区域均衡，上一年度成效评估调查过的县不再抽样。

3. 统分结合、契合实际

由总体技术组统筹制订总体抽样方案，明确抽样原则、方法和具体要求，并根据全国扶贫开发信息系统数据库抽取符合条件的县、村；专家组对抽样原则、方法和抽样结果进行审定。由分省调查组结合不同的县情，确定调查户并开展入户调查。由国务院扶贫办提供抽样调查中所需的全国扶贫开发信息系统数据库相关数据。

二、抽样步骤

1. 确定分省样本量

全国抽样按照95%置信区间、各省（自治区、直辖市）误差在5%以内的基本要求，根据全国扶贫开发信息系统数据库相关指标，分析测算各省（自治区、直辖市）适宜的调查样本量，总的抽样调查农户规模约2万户。

2. 抽取调查县、村

结合各省（自治区、直辖市）需抽样调查的样本量，统筹考虑各省（自治区、直辖市）贫困的地域类型，分类抽取适宜的调查县数量。基本依据是各县评估年度脱贫人口规模、新识别和返贫人口、剩余贫困人口规模及贫困发生率，原则上每个省（自治区、直辖市）各抽取1个深度贫困县、1个一般贫困县、1个脱贫摘帽县、1个非贫困县（除青海、西藏外），对贫困人口规模较大的省（自治区、直辖市）多抽取1个深度贫困县或一般贫困县。抽样县确定后，将抽样县名单提交国务院扶贫办，由国务院扶贫办提供抽样县、村级建档立卡信息表，总体技术组再根据行政村内贫困户、脱贫户、返贫户的规模及区位条件，抽取满足抽样条件的样本村。

3. 抽取调查农户

在控制各省（自治区、直辖市）、县样本量的前提下，分省调查组进一步根据建档立卡数据，确定各样本村农户调查数量。主要依据各行政村内农户的个体差异抽取调查户。结合当地实际，建档立卡户（评估年度新识别户、返贫户及各年度脱贫户）采用随机抽样调查，建档立卡户抽查以脱贫户为主，其中脱贫户抽样中上一年度的脱贫户与之前年度脱贫户数量大体相当；非建档立卡户调查采用行政村或村（组）普查的方式，主要识别漏评人口，需要重点关注未纳入建档立卡的低保户、危房户、重病户、残疾人户、独居老人户、无劳动力户等特殊群体，每个县通常普查1~2个村组。在2018年度第三方评估调查中，建档立卡户占总调查户的70%，非建档立卡户占30%；建档立卡户中脱贫户占90%，新识别户和返贫户共占10%；脱贫户中2016年、2017年、2018年脱贫户的比重分别为25%、25%、50%。

为了便于开展进村入户调查工作，总体技术组会在抵达所调查县前一天提供拟调查样本村给总体组的分省协调负责人，再由分省协调负责人、分省调查组组长协商抽取各村内调查农户。各分省调查组需根据总体技术组抽取的调查村开展进村入户调查。但是，如遇天气、道路等客观原因未能开展调研的村，可经总体组同意后，由拟调整的村镇向县主管部门申请，并适当调整调查村。

评估工作实行分类考核，实地调查聚焦脱贫质量，防止错退、漏评和漏返。针对深度贫困县、一般贫困县、脱贫摘帽县、非贫困县等不同对象，其评估考核的内容各有侧重，强化考核评估的针对性、科学性、有效性。例如，脱贫摘帽县重点关注脱贫稳定性和可持续性，深度贫困县重点关注脱贫攻坚的进度和难度，一般贫困县重点关注精准帮扶、脱贫质量等。

三、抽样样本及分布

根据评估调查的抽样原则、技术方法和规范步骤，2018 年国家精准扶贫工作成效第三方评估调查最终确定抽取 95 个县，其中 29 个深度贫困县、20 个脱贫摘帽县、20 个非贫困县、26 个一般贫困县。抽样县涉及 2018 年新识别户 21.3 万户（63.0 万人）、返贫户 1.98 万户（6.5 万人）、脱贫户 34 万户（114.0 万人），分别占全国样本总量的 12.55%、9.30%、7.78%。

按照每个县抽取 8~10 个行政村的基本要求，全国共抽取 935 个行政村，其中深度贫困村 267 个、出列村 585 个、非贫困村 215 个、一般贫困村 51 个（部分村的属性有重叠）。样本村内涉及 2018 年新识别户 2 324 户、返贫户 249 户，分别占抽样县的 8.68%、13.45%；涉及 2016 年、2017 年、2018 年脱贫户分别为 21 679 户、28 139 户、47 920 户，分别占抽样县的 6.46%、7.80%、13.91%。按户抽样结构测算，全国需调查农户 2 万户，其中建档立卡户 1.40 万户、非建档立卡户 0.60 万户；建档立卡户中脱贫户 1.26 万户、新识别和返贫户 0.14 万户；脱贫户样本中，2016 年、2017 年、2018 年需分别调查 3 150 户、3 150 户、6 300 户（表 3-1）。

表 3-1　2018 年国家精准扶贫工作成效第三方评估各省（自治区、直辖市）抽查样本县

省（自治区、直辖市）	县				
云南	寻甸回族彝族自治县	会泽县	镇雄县	楚雄市	弥渡县
贵州	仁怀市	镇宁布依族苗族自治县	黔西县	德江县	望谟县
湖南	湘潭县	石门县	沅陵县	新化县	凤凰县
河南	滑县	封丘县	台前县	西华县	确山县
广西	宾阳县	德保县	罗城仫佬族自治县	金秀瑶族自治县	龙州县
四川	中江县	苍溪县	巴州区	德格县	金阳县

续表

省（自治区、直辖市）	县				
湖北	竹山县	大悟县	公安县	红安县	巴东县
安徽	岳西县	颍东区	埇桥区	金寨县	
陕西	陇县	临渭区	镇巴县	横山区	
甘肃	平川区	崆峒区	临洮县	西和县	
山西	壶关县	绛县	永和县	中阳县	
河北	威县	武强县	涞源县	涿鹿县	
江西	贵溪市	兴国县	遂川县	广昌县	
新疆	温宿县	阿图什市	莎车县	尼勒克县	
重庆	丰都县	大足区	石柱土家族自治县	彭水苗族土家族自治县	
内蒙古	林西县	科尔沁左翼后旗	凉城县	突泉县	
青海	民和回族土族自治县	尖扎县	同德县	甘德县	
黑龙江	拜泉县	铁力市	桦南县	望奎县	
宁夏	兴庆区	盐池县	彭阳县	海原县	
西藏	浪卡子县	定结县	班戈县	改则县	
吉林	双辽市	靖宇县	大安市	汪清县	
海南	五指山市	东方市	临高县	白沙黎族自治县	

统计数据显示，2015~2018 年国家精准扶贫工作成效第三方评估共抽查 441 个县，其中 2015 年、2016 年、2017 年、2018 年分别抽取调查县 113 个、117 个、116 个、95 个。2019 年抽取调查县 90 个。

第四节　工作机制设计

为了深入贯彻独立、客观、公正、科学的评估原则，保证评估工作有序、数据资料真实、评估结论可靠，第三方评估工作注重根据评估新形势、新任务，不断创新改进评估工作机制，确保评估工作质量和效率。第三方评估工作机制主要包括纪律约束机制、分工协作机制、质量控制机制、入户调查防干扰机制。

一、纪律约束机制

明确纪律要求是组织实施评估工作的重要前提。严明评估调研纪律，就是要坚持独立、客观的评估原则，保证获取真实、可靠的数据资料，这也是增强评估队员责任感、维护第三方评估队伍形象、确保实地调查期间队员安全的根本保证。结合工作实际，梳理提炼出评估调研纪律“十条”，要求参与评估调查的每位成员一以贯之、严格遵守。

（1）严格遵守《中共中央政治局关于改进工作作风、密切联系群众的八项规定》及其他相关规定。克己奉公、厉行节约，自觉抑制各种不良风气。

（2）严格遵守保密纪律。未经国务院扶贫办及相关部门同意，不能擅自公开发布调研成果和相关数据资料，不得将调研现场的照片、视频等上传网络。

（3）保持客观、独立、公平。尊重评估调研对象，耐心倾听其反馈意见。对调研对象的意见不做评论，不持主观态度，谨言慎行，尊重事实；排除各方干扰，问卷调查与问题评判必须保持独立、规范和公正。

（4）加强安全保障意识。及时关注实地调查途中路况，注意行车、交通安全；不得擅自改变调查路线，不得从事与评估调查无关的其他活动；遇到恶劣天气、突发事件时，需上报总体组，局部调整调查计划，保证调研人员安全。

（5）增强团队工作意识。一切服从组织安排，保持集体行动，严以律己、听从指挥、互帮互助；增强时间观念、团队意识，不迟到、不早退；言行举止大方，积极传播扶贫正能量。

（6）增强责任担当意识。对调研的对象负责，对评估真实性负责，如实、准确地填写调查事项、记录调研对象反映的实际情况。若遇有调查干扰、发现虚假行为，要敢于担当、较真碰硬、如实反映。

（7）遵守国家财务制度及各单位财务管理规定，厉行节约，合规使用项目经费，履行项目合同及总体组关于调查经费使用的规定与要求。

（8）严格落实评估调查期间人人有保险、手机话费需保障、日常用药要保证。评估调查人员每天需充足手机电量、备有充电宝或备用电池，方便沟通、随时联络。

（9）评估调查工作期间严禁酗酒、赌博、打麻将、打扑克、打台球，以及参加地方机构、朋友等一切宴请、娱乐活动。

（10）顾全大局、精诚合作、乐于奉献，严格遵守《调查规范》，认真履行分省调查组组长、总体组协调负责人在实地调查过程中所做出的相关事项和要求。

结合评估调研纪律“十条”提炼归纳为格式简明的评估调查人员管理清单

（专栏 3-5），便于分省调查组对照管理。

专栏 3-5

评估调查人员管理清单

十个必须：

（1）必须严格遵守保密纪律。

（2）必须听从指挥，互帮互助。

（3）必须牢记评估工作使命，熟练掌握各项评估技术和精准扶贫政策。

（4）必须如实、准确记录调研对象反映的实际情况，工整填写调查表。

（5）必须严格时间观念、团队意识，不迟到、不早退。

（6）必须尊重调研对象，耐心倾听，对其抱怨不评论、不持主观态度。

（7）必须确保联络畅通，第一时间接通电话或微信等。

（8）必须保管好个人物品和公共财物。

（9）必须严格财务制度，按照要求合理支出，提倡艰苦朴素、厉行节约。

（10）必须遵守调研组长在实地调研中所做出的相关补充事项和规定要求。

五个严禁：

（1）严禁未经国务院扶贫办同意擅自接受媒体采访和公开发布调研成果，或将调研现场照片、视频和数据上传网络。

（2）严禁向被评估方透露评估抽样方案和调查结果。

（3）严禁擅自杜撰数据或篡改调查资料。

（4）严禁擅自脱离评估队伍、独自外出。

（5）严禁从事与评估工作无关的其他活动。

二、分工协作机制

1. “五统一”机制

国家精准扶贫工作成效第三方评估必须保持较真碰硬、真评实考定力，严格基本标准、严把扶贫质量，最大限度地防止“数字脱贫”和“虚假脱贫”，确保脱贫攻坚任务“三落实”和精准脱贫工作成效可持续。在探索实施“两制度、三系统”（分省交叉评估制度、考试认证上岗制度，数据采集系统、质量监控系统、标准分析系统）的基础上，进一步强化“三减、三增”，确保评估质量。“三减”：一是减缩队伍，评估调查人员比上年减少 20%；二是减轻负担，将过去的“六个一”优化为“六合一”；三是减少成本，减少抽样县和调查项。“三增”：一是增加力量，充实团队专家和师资力量；二是增强技术，强化平台技术全过程服务支撑；三是增进共享，推进多元数据库与信息共享。

国家精准扶贫工作成效第三方评估调查实行“五统一”机制，即统一组织领导、统一规范标准、统一业务培训、统一质量监控、统一问题核定。“五统一”就是要严把五道关，为高质量完成国家精准扶贫工作成效第三方评估重大任务夯基础、健机制、强实力、提能力、讲实效。

2. 沟通交流机制

为保障第三方评估队伍能够顺畅沟通，设立分省协调负责人岗位，建立专题沟通微信群，定时发布通信稿和简报，做到每天召开调查小结会，及时召开分县问题研讨会。

分省协调负责人岗位：重点连接评估总体组与分省调查组，及时传达总体组的要求、反馈分省调查组的诉求，也是保证全国不同省（自治区、直辖市）执行统一标准的重要措施。

专题沟通微信群：建立评估专家组、总体组、分省协调负责人、分省调查组组长、各分省调查组、评估设备平台等微信群，便于快速、有效、广泛地发布通知、反馈实况。

通信稿和简报：分省调查组设立宣传员，将每天工作进展情况以通信稿的形式上报总体组。总体组定期汇总分省调查组评估调查工作进展，形成阶段性简报，重要的评估要点以简报的形式发给各分省调查组。

沟通会议：入户调查组每日召开工作小结会，调研员及时反馈工作情况和调查发现的问题，以及存在的疑惑等。分省调查组针对评估县发现的问题及时召开讨论会，在离开某个评估县之前，完成问题核实、做实证据材料。

3. 组内协作机制

分省调查组内协作机制重在发挥实地调查人员的团队协同作用，做到分工明确、责任落实、互馈协作，保证入户调查有序、问卷填写规范、逻辑一致和符合实际。为了促进组内协作运行，确保评估工作质量，特别要重视各组联络员、后勤保障员、质量检验员与组长、副组长、问卷调查员的及时沟通和信息反馈，对实际问题进行集体会诊、精准研判。

三、质量控制机制

1. 统一评估标准规范

总体组在评估工作前期制定统一的抽样方案、评估标准、调查问卷、调查技术规范、数据采集与管理规范，并进行调查人员评估培训。具体工作包括：①统一设计抽样方案。按照抽样要求并结合各县实际，合理确定各县抽样村、建档立卡户与非建档立卡户的抽样方法、抽样数量。②统一细化评估标准。根据国家扶贫开发相关政策规定，制定操作性强的错评、漏评、错退、群众满意度等具体指标评估方法，确保评估标准相一致、研判方法可操作。③统一设计调查问卷。根据国家精准扶贫工作成效第三方评估的目标、任务和内容指标，系统设计针对性强、易于操作的脱贫户、返贫户、非建档立卡户和村干部调查问卷，设计实地调查 APP 系统。④统一调查技术规范。制定实地调查工作流程、工作要求、技术手段和调查设备配备方案，规范实地调查程序，确保“调查评估场景可还原、过程可追溯、结果可比较”。⑤统一数据采集与管理规范。建立统一的农户信息采集与管理平台，统一调查信息来源，制定数据档案管理规范，实行数据统一管理，为评估调查工作提供可靠的技术保障。⑥统一开展评估培训。由国务院扶贫办、评估总体组对各分省调查组骨干人员开展针对脱贫攻坚政策、调查业务要求和技术规范等方面的专门培训，并由各调查组骨干人员对各调查组入户调查成员进行集中培训，最后进行考核测试，考核合格后才能参加实地调查工作。

2. 强化问题核实过程

调查和核实扶贫工作中存在的问题是一项专业性、政策性很强的工作。评估调查组坚持凡疑必核，防止误判。调查核实过程包括五个步骤：一是入户调查员调查发现疑似问题，上报入户调查小组组长；二是由小组组长针对每一个疑似问题，与农户核实相关情况，搜集相关材料，必要时请村两委[①]或地方相关部门协助核实，直到找到充足的可靠证据，问题核查方式及技巧见专栏 3-6；三是分县调查队对调查员初查、核查人员核查所采集的疑似问题户证据再逐一进行复核，判定疑似问题，并通过“面对面”的方式把问题反馈给各县扶贫部门，对疑似问题进行说明和求证，扶贫部门可对相关问题做出解释，并提供事实证明材料，确定分县调查组问题核实清单；四是分县调查组将汇总的问题农户名录、证据材料清单提交分省评估组审查；五是对于在县一级沟通后仍存疑的问题，一般不再往上级政府反馈，由总体组专家团队依据调查问题户的音像材料统一会审，并给出最后的审定意见。

① 村两委是指村中国共产党员支部委员会和村民自治委员会。

专栏 3-6

问题核查方式及技巧

1. 实时核查方式

调查员入户调查实时反馈问题农户。调查员入户调查获取的农户信息，依据“两不愁、三保障”的识别标准，初步判断疑似问题户，并明确主要识别依据：吃、穿、住房、医疗、教育、饮水、收入、负债等。

实时核查小组现场核查。在入户调查村的村委会办公室，由县、乡（镇）、村和驻村工作队共同组成实时核查小组，对调查员反馈的问题农户的信息进行核查。

2. 实时核查技巧

帮扶干部介绍农户情况。围绕“两不愁、三保障”，由村干部、驻村工作队介绍农户家庭基本情况、帮扶责任人帮扶情况、农户家庭落实的帮扶政策等。

实时入户核查。调查员和帮扶干部介绍的农户情况基本一致时，共同核查为问题农户。若调查员和帮扶干部介绍的农户情况有明显差异，则立即入户实地核查，以事实为依据。

3. 评估成果质量检验

分省调查组在完成实地调查任务后，及时提交完整的调查数据库，完成符合规范、真实可信的分省评估报告成果，确认已按照要求落实了各自承担的数据检验程序和质量把控责任。

（1）调查问卷数据核查。各调查组在完成每一个抽样县后，及时将检查过的调查数据库及问题户信息上传到“国家精准扶贫成效第三方评估大数据平台”。评估调查数据经入户调查员初查、入户调查小组组长核查、分县调查组组长复核、分省调查组组长审查、总体组审定等五个层级的分级审核校验，确保数据完整，消除数据逻辑冲突，所有疑似问题户初查、核查、复核、审查和审定阶段的数据、证据和意见完整，提请专家组审核认定。

（2）问题农户检查确认。对各调查组发现的错评户、漏评户、错退户等问题农户信息进行检查确认，对问题户信息不完整或判定过程存疑的情况，及时反馈给调查组，要求其复核确认，确保发现问题的真实性和准确性。

（3）分省报告质量审查。对各调查组形成的分省评估报告进行质量审查，评估专家组对评估报告的完整性、规范性和总体质量提出审查意见，对存在问题的分省评估报告提出具体修改建议，并及时反馈给各分省调查组，进一步指导评估报告的修改和完善。

4. 落实“三随机三回避”

建立评估调查“三随机三回避”机制，随机抽查县、村、户，第三方评估机构回避其所在省（自治区、直辖市）的评估任务，评估专家回避其工作单位所在省（自治区、直辖市）的评估任务，承担过省级评估任务的团队要回避国家对该省（自治区、直辖市）的评估任务。

四、入户调查防干扰机制

为有效开展入户调查工作，防止随队调查的向导，县、乡（镇）、村干部进入调查现场，以及可能影响到农户真实意愿的表达，应制定入户调查防干扰制度。

1. 干扰记录制度

（1）发放地方配合事项清单。调查组到达调查省（自治区、直辖市）、县、乡（镇）之后及时发放《中西部22省（自治区、直辖市）扶贫开发工作成效第三方评估调查地方配合事项清单》，让各级政府明确需要配合的事项，明确不能干扰第三方评估调查工作的要求。

（2）现场干扰记录。在入户调查现场，凡进入现场干扰调查的向导、村干部、乡（镇）领导按人次统计，每天晚上把干扰情况汇总、通报省级扶贫办，请省级扶贫办协调解决发现的干扰问题。

（3）电话打招呼干扰记录。入户调查工作启动后，凡给组长、分县组长等调查组人员打电话希望给予关注的都做好记录，达到五次以上时，将通报给省级扶贫办，由协调组将情况告知打招呼的相关机构和部门。

2. 调查防干扰应急预案

当现场调查出现干扰严重、无法保证调查的真实性、完整性时，或者发现受调查农户有被打招呼、培训过的情况时，分省调查组可向总体组提出申请，并紧急启动调查防干扰应急预案。

（1）暂停调查。对于严重影响调查入户工作，如发现临时慰问、打招呼、培训农户等现象较为严重，不能真实获取调查村农户实际情况的，一律暂停调查，向国务院扶贫办或总体组汇报情况，根据反馈意见再组织开展下一步调查工作。

（2）临时抽户。发现调查农户符合“五不”原则，可以向调查队申请临时更换调查农户，并填写更换调查农户信息表。“五不”原则为酒醉对象不调查、传染对象不调查、聋哑对象不调查、未成年人不调查、受干扰明显对象不调查。

（3）省（自治区、直辖市）、县协调会。对于反复出现干扰入户调查工作的县，应向国务院扶贫办或总体组及时反馈，同时召开省（自治区、直辖市）、县协调会，对其整改之后再开展入户调查。

第五节　评估人员培训

一、培训考核目的与内容

评估调查队伍是顺利开展国家精准扶贫工作成效第三方评估的根本保障，评估人员的政策水平和业务能力是做好第三方评估工作的基本前提。为了引导参与评估调查的专家学者深入了解评估调查的技术要求、工作程序、调查技巧，特别是增强对技术政策、调查研究问题本身的理解和研判能力，必须加强评估调查队伍的培训考核环节，把好评估调查资格关。培训内容包括脱贫攻坚相关政策、脱贫攻坚形势与扶贫工作成效评估新要求、调查问卷及评判标准、抽样与调查方式、实地调查技术规范、入户调查技巧、移动 APP 及数据管理系统使用、评估报告撰写等。

二、培训考核方式与步骤

坚持优中选优，选好配强评估调查队伍，实行培训选拔和考试合格上岗制，对所有参加评估调查的人员，分期分批开展脱贫攻坚政策和评估调查业务培训，培训结束后所有成员需参加考试，成绩在 90 分以上的方可上岗。

1. 集中培训

受训人员为核心专家、带队老师及骨干人员，在年度评估启动前先期进行。国务院扶贫办负责脱贫攻坚新部署、新要求等政策培训，中国科学院地理科学与资源研究所的评估专家组负责评估业务能力与规范培训（图 3-18）。

2. 分省培训

受训人员为各分省调查组全体评估调查人员，培训内容主要有脱贫攻坚政策、评估业务能力、移动 APP 使用及调查数据审核等，培训由分省调查组组长具体组织，可采用专家授课、技术人员指导和观看视频等形式（图 3-18）。分省培训内容除了集中培训的规定内容外，还应根据分省评估任务做好拟调查地区贫困状况、

（a）

（b）

图 3-18　评估调查集中培训和分省培训现场

致贫原因、帮扶措施等内容的专题讲解。

3. 资格认证

集中培训及分省培训结束后，所有成员需分别接受“第三方评估基础知识考试系统”模拟测试、正式考试，考试成绩在 90 分以上为合格。一次考试未通过者需继续学习，补考过线为合格。

第四章　实地调查核实规程

组织开展实地调查和访谈，获取一手资料和数据，发现并查实问题，梳理典型案例和经验，是第三方评估调查工作的中心环节和主要任务。分省评估组到达抽样调查县后，要求严格遵照相关程序和规定，切实开好“三会”、抓好“三实”。

“三会”即各省调查对接会、每日调查小结会、分县问题研讨会。每个评估调查组到达所评估省（自治区、直辖市）的第一个调查县，需结合调查县评估调查对接会，专门安排分省（自治区、直辖市）评估调查对接，需请所评估省（自治区、直辖市）的扶贫部门或相关人员到会，简要介绍该省（自治区、直辖市）精准扶贫工作进展、扶贫重大政策措施落实、年度脱贫攻坚的成效情况。

“三实”即调查工作需扎实、获取信息要真实、发现问题须查实。每个评估调查分组需要在梳理归纳每个村调查组反映的农户问题之后，及时召开分县问题研讨会，具体讨论可能的农户错（评）漏（评）情况，并拟定需要进一步复核查实的问题农户清单，在分县调查队离开所调查县之前，必须完成各调查村问题农户的复核查实任务和必要的“取证”工作。

第一节　调研工作准备

一、细化调研方案

根据总体组制订的评估调查方案，分省调查组需要结合拟调查省（自治区、直辖市）、县域贫困情况及扶贫开发工作特点，深化、细化调研方案，确定调研路线和日程，制定分省评估调研手册，并将方案报送给总体组。为了增强调研方案的可行性，确保调研工作顺利开展，在制订分省调研方案之前，需要做好“三个提前”：①提前系统了解拟调查地区贫困户或脱贫户认定办法、地方普惠和特惠扶贫政策、主要扶贫方式与具体措施等；②提前了解拟调查地区贫困分布现状、致贫原因，明确各地因村因户帮扶、因贫因人施策的主要做法及其成效；③提前了解拟调查地区地理特征、风俗习惯、惯用语言等实地、实际情况，分县调查队应根据当地具体情况，适时配备一定数量的地方方言、少数民族调查员或熟悉当地风俗习惯的向导。

二、调研物品准备

调研所需物品准备是一项重要的基础工作。备齐各类物品能够保障实地调查工作的顺利有序开展，确保获取数据和资料收集的完整齐全、汇总有序。实地调查组除了需要统一配备“六个一”设备支持系统外，每个实地调查人员还需佩戴统一的调查员工作证，每支队伍应配备足够的电脑、移动硬盘、书写笔、笔记本、常用药品等必备用品。实地调研必备用品清单见表 4-1。上述调研物品应在评估调查启动、培训期间及早备齐，并由专人负责统计和监督。

表 4-1　实地调研必备用品清单

用品名称	明细
问卷 APP	建档立卡户、非建档立卡户、村干部问卷
工作证	每人一证，统一编发
手持 GPS 定位仪	两名调查员为一个小组，每个小组一台
录音笔	两名调查员为一个小组，每个小组至少一支
照相机	两名调查员为一个小组，每个小组至少一台
村域地图	拟调研村庄示意图，各村一张地图
摄像机或照相机	原则上两人一台，若照相机或手机自带摄像功能且效果较佳，则可适当减少数量
文具及用品	笔记本每人一本，黑色签字笔每人至少两支
	整理材料使用：订书器，订书钉若干；燕尾夹若干；文件袋若干；标签纸若干；行李箱（用于运输问卷和纸质资料）；笔记本电脑（尽量每人一台，便于问卷录入、资料整理）；移动硬盘（专门存放调研资料，建议容量至少 1TB[1)]）；充电宝；常用药品；等等

1）TB：terabyte，太字节

注：2018 年“国家精准扶贫成效第三方评估大数据平台”系统集成了原有的“六个一”，开发了“六合一”系统功能，在实地调查时鼓励使用该项新功能，显著提高了调查工作效率

第二节　实地调查步骤

实地调查的对象包括省（自治区、直辖市）、市、县、乡（镇）扶贫干部和被

抽查的农户，按照“省（自治区、直辖市）、市、县、乡（镇）扶贫干部—村干部—农户”多层级有序推进，开展政府相关部门、村干部座谈访谈，详细填报农户调查问卷。对评估调查中发现的部分疑似错退、漏评、错评的农户必须进一步梳理核查，直到获取农户真实可靠的信息后予以确认。

与省（自治区、直辖市）、市、县、乡（镇）干部座谈的主要目的是了解各个层面精准扶贫政策措施落实情况、基础设施和公共服务改善情况，以及相关干部群众对扶贫工作的意见，完成各级扶贫干部调查问卷，收集县域社会经济发展、基础设施建设、产业扶贫规划、扶贫开发主要措施及其实施效果、扶贫工作进展报告、抽样调查村农户脱贫依据（含家庭基本情况、健康状况、收支情况及“两不愁、三保障”）等资料；对村干部进行访谈的主要目的是了解村域层面扶贫工作进展状况、基础设施、公共服务，以及精准扶贫工作组织实施、落实落地情况等；入户调查的主要目的是重点了解农户人均收入、劳动力、家庭受教育、外出务工、家庭成员健康等状况，“两不愁、三保障”实现情况，以及因村因户帮扶工作群众满意度等具体信息。

分省评估组入驻拟调查县后，需要召开对接会，及时了解拟调查县的扶贫工作进展，对评估调查纪律、调研事项、工作安排、保密规定等进行通告与交流。对接会后，各分县调查组的座谈分组、调查分组同时分头开展相关工作。第三方评估调查程序与步骤见图 4-1。

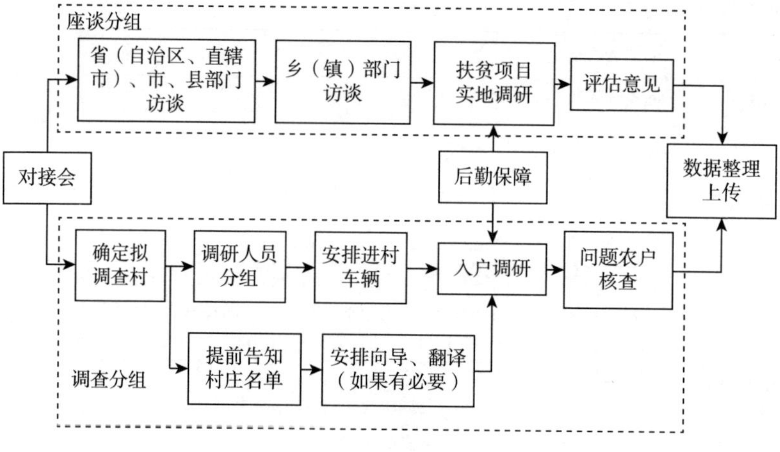

图 4-1 第三方评估调查程序与步骤

1. 座谈分组

组织开展调查县相关部门访谈与主要乡（镇）部门访谈，依据提前制定的访谈内容及规定，重点座谈扶贫项目开展、工作落实情况，形成初步的评估访谈意见，通过汇总整理后上传总体组。

2. 调查分组

为便于评估调查工作的顺利开展，通常在前一天晚上将拟调查村庄名单告知调查县，并安排向导、翻译（如果有必要）等相关事宜。依据村庄距离、样本量等情况，确定或调整调研人员分组。根据分组情况，请县扶贫办协调安排进村车辆、后勤保障工作。分小组开展入户调查时，对遇到的问题农户，要求多方收集佐证资料，在离开调查村前保证资料收集完整，保证数据真实可信。

为确保分省评估调查工作统一、有序与协调开展，保证调查工作进度和调查数据质量，需要提前制定实地调查工作日程（专栏 4-1），要求每位成员遵照实施。

专栏 4-1

实地调查工作日程

7：30~8：00　早餐。

8：00~8：30　与县扶贫办一起组织后勤保障工作，前往调查村。

到达调查乡（镇），与向导对接，制订入村方案，由向导带领入户开展调查。调查前，明确告知入户调查现场纪律，对违反纪律情况做及时记录。

午餐原则上在村或乡（镇）就近解决。

17：30　结束入户调查，返回驻地。

晚餐在驻地安排。

20：00　质量检查员和保密员检查当日工作质量与完成情况。

21：00　带队老师检查当日工作，讨论核查问题农户。

22：00　当天数据发给保密员统一保管；宣传员编写简报。

第三节　调查对接会

一、工作要点

（1）提前联系。到达调查县之前，分县调查组组长要和县联络人取得联系，落实召开全县评估调查对接会的具体要求，确定参会人员、会议流程、会议时间等事项。

（2）会议时间。为提高调查工作效率，对接会的召开时间可安排在评估调查组到达该县的当天下午或晚上。

（3）参会人员。调查组核心成员、调查员代表和县党政主要领导、扶贫开发相关主要职能部门负责人参会。要严格控制参会规模，做到简洁、清晰、高效。

（4）大会流程。会前参会人员须在签到表上签到。会议由分省调查组组长主持，分省调查组在第一个调查县召开调查对接会时，还需要邀请省级扶贫部门负责人或业务骨干参加会议。首先，请省级扶贫部门相关人员简要介绍该省（自治区、直辖市）基本情况、脱贫攻坚整体部署与责任落实情况、工作进展与主要经验情况，以及当前存在的主要问题及意见建议等；其次，请调查县简要介绍县基本情况、脱贫攻坚整体部署和责任落实情况，以及工作进展、工作经验、存在问题和意见建议等；再次，由分省协调负责人介绍国家精准扶贫工作成效第三方评估总体安排、评估程序、评估方式方法等，强调调研纪律；最后，由分省调查组组长说明评估工作安排、具体计划，提出调查工作相关要点和质量要求。专栏 4-2 给出了调查对接会上强调的事项内容。

专栏 4-2

调查对接会上强调的事项内容

1. 三个协助

（1）为第三方评估调查组提供出行安全及后勤保障，包括帮助联系住宿、用餐、车辆、向导或翻译等。

（2）对评估调查组反馈的问题进行核实，并提供佐证材料或必要的说明材料。

（3）按照评估调查工作要求，及时提供必要的佐证材料。

2. 八个严禁

（1）严禁提前通知或培训农户，进而影响农户正常回答调查问题。

（2）严禁事先给农户发放慰问品、现金等影响调查真实性的行为。

（3）严禁提前支走、藏匿可能的问题农户，人为干扰农户调查工作。

（4）严禁通过各种途径向第三方评估调查组打招呼、讲人情。

（5）严禁回避问题、隐瞒不报，提供虚假情况。

（6）严禁对评估人员施加影响，甚至威胁、恐吓。

（7）严禁干扰或拖延第三方评估调查相关工作。

（8）严禁违反保密规定，打听评估问题与结果。

二、注意事项

调查对接会需要事先安排好录像、录音、拍照和会议记录人员，事先做好会议签到表、制定会议日程。会后要安排专人及时撰写会议纪要。要严守评估调查纪律，严格程序和纪律，维护国家精准扶贫工作成效第三方评估工作的严肃性、规范性。

第四节　部门座谈会

一、工作要点

（1）座谈会类型。部门座谈会主要包括四类，即县委、县政府主要领导座谈会，扶贫相关部门座谈会，乡（镇）主要领导座谈会，村干部座谈会。

（2）召开时间。座谈会一般在进入调查县后第二天开始，分类型、分层次组织召开，在召开会议之前要与调查县联络人商量确定具体时间，以及地点、参会人员要求。

（3）座谈会主持人。座谈会应由分省调查组组织，由分省调查组组长（或座谈、访谈组组长）主持，要求座谈、访谈组成员及评估调查报告主要撰写人参加。

（4）访谈记录及问卷填写。座谈会召开前或结束后，请参会干部填写签到表，座谈会召开时，座谈、访谈组成员及时记录访谈的内容，访谈过程中要全程录音。村干部访谈以填写事先准备好的村干部调查问卷为主。

专栏 4-3 给出了县委、县政府主要领导座谈会，扶贫相关部门座谈会，乡（镇）主要领导座谈会三类座谈会的要点。

专栏 4-3

不同类型座谈会要点

1. 县委、县政府主要领导座谈会

访谈对象：县委书记、分管县长

访谈提纲：

（1）县经济社会发展基本情况。

（2）县贫困状况（规模、原因、分布、建档立卡情况）。

（3）扶贫开发整体部署、脱贫思路及具体措施。

（4）扶贫开发政策措施落实情况。

（5）扶贫开发工作效果。

（6）扶贫开发工作经验。

（7）当前扶贫开发工作中存在的问题和建议（识别和退出、资金使用、项目安排）。

2. 扶贫相关部门座谈会

访谈对象：扶贫办、财政局、发展和改革局、教育局、卫生和计划生育局①、住房和城乡建设局、民政局、交通运输局、水利局等扶贫涉及部门

访谈提纲：

（1）部门扶贫开发责任分工情况。

（2）部门扶贫开发工作开展情况。

（3）部门扶贫开发政策落地见效情况。

（4）部门政策落实中存在的问题和意见、建议。

3. 乡（镇）主要领导座谈会

访谈对象：乡（镇）书记、乡（镇）长

访谈提纲：

（1）乡（镇）经济社会发展基本情况、贫困基本情况。

（2）乡（镇）扶贫对象动态调整工作情况。

（3）乡（镇）扶贫项目精准安排情况。

（4）乡（镇）贫困户精准帮扶情况。

（5）乡（镇）贫困村基础设施和公共服务改善情况。

（6）乡（镇）扶贫开发工作中存在的问题及建议。

二、注意事项

（1）座谈会要事先安排好录像、录音和拍照的工作人员，并安排专人做好座谈会记录。

（2）座谈会主持人和参加座谈会的其他评估调查人员必须提前熟悉调查县相关情况。

（3）座谈会后要注意及时收集精准扶贫相关统计数据、政策落实等资料。

① 现卫生健康局。

（4）明确座谈会的主要目的：一是获取调查区域背景信息，作为入户调查参考；二是了解、掌握扶贫开发工作进展、成效及突出问题，增强评估调查针对性；三是获取撰写评估报告的深层问题与信息，为撰写评估报告提供第一手资料。

第五节　入户调查

基于标准化问卷（APP 系统）开展农户调查。调查农户包括脱贫户、贫困户和一般农户。其中，脱贫户采用随机抽样方法调查，一般农户采取参与式调查方法或调查小区普查方法调查。

参与式调查方法：参与式调查人员主要包括村干部（含前任村干部）、退休教师、老党员、村民代表（含贫困户、脱贫户和非贫困户）等，由参会人员背对背选出村里相对较为困难的农户，根据统计汇总结果，有针对性地对重点农户进行入户调查，由调查员共同研判农户的“两不愁、三保障”情况。

调查小区普查方法：随机抽取一定规模范围的村民小组作为调查小区，对调查小区的农户实行普查，要求分别完成脱贫户、贫困户和一般农户问卷。此外，入户调查环节还包括对调查村的村干部开展问卷调查和访谈。

在入户调查过程中，村调查组组长要驻守村委会，并要求熟悉村务和扶贫工作的乡（镇）政府负责人、村委会负责人一同驻守村委会，以协助疑似问题户的核查工作。村调查组组长主要工作包括：实时掌握村调查组入户调查情况，协调安排调查工作；完成村干部问卷调查；根据调查员反映的疑似问题户情况，听取乡（镇）干部介绍，并深入开展入户核查工作。

一、工作要点

（1）主要类型。包括建档立卡户问卷和非建档立卡户问卷的入户调查。

（2）调查时间。一般在到达调查县后的第二天开始，直至完成全县调查工作。

（3）调查方式。建档立卡户采取随机抽样方法调查，非建档立卡户采用调查小区（村民小组）普查方法调查。

（4）调查内容。通过看实情、听实话、查实据等途径，相互印证、互为支撑，获取贫困人口识别和退出准确情况，农户“两不愁、三保障”情况，脱贫攻坚到户、到人政策措施落地见效情况，群众获得感情况。

（5）任务分工。根据空间位置和道路条件，按照将相邻农户分配给一个调查小组（两名调查员）的原则，合理安排调查员，明确调查方式、调查任务与要求。

二、注意事项

（1）熟知各类调查问卷的具体内容、各项指标的内涵与统计口径等。

（2）掌握入户调查的具体流程、方法与技巧。

（3）熟练“精评通”APP 信息采集和 PC 端的操作方法。

（4）精心设计调查线路，合理分配时间与任务。既要防止单个工作日内任务量过大、疲劳工作，又要防止任务量不足，影响评估调查工作进度。

三、入户调查流程与方法

入户调查访问主要包括七个重点环节，即做好向导工作、农户信息准备、介绍来意、实地查看、问卷访谈、疑似问题户核查、问卷检查和告辞，每个环节应完成必要的工作步骤，保障工作有序、保证调查质量。

1. 做好向导工作

每个调查组都配有一名向导，通常是熟悉村庄情况的村民小组长、村干部，或者是帮扶干部。调查员需处理好与向导之间的关系，主要体现在三个方面。

第一，建立良好的信任关系。要主动与向导交流，宣传第三方评估的目的和意义、调查工作方法，深入了解向导对当地扶贫工作的意见和建议。

第二，主动告知向导相关纪律。恰当地告知向导“带路”的注意事项和纪律要求，请向导积极主动配合调查工作。

第三，防止向导干扰调查。在入户调查过程中，要注意观察向导与农户交流时是否对农户有暗示的动作和语言，农户是否流露出畏惧的情绪，若有，要及时纠正向导的干扰行为。

2. 农户信息准备

调查员进入农户家门之前，需要提前完成以下工作。

第一，接收农户信息。问卷调查员和信息采集员分别启动自己的 APP 问卷调查系统，同时录入调查农户姓名，下载农户信息，了解调查农户基本情况。如发现调查对象是聋哑、精神不正常、未成年人等农户，应上报村调查组组长，更换调查农户。如果是村民小组普查，应找到监护人进行调查。

第二，核实农户情况。了解信息后，对于危房改造、重病、义务教育等情况有疑虑的，主动与向导核实农户的基本情况，及时了解农户家庭近期变化。

第三，检查调查设备。进入调查农户家门之前，必须检查平板电脑或手机电量是否充足、存储空间是否足够等。

3. 介绍来意

到达农户家门口或进入农户家中时，调查员与农户相互之间建立的第一印象是能否获得农户信任的关键所在，调查员应认真做好以下五个方面的工作。

第一，主动与农户打招呼。调查员与向导一起进入农户家中，应主动与农户打招呼，对不同身份的农户使用不同的尊称，如老人家、爷爷、大妈、大叔、大婶、大姐、大哥等。切忌使用网络称谓，如美女、靓仔、帅哥等。

第二，向导介绍情况。请向导给农户介绍调查员身份和调查目的。

第三，调查员自我介绍。问卷调查员和信息采集员告知农户自己的姓名和来意。

第四，观察农户情况。在介绍来意的过程中，调查员需要迅速确认调查对象是否适合访问，如出现醉酒、重病、传染病等情况，应立即退出调查农户家中，终止该农户调查。

第五，请向导退场。农户和调查员相互确认后，信息采集员应及时请向导离开调查现场，并与向导约定再次见面的时间、地点。

4. 实地查看

在开展问卷调查之前，为了解农户家庭的“两不愁、三保障”基本情况，调查员与农户一起在农户家中实地查看，对农户家庭情况进行初步判断。

第一，打开 APP 问卷调查系统。问卷调查员打开 APP 问卷调查系统，开启录音功能。信息采集员打开 APP 问卷调查系统，开启录像功能，记录实地查看的声音和图像。

第二，屋内、屋外查看。问卷调查员与农户主动交谈，询问住房、家具、粮食、衣物、被褥、产业扶持、农具、“一折通”等情况，初步判断农户“两不愁、三保障”是否实现。

第三，实况拍摄。信息采集员要根据入户调查规程，做好实况录像、实物拍照工作，图像采集重点内容见专栏 4-4。

专栏 4-4

图像采集重点

1. 拍照重点

屋外：院落、牲口棚、水窖、自来水管道等。

厨房：冰箱、粮食、食用油、肉制品、奶制品等。

客厅：家具、电器等。

卧室：被子、床、衣物。

住房：大门正立面、梁架、屋顶、墙壁（如果是危房，按照问卷 E35~E42 要求进行拍照）。

人物：家中若有病人，应采集病人照片，以及相关病历、用药等。

2. 录像重点

屋外：院落基本情况，重点是庭院经济、饮水和房屋地基情况。

屋内：农户调查情况，以及厨房、客厅、卧室及家庭相关人员等情况。

实地查看录像的目的是快速记录农户家庭现场，不需要对整个实地调查过程进行全程记录。

通过实地查看，分析农户家庭粮食、饮水、衣物、家具、家用电器的实际情况，基本判断“两不愁”是否实现，尽量简化问卷提问，以调查事实为依据，增强评判的客观性。

5. 问卷访谈

问卷访谈是入户调查的关键环节，问卷调查员和信息采集员应做到分工协作、共同努力，认真完成访谈工作任务。

第一，确定调查位置。根据农户家中的空间位置、家具摆设及当地风俗习惯，选择方便访谈落座的位置。根据农户的意愿，并排或者面对面开始调查。

第二，查验身份。请农户拿出身份证、户口本、贫困户建档立卡信息表等，问卷调查员核验调查对象身份，信息采集员打开录像功能，简短记录身份核验过程，之后对身份资料逐一拍照。如农户缺失身份证明资料，应问清楚身份资料的去处，用笔记本记录，交村调查组组长核实。查验身份时，对于有明显紧张情绪的农户，应做心理疏导，确实不能缓解者，或者拒绝访问者，应及时上报村调查组组长，暂停该农户调查。

第三，问卷调查。问卷调查员打开农户调查问卷，逐项提问调查项，完成整体问卷调查。信息采集员打开农户调查问卷，开启录音功能，全程记录调查过程。在访问过程中，问卷调查员提问时要将问卷书面语言转换成口语化、农户容易理解的语言，避免使用书面语言发问，对有疑问的地方采取追问方式获取详细资料。信息采集员发现农户对于问卷调查员的提问不理解时，应立即进行补充提问，协助做好问卷调查；如发现农户回答与实地查看不符，应配合问卷调查员查找照片，暗示农户回答与实际情况不符合。信息采集员还要随时观察调查场所周边的环境，发现有干扰行为时需要及时劝说、制止。

第四，二次实地查看。在问卷访谈中，如果发现农户回答的问题与实地查看的情况有出入，需要再次带领农户在现场进行确认，与农户现场澄清、核准相关问题。

6. 疑似问题户核查

在问卷访谈中，若发现有“两不愁、三保障”没有实现的疑似问题户，调查员应及时进行核查。

（1）“愁吃”。再次查看问卷中农户对是否有稳定充足的食物来源及食用肉、奶、蛋制品的频率和饮水等回答，结合已获取的农户米缸、冰箱、碗柜等照片，判断农户“愁吃”程度。如果农户食物以购买为主要来源，结合收入判断“愁吃”程度。如果农户食物以救助为主要来源，需要核查其食物来源是否稳定。农户家中食物储备和饮水，采用拍照取证。如在农户家中未发现充足的粮食且来源是购买或子女提供，则通过录音取证。如遇到干旱灾害天气，政府组织定时送水工作，可以用抗旱应急工作方案作为支撑材料。

（2）“愁穿”。检查问卷中农户对是否有应季的衣服、被子、鞋等，以及衣物来源是否稳定的回答，结合采集的农户衣柜、床铺、晾衣竿等照片进行判断，对于依靠捐赠获得衣物的农户，向农户、邻居、村委会等询问，录音取证。

（3）义务教育保障。对于有义务教育阶段辍学在家或外出打工的学生家庭，应重点核查，主要核查学生的辍学原因（负担不起、不想上学、身体原因等）。如果遇到学生本人，可拍照取证；如果找不到学生本人，可通过询问农户、邻居、村两委了解实际情况，通过录音取证。

（4）基本医疗保障。结合问卷回答，重点检查：农户是否参加新型农村合作医疗；农户家中是否有大病病人；是否到医院进行治疗及治疗后的相关报销证明；如果未到医院进行治疗，则核查未到医院进行治疗的原因（看不起病、不愿意看病、看病不方便等）。在复查过程中，要查看农户新型农村合作医疗本、大病病人病例、住院证明、住院后的相关报销材料。对农户家中新型农村合作医疗本、大病病人病例、住院证明、相关报销材料等进行拍照取证，对有大病病人但未到医院治疗的情况进行查证并录音取证。

（5）住房安全保障。结合问卷回答，首先复查农户有几处住房，尤其是危房拆除重建农户，需要到农户新房进行拍照取证。发现疑似不安全的住房，则核查住房不安全的原因（无主梁或主梁断裂、承重柱断裂或倾斜、承重墙有严重开裂、屋顶局部坍塌、严重的漏风或漏雨、地基沉降导致房屋倾斜等），并询问农户或村委会该住房是否有房屋安全鉴定证书，每处房屋安全隐患多则需要拍照取证，对整个房屋的状况录像取证。

（6）收入核查。收入调查受到各种因素的影响较大，调查员入户调查中发现收入较低的农户应开展收入核查，将农户收入逐项核实，必要时收集相关证明材料，录音取证。对于外出务工隐瞒收入的农户，应及时向村调查组组长上报，通过村干部、村民代表调查，结合农户家庭生活实际情况，整理农户家庭收入情况说明，并录音取证。

调查员核查结束后，需要填写《疑似问题户登记表》，见表 4-2。

表 4-2　疑似问题户登记表（调查员用）

<table>
<tr><td>户主姓名</td><td></td><td>户主身份证号码</td><td></td><td>农户性质</td><td>[1]建档立卡脱贫户
[2]非建档立卡户</td></tr>
<tr><td>县</td><td></td><td>乡（镇）</td><td></td><td>行政村</td><td></td></tr>
<tr><td>被访人姓名</td><td></td><td>被访人身份证号码</td><td></td><td>问卷调查员姓名</td><td></td></tr>
<tr><td>家庭基本情况</td><td colspan="5">（家庭人口、收入及其来源、帮扶措施等）</td></tr>
<tr><td rowspan="8">问题描述及证据</td><td rowspan="2">吃</td><td colspan="2">描述：</td><td rowspan="2">穿</td><td>描述：</td></tr>
<tr><td colspan="2">支撑材料：</td><td>支撑材料：</td></tr>
<tr><td rowspan="2">义务教育</td><td colspan="4">描述：</td></tr>
<tr><td colspan="4">支撑材料：
未获得的支撑材料：</td></tr>
<tr><td rowspan="2">基本医疗</td><td colspan="4">描述：</td></tr>
<tr><td colspan="4">支撑材料：
未获得的支撑材料：</td></tr>
<tr><td rowspan="2">住房安全</td><td colspan="4">描述：</td></tr>
<tr><td colspan="4">支撑材料：
未获得的支撑材料：</td></tr>
</table>

注：描述清楚农户“两不愁、三保障”存在的主要问题。支撑材料包括存在问题的音频、视频、照片和文字证据。未获得的支撑材料主要是调查员了解有但是农户未能及时提供的材料，或者需要村、乡（镇）和县级部门提供的证明材料，如危房鉴定书、大病保险报销收据、慢性病签约服务等

7. 问卷检查和告辞

问卷访谈和疑似问题户核查结束后，调查员应再仔细检查问卷，确保问卷中所需填写内容无漏填、错填。APP 问卷每一页都有调查题目数量，方便检查调查

题目完成程度。调查员还应翻看每张照片，如果有不清晰的照片，立即重新拍照。

待问卷检查无误后，结束农户调查，调查员要向农户道谢，真诚感谢其对调查工作的大力支持。

四、数据上传与入户调查总结

1. 数据和文件上传

入户调查所获得的各类调查问卷数据，由调查员在当天晚上通过 APP 问卷系统直接上传提交。

采用纸质问卷开展调查的调查员，应根据纸质问卷完成 APP 问卷系统问题填写，并按照要求对录音、照片和录像资料进行补录，确保上传数据质量。

受网络速度限制，入户调查所获得的照片、音频、视频等文件可能无法通过 APP 问卷系统直接上传，可将其复制到电脑保存，然后通过 PC 端上传。若实地上传仍有困难，可在结束调查县后一次性完成数据上传。但是，对于疑似问题户的支撑性材料（如不安全住房、饮水状况的照片），其搜集者（调查员或后续复核人员、核查人员）必须在形成本级意见时完成上传，以便及时支撑后续的问题农户核实工作。

2. 入户调查组总结

为及时梳理当天调查中发现的问题，调查组每天晚上要召开入户调查讨论与交流会，主要内容包括以下几方面。

1）疑似问题户研判

调查小组主要报告白天调查中发现的疑似错退户、漏评户、错评户，并提交《疑似问题户登记表》及其相关核查证明材料。

2）问题户的初步核实

通过 APP 问卷系统完成的问卷调查，APP 问卷系统将自动生成《疑似问题户登记表》，通过与调查员填写的相关具体信息对照分析，形成问题户复核意见，并由村调查组组长上报核查组。

3）干扰情况汇报

调查小组报告当地干部、群众配合开展入户调查的有关情况。若遇到干扰调查的情形，包括已向带队老师报告的情形，都要在总结会上予以报告，以便调查组真实记录调查过程，评估调查质量，必要时还要向分省调查组组长和总体组协调负责人报告有关的干扰情况。

4）访谈情况分析

各地的情况千差万别，调查员在开展入户调查时会遇到各种各样的情况，如问卷问题提问效果不好，农户回答超出预设答案，家庭实际人口数和户籍人口数不一致，调查农户情绪紧张，农户隐瞒收入情况，当地农产品成本价格情况，当地特殊风俗，等等。村调查组应总结各种情况，调查员之间相互总结第二天开展入户调查的注意事项，不断提高入户访谈能力和技巧，保证调查质量。

5）评估调查中发现的其他典型问题

各实地调查小组应汇总当天入户调查和走访过程中发现的相关扶贫问题（如某区域小额扶贫贷款用途大多数为修建房屋）、驻村帮扶工作到位情况、脱贫攻坚政策落实情况、抽样村基础设施建设情况等。调查小组讨论后，应及时汇总相关材料，形成典型问题分析报告，为后期评估报告的撰写提供基本素材。

五、分级核查与数据校验

第三方评估调查数据的核查与校验实行分级授权管理，主要包括调查员初判、入户调查组组长复核、分县调查组组长审核、分省调查组组长审查、评估专家组审定等五个层级。各级审核重点内容既包括对疑似问题户的审核，也包括对实地调查系统自动校验所报告的所有逻辑冲突问题进行的核查。

1. 调查员初判

移动端 APP（“精评通”）设置有逻辑性跳转和自动校验。凡提醒有未填答项或逻辑冲突问题时，调查员必须当场核查相关信息，确认无误的，保存问卷并开始调查下一户。为保障调查工作顺利进行，对于问卷答案存在逻辑冲突的，调查员也可先保存结果并标明需要进一步检查的信息。实地调查时调查员必须在移动端 APP 中就每个调查户是否为疑似问题户做出判断并说明理由。

2. 入户调查组组长复核

在完成每天的入户调查工作后，调查员要及时上传数据。入户调查组组长需要复核所有已提交数据，特别要对调查员初判的疑似问题户、存在逻辑不一致的数据或调查员提出的特殊问题进行重点复核。根据复核结果校正数据，并形成复核意见，相关调查员给予协助，提出疑似问题户的初步名单。

条件许可时，入户调查组组长可以进行现场复查，与村级干部适时沟通，全面收集支撑材料，形成复核证明材料集。

3. 分县调查组组长审核

分县调查组组长需要依托“精评通”PC端审核系统，查看所负责县内全部调查数据，对调查员采集的问卷进行质量审核。在问题核查组组长的协助下，结合问题核查组的意见，对评估检查结果进行审查，形成审查总体意见，确定拟向调查县反馈的疑似问题及问题户名单；并就问题户名单与调查县扶贫部门交换意见，形成调查县所有错漏问题户初步名单。

4. 分省调查组组长审查

分省调查组组长需要依托“精评通”PC端审核系统，在分县调查组组长的协助下，查看所负责省（自治区、直辖市）内调查数据，对分省调查员采集的问卷进行审查，重点判断疑似问题户的信息是否完整准确，支撑材料是否充分、属实。

5. 评估专家组审定

依托“精评通”PC端审核系统，总体组组织评估专家专门对各分省调查组的评估检查数据、问题户资料进行最终审定。审定内容及方法主要包括初步统计分析、单个个案数据的合理性分析、各级审核意见及其支撑材料的审核分析等。若审定发现存在问题时，将要求相关分省调查组重新核实问题，由总体组提出问题再核实的意见。为发挥好大数据平台作用，总体组对各省（自治区、直辖市）汇总的数据表进行大数据比对分析，确保数据真实、结果可信。

六、疑似问题核查

每天的调查工作结束后，由分县调查组组长主持召开疑似错退、漏评、错评问题研判会，入户调查组组长、问题核查组组长参加。研判会提出疑似错退、漏评、错评问题核查方案，问题核查组次日按照该方案开展深入调查。问题核查组要沿着疑似问题的线索开展核查工作，既包括再次入户调查，也包括访问相关当事人和相关部门，收集并保存来源可靠的证据。

问题核查组的具体工作包括四个方面。

1. 核查准备

在深入问题户核查前，问题核查组需要召开培训会、工作安排会，使每位核查人员明确对不同问题核查的目的、要求，掌握判断问题户的标准、核查方法，制定相应的报告制度。要求重点搞清楚认定不同问题所需要的支撑材料（证据）类型及其规范要求。

2. 现场核查

在问题核查过程中，核查人员需要围绕疑似问题进一步搜集证据，辨析问题的真实性、准确性，对疑似问题进行排除或确认。对于疑似问题户，既要收集该户能够提供的各种证据，还要到相关单位和部门搜集证据，要形成完整的证据链，保障证据的全面性和严谨性。

3. 小组研判

在进村入户调查的当天晚上，召开核查问题研判会，对当天核查结果进行讨论研究，初步确定问题户名单，会后形成完整的《疑似问题户登记表》(表 4-2)。同时，会议要对第二天开展疑似问题核查相关事项进行研究部署，做到工作有效衔接、环环紧扣。

4. 核查结果应用

按照评估调查程序要求，分县调查组最后要将问题核查组形成的专门核查意见报送分省调查组组长，并由分省调查组组长最后核查数据校验结果，确认疑似问题户名单及其相关证据材料。

第五章　报告撰写方法要领

国家精准扶贫工作成效第三方评估的主要任务在于客观真实地反映中西部22个省级党委和政府年度扶贫开发工作成效，这就要求做好第三方评估工作规范与技术规程总体设计，深入细致地开展实地调研与问卷调查，据此进行实地调查数据系统分析与问题梳理，客观呈现各地扶贫开发工作进展及其存在的问题，进而形成条理清晰、事实确凿、全面系统的第三方评估总体报告和分省报告，确保评估结果的真实性、公正性和可靠性，为实行最严格的考核评估制度，服务省级党委和政府扶贫开发工作成效考核评估提供科技支撑。第三方评估工作总结与报告撰写主要包括数据分析、问题揭示、报告研制等几个关键环节。

第一节　数据分析要点

一、数据质量检查

根据调查问卷及复核项目，分别建立对应的调查数据库和复核数据库，并进行调查数据的质量检查。数据检查包含格式检查和逻辑检查两个方面。

保证问卷录入的格式正确是调查数据入库的基本前提。APP问卷填写录入时应按照规定要求进行填写，确保数据格式的一致性，避免格式错误，便于后期统计汇总。

受访农户信息的逻辑一致性和信息对称性是进行农户属性判断和成效评估的基本前提。在调查问卷格式检查的基础上，数据员还应特别注意数据的逻辑一致性。

二、数据信息挖掘

要充分利用调查问卷内容，深度挖掘信息，充实评估成果内容。除了定量分析第三方评估“两率一度”指标外，还要深入分析受访农户的“两不愁、三保障”情况、脱贫攻坚到村到户政策落实措施落地见效情况和群众获得感，重点关注精准脱贫质量、返贫情况及成因问题，深入分析各地在精准识别、精准退出和政策措施落实上存在的主要问题。这些问题都可以很好地通过调查数据定量地反映出来。

在“两不愁、三保障”方面，重点关注受访农户不愁吃（饮水）、不愁穿、住房有保障、基本医疗有保障、义务教育有保障方面。通过分析对应调查项的数据，可以统计出吃饭、饮水、穿衣、住房、基本医疗等方面的保障率。保障率计算参照如下公式：

$$X_{保障率} = \frac{X_{总农户数} - X_{问题农户数}}{X_{总农户数}} \times 100\%$$

而对于义务教育无保障的农户家庭则需要统计家中适龄儿童的辍学原因，需要有充分的证据证明其辍学原因。

在脱贫攻坚到村到户政策落实措施落地见效情况方面，重点关注危房改造、易地扶贫搬迁、教育扶贫、健康扶贫、扶贫小额信贷、产业扶贫、就业扶贫、低保政策、干部驻村情况等方面的问题。这些方面的问题通常需要结合反映相应政策见效情况的多个调查项综合分析。不同于“两不愁、三保障”情况中保障率的分析（统计项的分母通常比较固定），相应脱贫攻坚到村到户政策落实措施落地见效情况统计项的分母可能会随着挖掘问题的不断深入而变化。因此，通常需要将统计问题的分子和分母讲清楚或者直接列出来。这样做的优点是当某统计项所占比例较高时，可以结合分子和分母综合研判问题的重要性。以易地扶贫搬迁为例，并不是所有调查农户都享受了易地扶贫搬迁政策，且政策在执行过程中通常还分为集中安置和分散安置两种形式。因此，在分析易地扶贫搬迁政策落实措施落地见效情况时，可能需要根据政策具体执行情况将问题分成多个部分进行分析，每一项的统计其分母可能不同。根据易地扶贫搬迁问题关注搬得出、稳得住和能致富等方面，对于集中安置，需要分析是否已经入住，如果未入住，其原因是什么，如果已经入住，搬迁后住房的面积是否超标，是否因搬迁而负债，搬迁后有多少人实现了稳定就业，家庭收入的主要来源是什么，若搬迁后家中没有人稳定就业，那家庭收入的来源是什么，这些项在统计时分子和分母都在变化，所占比例也在变化。因此，综合考虑分子和分母及所占比例可以客观地呈现出问题是否真正是关键问题。对于分散安置也是同样的思路。对于其他脱贫攻坚到村到户政策落实措施落地见效情况的统计也参照类似的思路和多项调查数据综合分析的方法。

第二节　问题揭示要点

一、如何挖掘和梳理问题

（1）明确评估要义。紧密围绕“两率一度”评估指标、“两不愁、三保障”基本情况，以及脱贫攻坚重大政策措施落实到户情况，深入梳理各地在精准识别、精准帮扶、精准退出和政策措施落实等方面存在的主要问题。

（2）把握基本原则。实事求是，不能无中生有、大事化小；问题典型，不能以偏概全、小题大做；有理有据，对于梳理的问题要有充足的证据；以评促改，问题和建议应能直接支撑考核并有利于问题整改。

（3）做好实地调查。所有参加报告撰写的人员，均应深入实地开展调查，查实况、明实情，全面参与干部访谈和进村入户调研环节，亲自做若干份农户问卷，形成感性认识和理性思考。

（4）强化团队研讨。实地调查期间，评估团队必须加强内部交流和集中研讨，开好“三会”，每日汇报交流调查发现的突出问题，并安排专人记录、梳理、汇总，形成问题“日志”，供撰写人员研阅。

（5）注重数据挖掘。用足、用好调查问卷数据，根据问卷逻辑关系去探寻问题。例如，“两率一度”测算结果、“两不愁、三保障”中的弱项、收入结构、就业结构、帮扶情况、满意度等。

（6）注意问题分类。问题较多时，需要按照一定规则进行问题分类，识别共性问题、诊断个性问题，归纳仍然存在的老问题和出现的新问题。

二、如何呈现和阐述问题

（1）采取小标题的形式，一句话说清楚问题是什么。例如，“少数贫困群体‘两不愁’问题仍未解决”“基本医疗有保障，但重症及慢性病医疗保障率偏低”。如果某个问题分成几个方面呈现，则建议找准问题、逐一论述，力求条理清晰、表述清楚、逻辑严密。

（2）利用评估数据表述，用一两句话说清楚问题的表现形式或严重程度。例如，“在调查的××户中，25%（××户）的贫困户没有得到任何帮扶，45%（××户）的贫困户的受帮扶方式停留在送米、送油”，还可结合典型案例举例说明。应尽量提供实质性的材料进行佐证，如用统计数据或图、表支撑。可以是官员访谈资料、农户调查资料，也可以是照片等其他材料，最好能从问卷数据中得到佐证。

（3）简要阐述问题成因，对于评估调查发现的问题，需要分类阐释其主要原因，做到层次清楚、论证充分、有理有据。通常采取如下方式进行表达，如“主要原因：一是……；二是……；三是……”。

（4）针对问题阐明以评促改建议。遵照“问题呈现、成因分析、整改路径”这一主线，结合问题特点与成因，阐明各类问题的严重性、危害性，提出服务脱贫攻坚精准管理、精准施策的可行建议。

第三节　报告研制要点

（1）格式规范，简明扼要。根据总体组制定的评估报告提纲，结合实地调查、团队研讨、数据分析结果，分工进行评估报告撰写。报告要求格式规范，不宜独创文本格式、不宜长篇大论、不宜脱离评估任务。

（2）言之有据，图文并茂。对于评估调查中发现的关键问题，要有可靠的研判数据作为佐证；分析数据、梳理问题时应尽量有图、表支撑，做到有理有据、直观呈现。

（3）先行分工，做好协同。在评估调查工作开展之前，就要明确评估报告撰写任务分工或主要撰写人员，以利其明确责任、先行准备，提前做好实地调查的日常记录、梳理、分析等相关调查工作。同时，要加强内部讨论交流，对主要问题、观点形成团队共识。

（4）责任到位，组长把关。报告章节内容应由团队有丰富经验的老师牵头，评估团队的博士研究生、硕士研究生参加，做到分工到位、责任到人。分省评估组负责人必须亲自组织、担起责任，并对评估报告进度、质量负总责。

第六章　第三方评估大数据平台系统

信息化时代，大数据、云计算成为社会调查评估、空间分析决策的重要基础和保障。为了提高国家精准扶贫工作成效第三方评估工作效率、保证评估调查数据精度与质量，中国科学院地理科学与资源研究所负责的第三方评估专家团队充分发挥学科优势和研究工作基础，在深入开展实地调研和试验示范基础上，利用现代互联网技术、遥感与地理信息系统技术、云计算技术研发了“国家精准扶贫成效第三方评估大数据平台”，为第三方评估专家学者进行数据采集、数据管理、数据验证、数据分析整套工作提供了强有力的技术服务和安全保障。

第一节　大数据平台的功能与环境

一、大数据平台的主要功能

围绕服务支撑国家脱贫攻坚的考核评估与决策，“国家精准扶贫成效第三方评估大数据平台”设置了十项主要功能。

1. 实时监测

大数据平台通过监测移动设备的 GPS 信息，可以监测第三方评估调查人员的实时地理位置、行动轨迹。开展实时监测，一方面，可以动态跟踪调查人员进村入户的实际情况，实时统计全国调查县、乡（镇）、行政村数据和农户的点位信息，并利用多种统计图、表显示各项调查指标的统计结果，及时了解调查工作进展情况；另一方面，跟踪调查人员的行动轨迹，方便及时推送调查人员所在地的交通、设施相关信息，在某种程度上可确保调查人员行动便捷和安全。

2. 空间抽样

大数据平台利用空间随机抽样技术保证样本的随机性，进而保证抽样调查的客观性、评估结果的可靠性。特别是针对“看真贫、扶真贫、真扶贫”的要求，保证抽查调查对象尽量覆盖农村偏远地区的农户，大数据平台系统开发了基于分层抽样方法的空间抽样技术，能够保证偏远地区农户的样本占到一定的合理比例。这一抽查工作也有效提高了地方干部对偏远地区农户的帮扶强度。

3. 数据采集

总体技术组开发使用了便捷的移动端APP(“精评通”)，它不仅能采集农户的GPS数据和农户问卷信息，也能采集调查地的点、线、面状数据，如学校、医院、交通线路、产业园区等地理事物的空间分布及其属性。国家相关主管部门都对移动端APP（“精评通”）的科学性、创新性给予了高度评价。

4. 遥感验证

大数据平台集成了不同时期的高分辨率遥感影像数据，利用多个时期的遥感数据进行叠加和对比分析，可以非常直观地准确探测和验证各地扶贫开发中基础设施建设、产业发展项目的真实性及其变化情况。建立高分遥感验证机制，一方面能够如实了解各类扶贫开发基础设施建设、产业发展项目的落地情况，另一方面也起到了督促地方政府有效落实国家有关精准扶贫工作要求的作用。

5. 分析模型

构建评估分析模型并据此开展专题研究，是充分发挥中国科学院在多元数据积累、大数据模拟分析方面优势的重要途径。例如，精准扶贫工作中乡村扶贫道路的修建，以及学校、医院等基础设施优化配置的问题，在“村村通”基础设施下乡和易地扶贫搬迁、城镇化人口进城之间是否存在最优的“平衡点”？大数据平台可以充分利用道路、学校、医院等基础设施建设，辅以调查数据，深入分析贫困村、贫困户的交通通达度、公共设施便捷性的改善状况。可为精准扶贫、精准脱贫政策优化提供科学的决策依据。

6. 农户情感

被调查农户是否真实、客观地表达了调查意愿，事关评估调查工作的总体质量好坏。为此，大数据平台开展了众多前沿探索性开发工作。例如，利用人工智能技术，分析识别贫困户在谈及特定事项时的面部表情，并将其分解为八种基本情感指数，作为验证其表达意愿真实性的一个辅助工具，同时可作为重点研判农户是否被他人“培训”或“打招呼”的参考依据。

7. 数据管理

大数据平台对第三方评估调查的年度数据库实行统一建库管理。建立第三方评估大数据库，一方面保证评估调查历史数据的可查验性，另一方面通过查询功能、统计分析模块，可以及时掌握年度扶贫工作成效最新情况，专门分析评价某些重要指标和关键问题，并实现历年评估结果及其变化的对比分析。

8. 指挥调度

大数据平台在PC端提供调查县、调查村的高分辨率影像，以及当地的地理要素实景，既可以及时传达上级部门、评估专家组的指导意见和要求，也可以实时管理调查工作，引导调查人员准确完成入户调查任务。

9. 国际减贫

大数据平台集成了国际减贫的相关数据，一方面可以为国内精准扶贫评估调查提供基础的数据参考，另一方面可为将中国的脱贫攻坚工作成效、减贫经验推向世界相关国家和地区提供一个技术平台。

10. 知识考试

大数据平台开发了“第三方评估基础知识考试系统”，在每年评估启动培训会后，评估人员必须围绕年度评估工作方案，以及培训教程、调查规程相关要求，完成精准扶贫评估理论、政策、标准、方法及纪律的知识学习，并通过系统考试，方能持证参加第三方评估调查。

二、大数据平台的主要创新

1. 基于移动互联的数据采集技术创新

为了提高评估调查工作效率，“精评通”将“一套APP问卷系统、一部摄像机、一支录音笔、一台照相机、一个GPS定位仪、一张地图”的“六个一”功能集成到“精评通”APP系统，实现了“六合一”。“精评通”APP系统填表调查功能和录像功能不能同时进行，但通过两位调查员的配合，利用两个移动端也能同时实现“六个一”的所有功能。在网络允许的情况下所有采集数据能够实时上传，如果在采集现场没有网络覆盖，可以采取离线保存，回到驻地后可在线上传数据。所有调查样点及调查员实时位置均可在第三方评估大数据平台系统动态监测和进行网络调度（图6-1）[①]。

① 图6-1展示的是2019年度以前的旧系统截图。

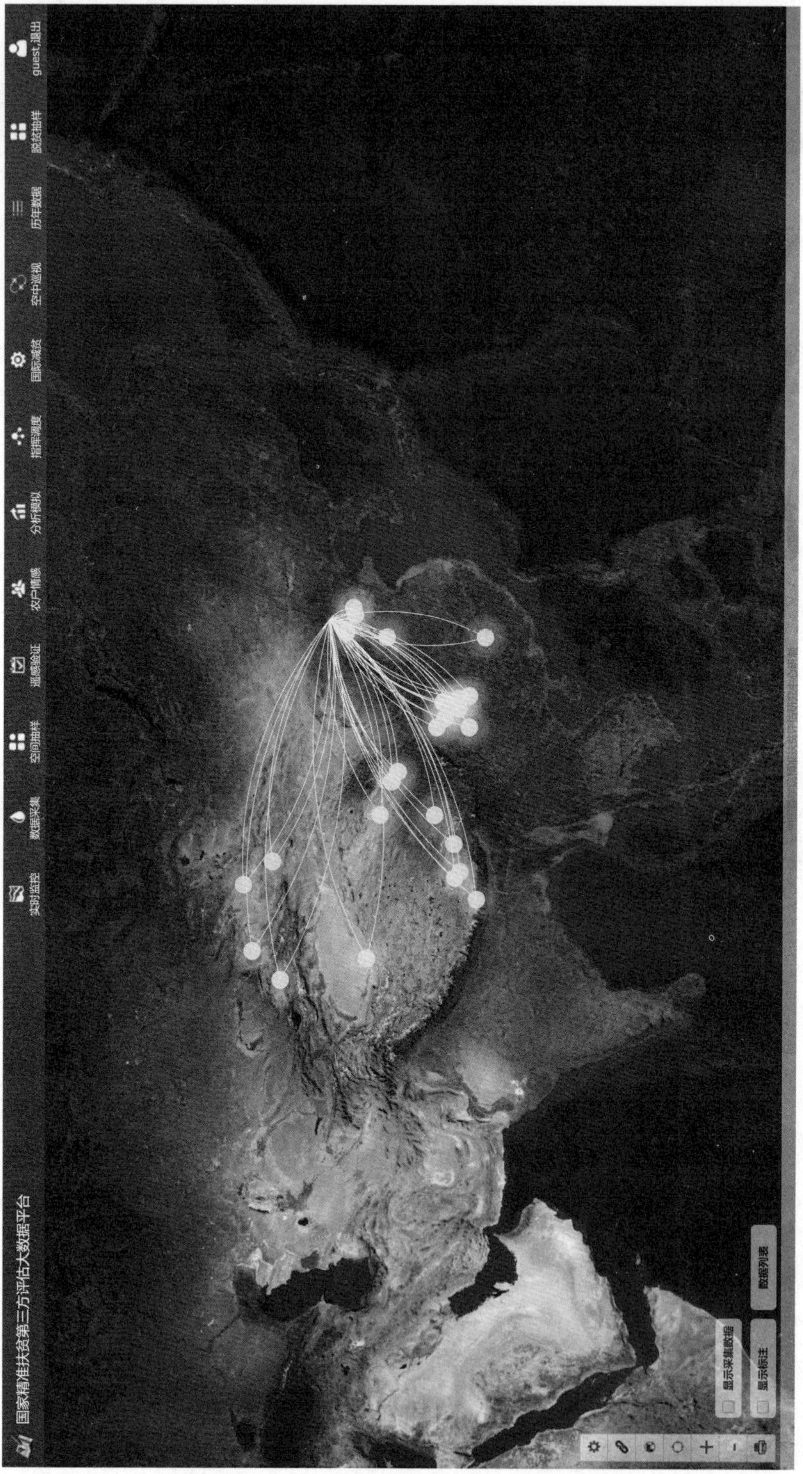

图 6-1　调查员实时位置监测界面

2. 基于多源异构数据的综合验证技术创新

大数据平台应用了海量的多源异构数据，不仅包括问卷数据，还包括高分辨率遥感影像、交通道路网、照片、录音、录像等，为评估调查过程提供多方面的数据支撑。照片、录像可以直观地验证农户院落外观、房屋结构、家居陈设、粮食储备、饮水设施、卫生状况等情况。全程录音的音频数据保存了访谈过程的真实情况，通过音频回放，可有效避免问卷遗漏或误听等情况的发生。高分辨率遥感影像数据，不仅为农户的定位提供了准确的参照地图，而且通过不同时期遥感影像的比对，可以对年度精准扶贫项目的真实性提供客观的验证（图 6-2）①。交通线路数据反映了通村、通户的道路状况，也是反映农户交通通达度状况的基础数据。

3. 基于空间数据分析的空间分层抽样技术创新

空间分层抽样作为提高调查效率的抽样方法，近年来被成功应用于国家精准扶贫工作成效第三方评估调查。为了在空间分层抽样中充分展现调查村、调查户的空间分布状况，特别要让偏远地区农户占据一定的比例，总体技术组在空间分层抽样中把交通通达度作为一个重要的分层依据。交通通达度分析主要利用交通线路数据、DEM（digital elevation model，数字高程模型）数字地形数据、自然村的点位数据等空间数据（图 6-3①和图 6-4①）。

在国家精准扶贫工作成效第三方评估调查中，大数据平台的广泛使用，既降低了调研成本、提高了工作效率，又保证了第三方数据的客观、公正、科学，同时也实现了数据的历史对比；既服务了国家重大战略需求，又在评估过程中发挥了“指挥棒”的作用。因此，大数据平台系统受到了国家领导人及国务院扶贫办等部委领导的充分肯定和认可。中央电视台曾多次采访/报道基于大数据平台系统的系列成果。基于大数据平台系统的系列成果也得到了包括世界银行首席经济学家 Klaus Deininger，中国科学院白春礼院长、刘伟平原副书记、侯建国副书记、张涛副院长，以及傅伯杰院士、周成虎院士等国际、国内专家的高度评价。获得的“2018 年全国脱贫攻坚奖（创新奖）”和“2018 年度中国科学院科技促进发展奖”，也是对大数据平台建设团队在脱贫攻坚理论研究、技术研发方面取得创新成果的充分肯定。

三、大数据平台构成及运行环境

1. 平台构成

大数据平台系统由移动端 APP（“精评通”）数据采集系统、电脑端数据管理

① 图 6-2~图 6-4 展示的是 2019 年度以前的旧系统截图。

(a)

（b）

图 6-2　扶贫开发项目及其遥感验证界面

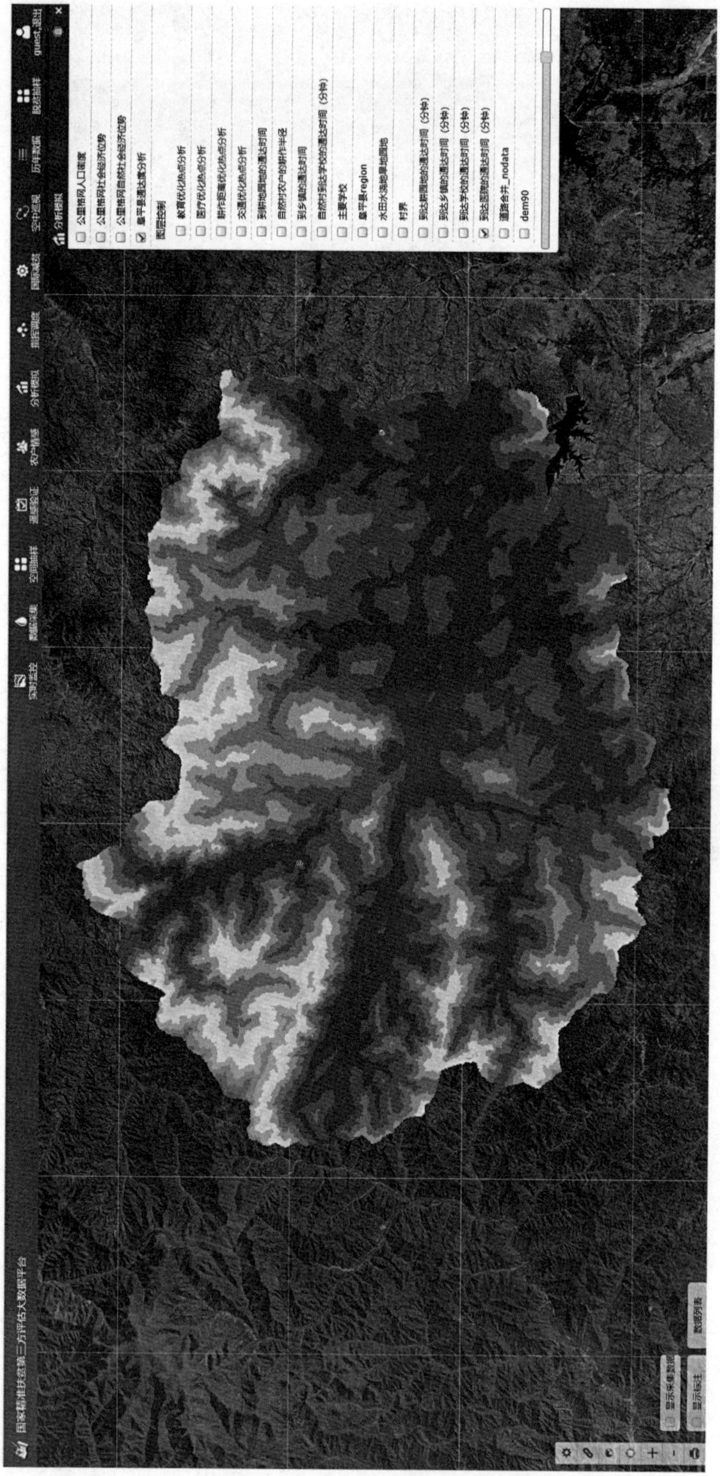

图 6-3　交通通达度分析界面

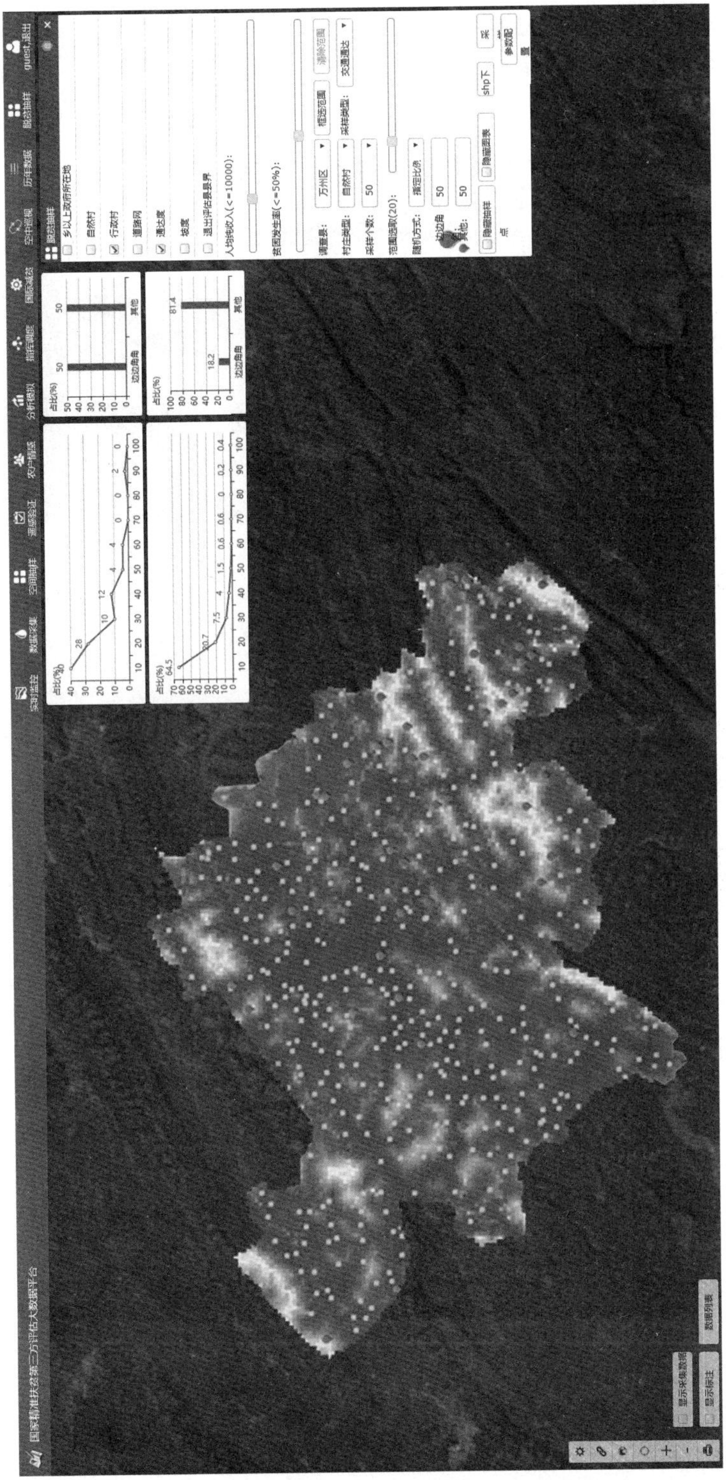

图 6-4　空间分层抽样功能模块界面

系统和大屏幕监控与指挥系统构成（图 6-5）。通过移动端 APP 采集问卷、照片、录音、录像，并联网上传至总体组后台数据库。通过移动端 APP、PC 端可以对数据进行审核、查询和分析。

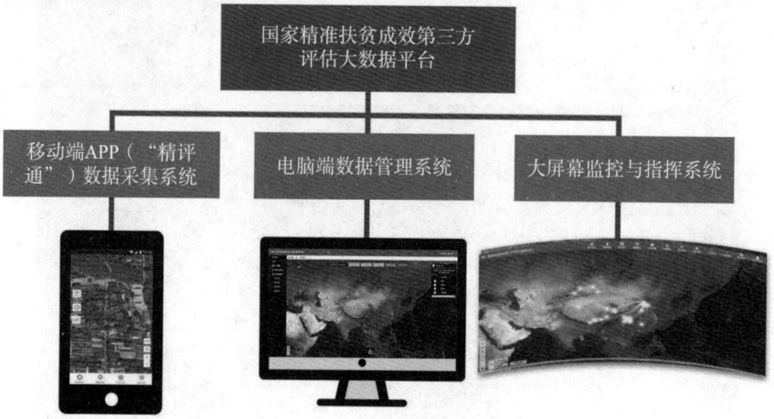

图 6-5　大数据平台系统构成

2. 运行环境

（1）PC 端。操作系统：Windows XP 及其以上版本。推荐浏览器：Chrome 浏览器、火狐浏览器。最佳屏幕分辨率：1 920×1 080 像素。

（2）移动端。操作系统：Android 2.2 及以上版本（不支持 iOS 系统）。

第二节　PC 端操作说明

一、注册或登录

1. 首次登录

用户首次登录时需要进行用户信息的注册，点击【注册】弹出注册信息窗口，包括姓名、手机号码、身份证、所在单位或学校等，按照提示填写相应的信息即可。手机号码与姓名必须为用户本人真实信息。

所有人通过注册可取得调查员级别权限。需要修改权限的调查员，需联系系统管理员或上一级负责人，方能被授予管理权限。

PC 端登录及注册界面如图 6-6 和图 6-7 所示。

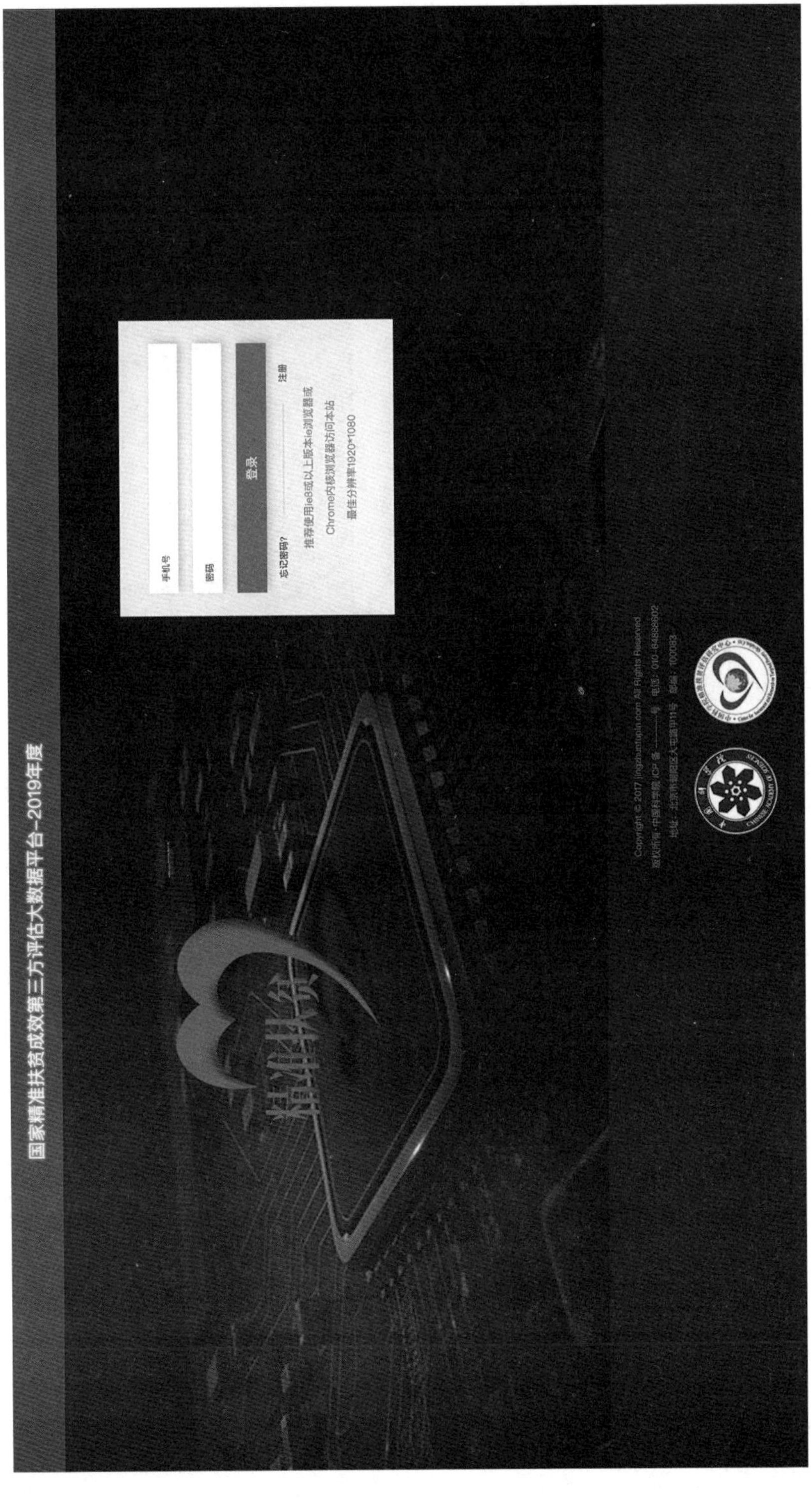
国家精准扶贫成效第三方评估大数据平台-2019年度
精准扶贫
手机号
密码
登录
忘记密码?
注册
推荐使用ie8或以上版本ie浏览器或
Chrome内核浏览器访问本站
最佳分辨率1920*1080

图 6-6　PC 端登录界面

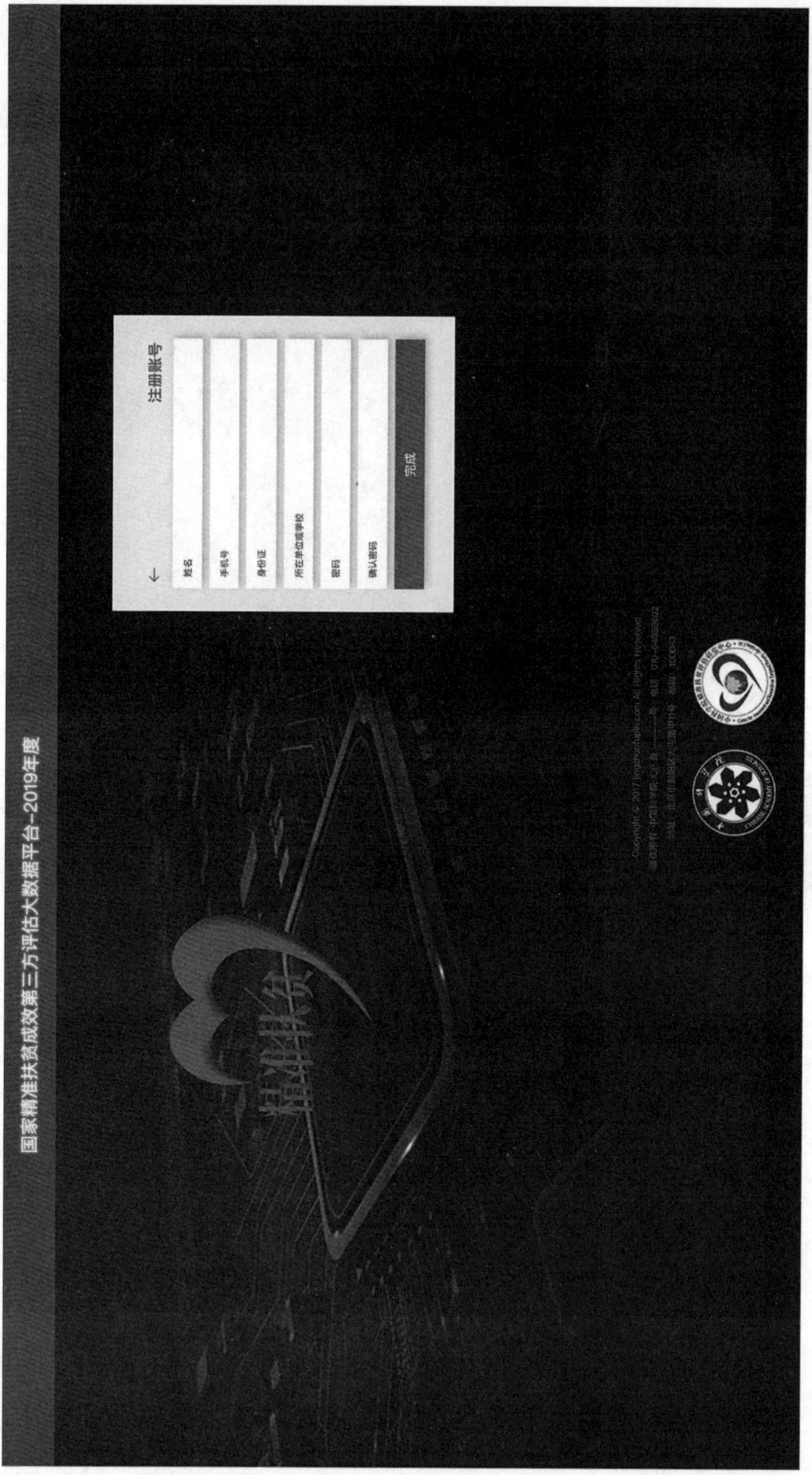

图 6-7　PC 端用户注册界面

2. 进入系统的条件

新注册用户，只能进入考试系统。只有通过考试并完善系统需要补充的相关信息后，才能正常使用。具体进入系统的条件如表 6-1 所示。

表 6-1　进入系统的条件

说明	用户级别				
	总体组	分省调查组组长	分县调查组组长	分村调查组组长	调查员
进入系统的要求	由系统管理员设定	考试通过，并由系统管理员设定分省负责人	考试通过，被分配至调查县	考试通过，被分配至调查村	考试通过，被分配至调查村

3. 各级别用户所拥有权限

不同用户可以拥有不同的用户权限，具体权限设置如表 6-2 所示。

表 6-2　各级别用户所拥有权限

说明	用户级别				
	总体组	分省调查组组长	分县调查组组长	分村调查组组长	调查员
相关权限	可查看全国数据，对调查员采集的问卷进行审核	可查看所负责省（自治区、直辖市）内数据，对调查员采集的问卷进行审核，为分县负责人分配调查县	可查看所负责县内数据，对调查员采集的问卷进行审核，为调查组长分配调查村	可查看所负责村内数据，对调查员采集的问卷进行审核，为调查员分配调查村	可采集并查看所负责村内数据，对所采集的问卷及相关数据进行修改

二、基础知识考试系统

1. 系统入口

在“国家精准扶贫成效第三方评估大数据平台”系统界面，登录后进入平台首页，点击【第三方评估基础知识考试系统】即可进入（图 6-8）。

2. 模块构成

考试系统分为知识学习、模拟考试、正式考试、个人中心四个模块。

“知识学习”用来学习评估知识，在每个题目下都有【加入难题库】按钮，方便以后对试题进行重点关注和深入学习。系统界面见图 6-9。

模拟考试与正式考试在形式上并无大的差别，但是模拟考试的成绩不计作用户进入系统的评定资格，只有正式考试的考试成绩为 90 分及以上才算通过，然后才能进入其他系统。进入模拟考试界面如图 6-10 所示，考试成绩界面如图 6-11 所示。

图 6-8　进入考试系统界面

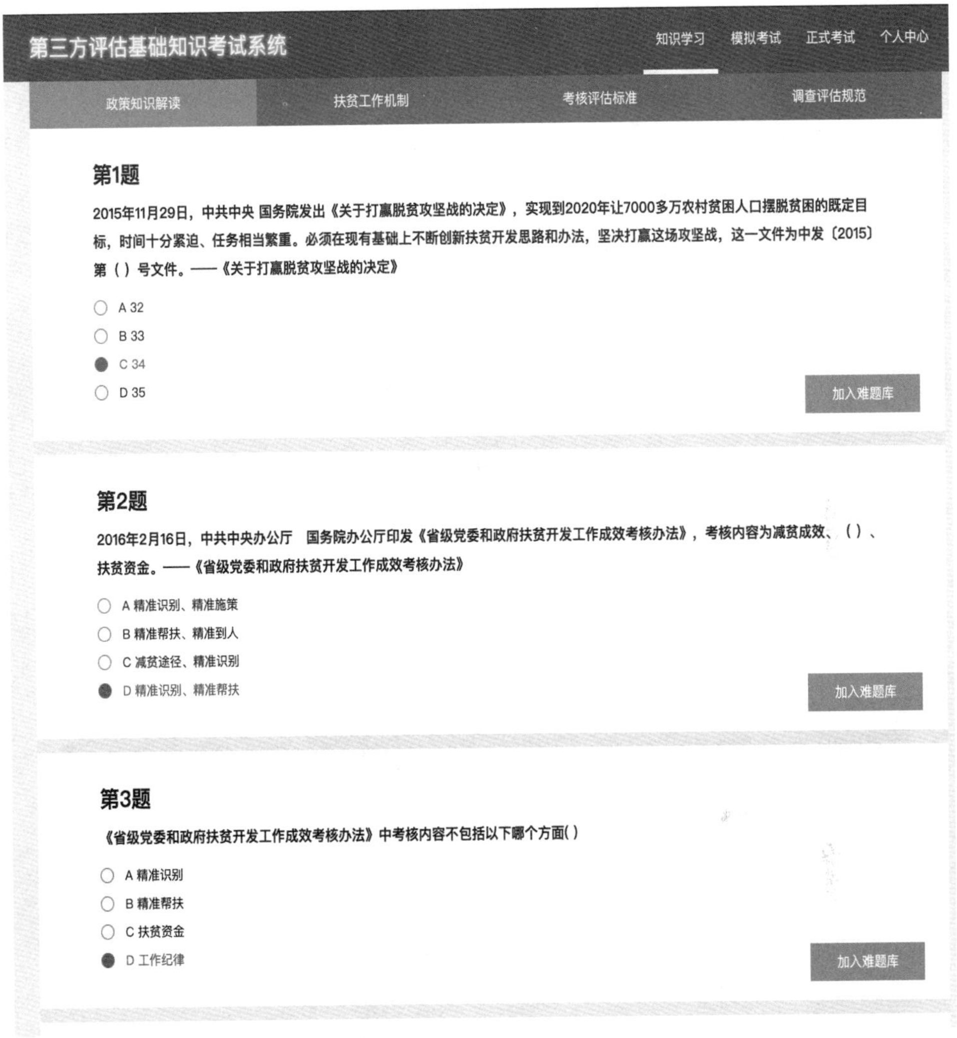

图 6-9　加入难题库界面

考试完成后系统会自动提取错题，点击【加入错题库】可将错题存储，方便重点学习，如图 6-12 所示。

个人中心有“我的信息”“错题库”“难点题库”。“我的信息”包含用户的基本信息及考试的历史记录，如图 6-13 所示。

点击图 6-13 中的【】按钮即可修改自己的信息，修改信息界面如图 6-14 所示。

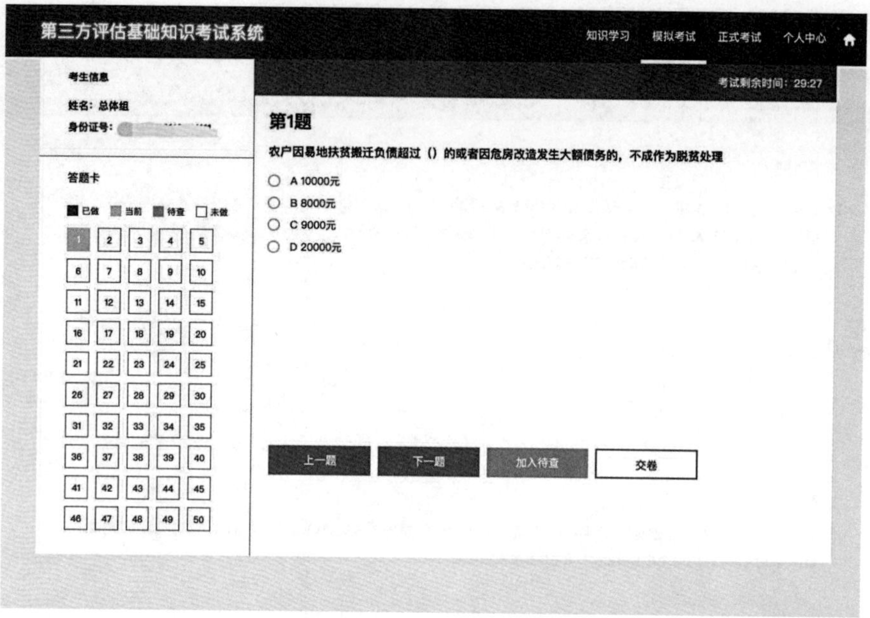

图 6-10　进入模拟考试界面

图 6-11　考试成绩界面

图 6-12　加入错题库界面

图 6-13　查看考试成绩界面

图 6-14　修改信息界面

三、后台管理系统

1. 系统入口

在“国家精准扶贫成效第三方评估大数据平台”系统界面，登录后进入平台首页，点击【第三方评估数据审核与后台管理系统】即可进入（图 6-15）。

2. 模块构成

第三方评估数据审核与后台管理系统分为“用户管理”“公告栏”“建档立卡数据”“综合审核列表模式”“综合审核地图模式”（图 6-16）。

3. 用户权限分配

点击【用户管理】即可看见所属省（自治区、直辖市）内的所有下级用户（图 6-17）。

如果要为某一位调查员添加调查村，则点击图 6-17 中的【调查村】按钮弹出如图 6-18 所示窗口，勾选调查村点击保存即可。

图 6-15　进入第三方评估数据审核与后台管理系统界面

图 6-16　第三方评估数据审核与后台管理系统界面

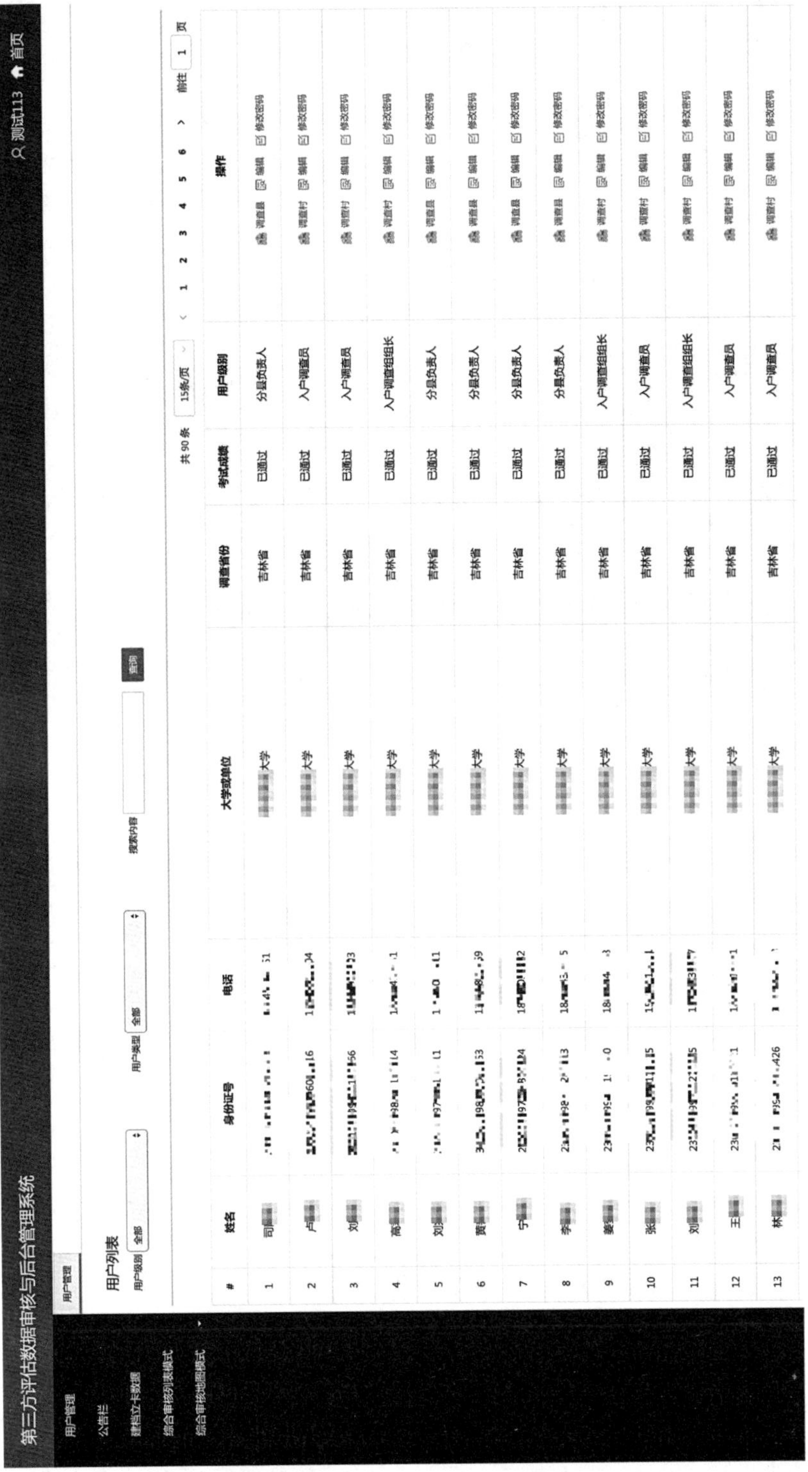

图 6-17　查看自己管理权限下的用户界面

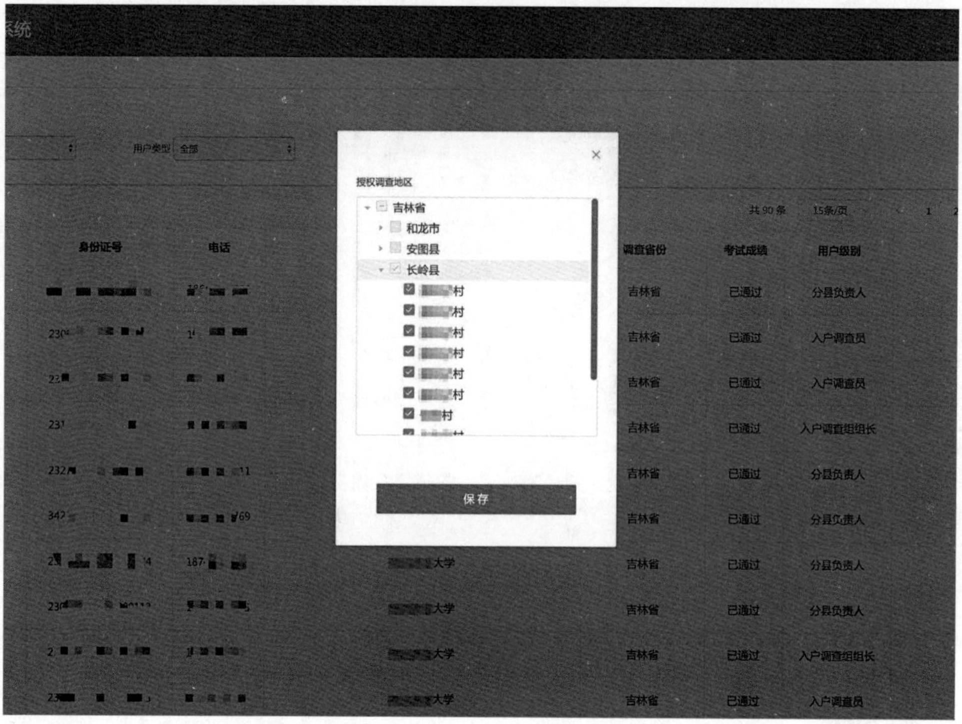

图 6-18　添加调查村界面

4. GPS 核查

第三方评估数据审核与后台管理系统可以对调查员上传的GPS位置信息进行标记。标记分为三种，即未确认、确认、有误。在地图上右键点击定位点即可编辑定位点的状态，如图 6-19 所示。

点击【 】按钮，即可查看数据采集进度的统计，如图 6-20 所示。

点击图 6-21 中的【 】按钮即可看到分省调查进展柱状图（图 6-21）和分省调查进展列表（图 6-22）。

5. 通知公告

系统管理员及用户可以通过“公告栏”发布一些通知或公告。界面如图 6-23 所示。

点击图 6-23 中的【新建】按钮即可进入编辑页面，如图 6-24 所示。

所有文档编辑完成后，点击【发布】，即可发布。

6. 问卷审核

除调查员以外的用户，可以对已采集的问卷数据进行审核，界面如图 6-25 所示。

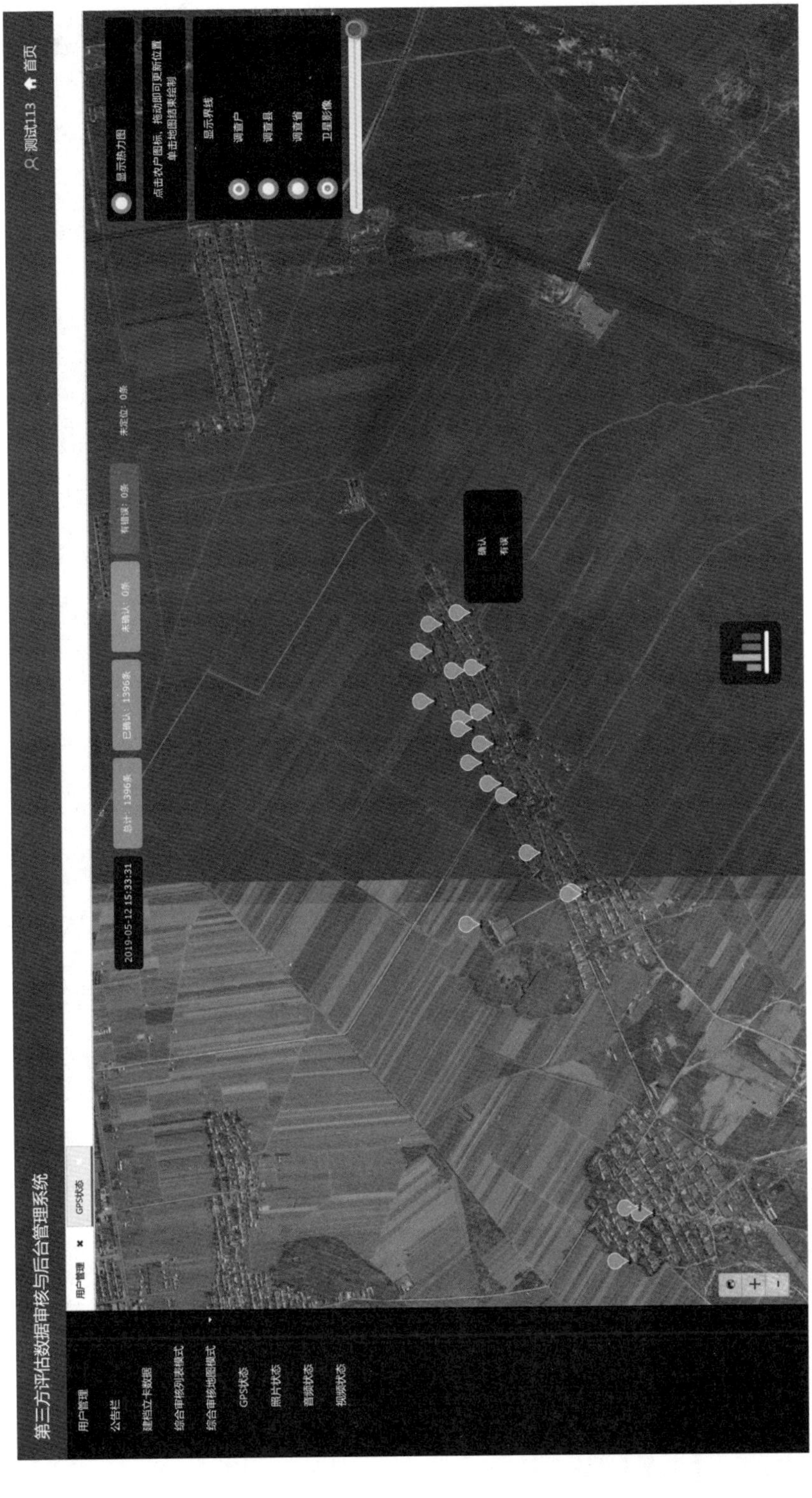

图 6-19　GPS 位置信息标记的三种状态界面

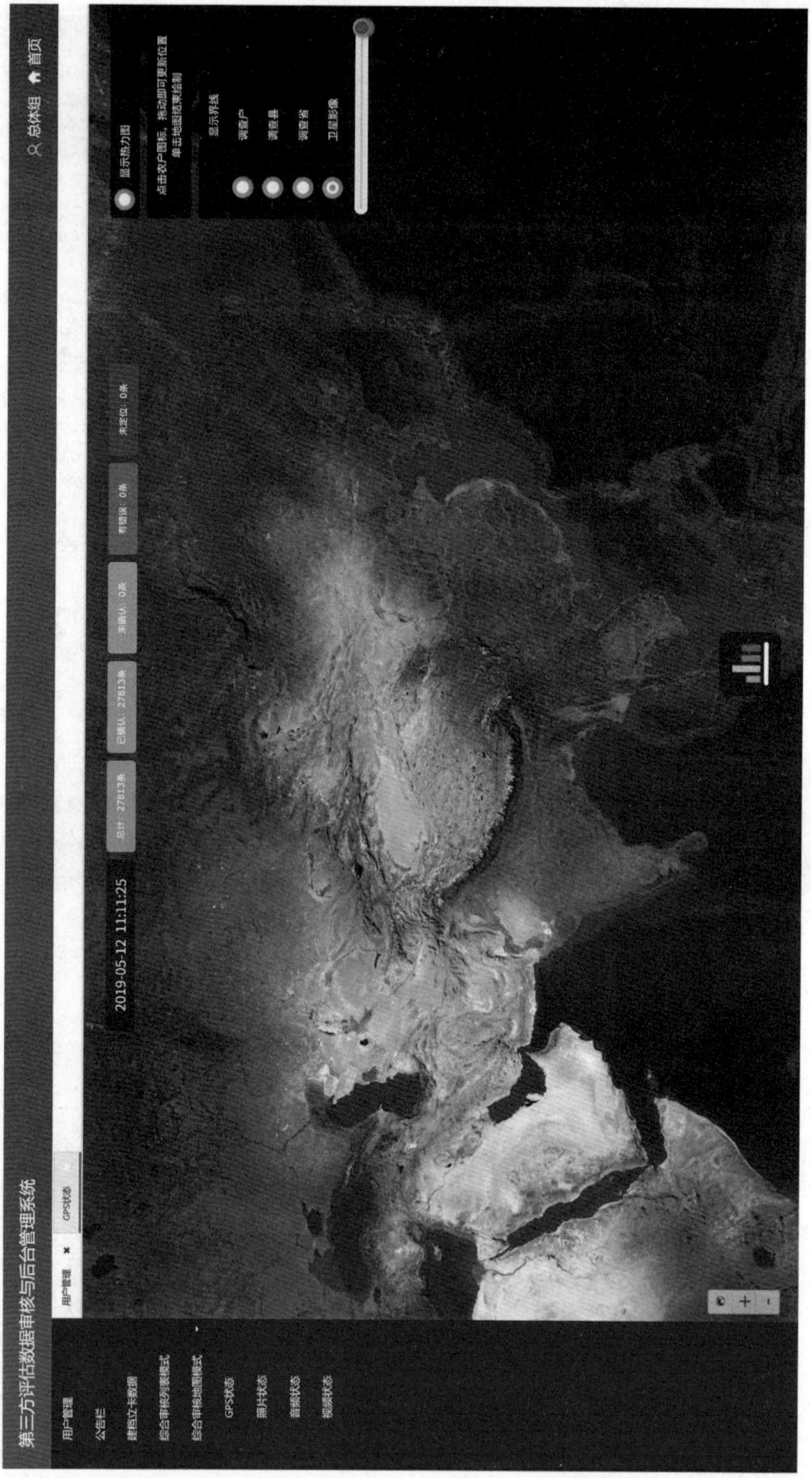

图 6-20　GPS 核查界面

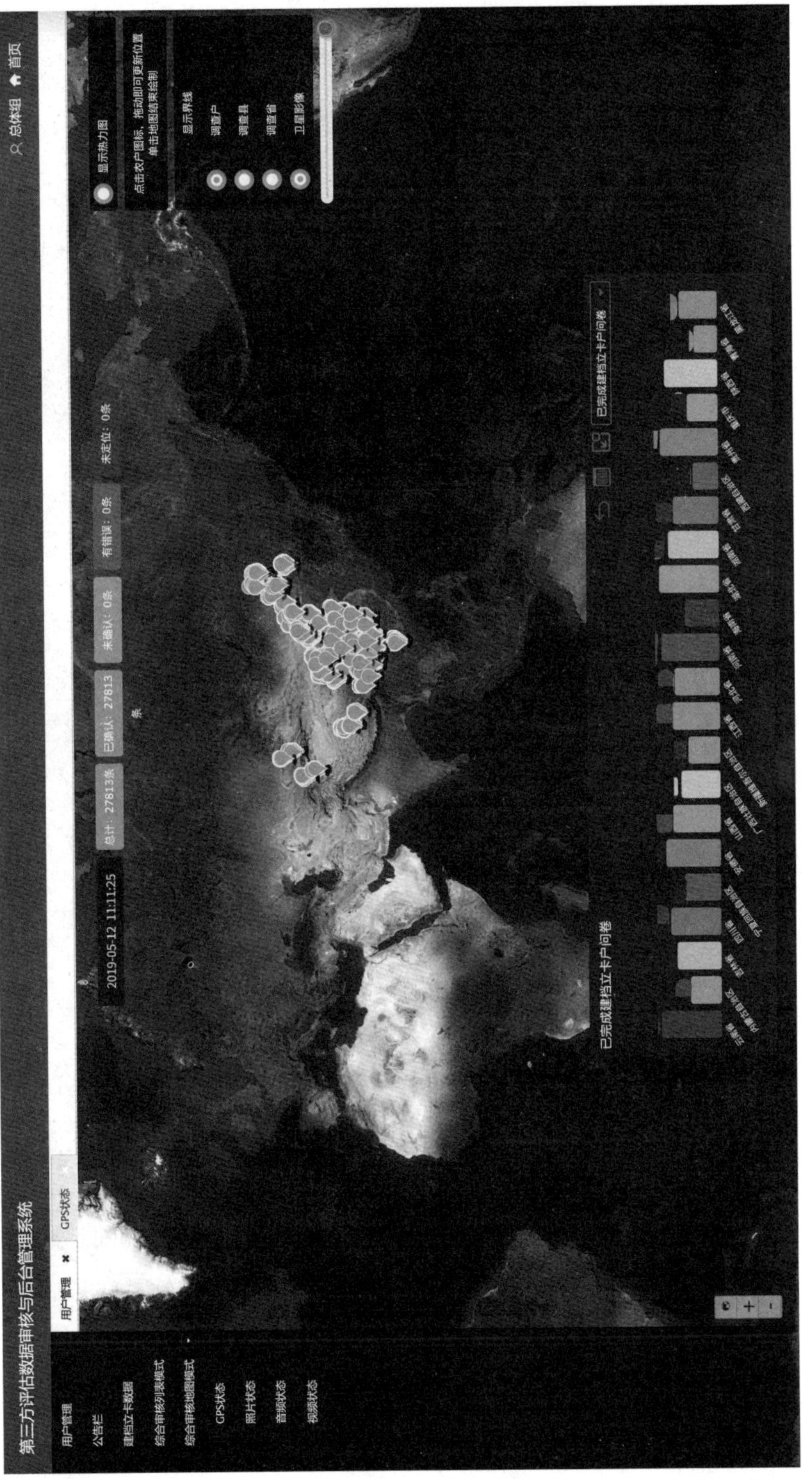

图 6-21　分省调查进展柱状图界面

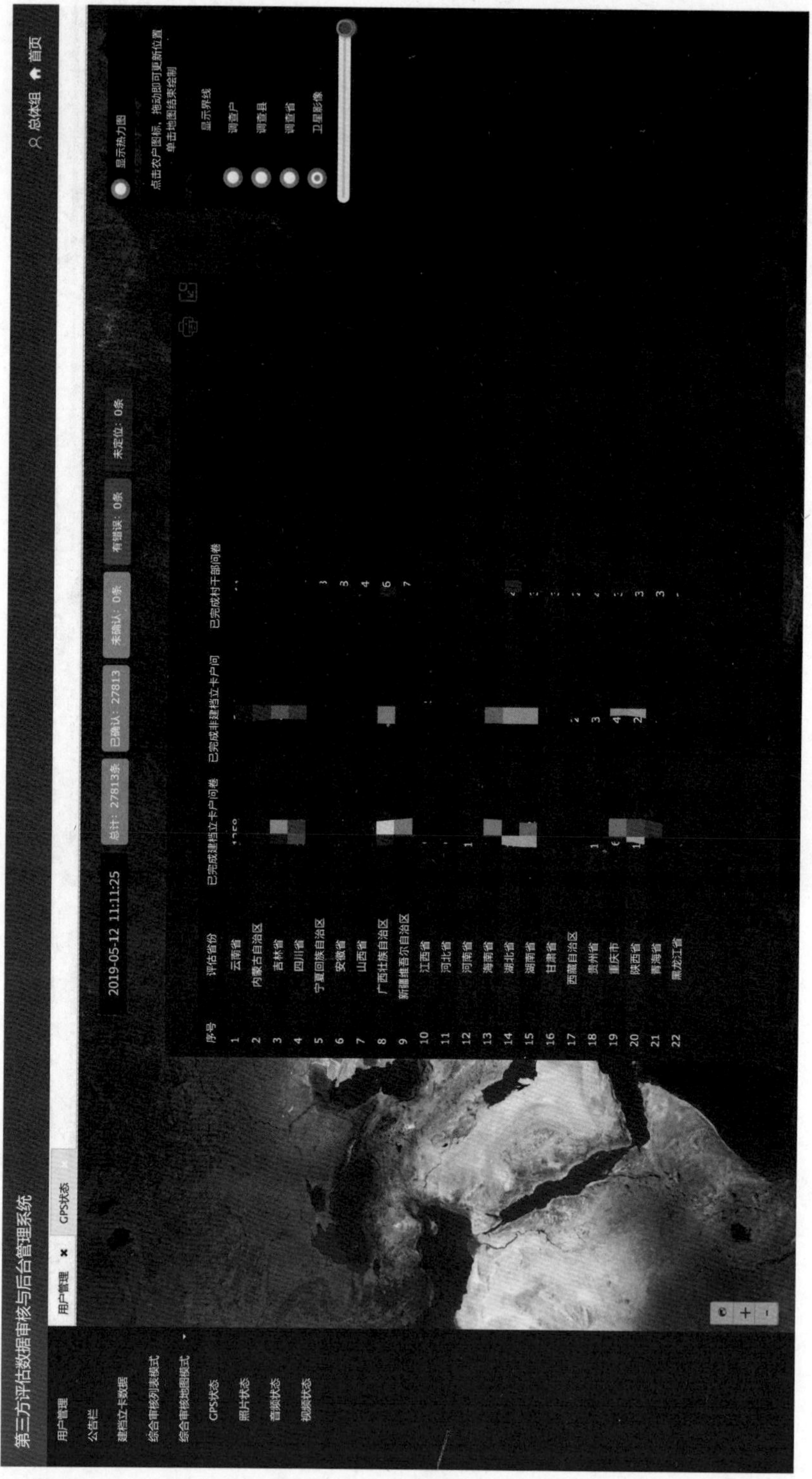

图 6-22　分省调查进展列表界面

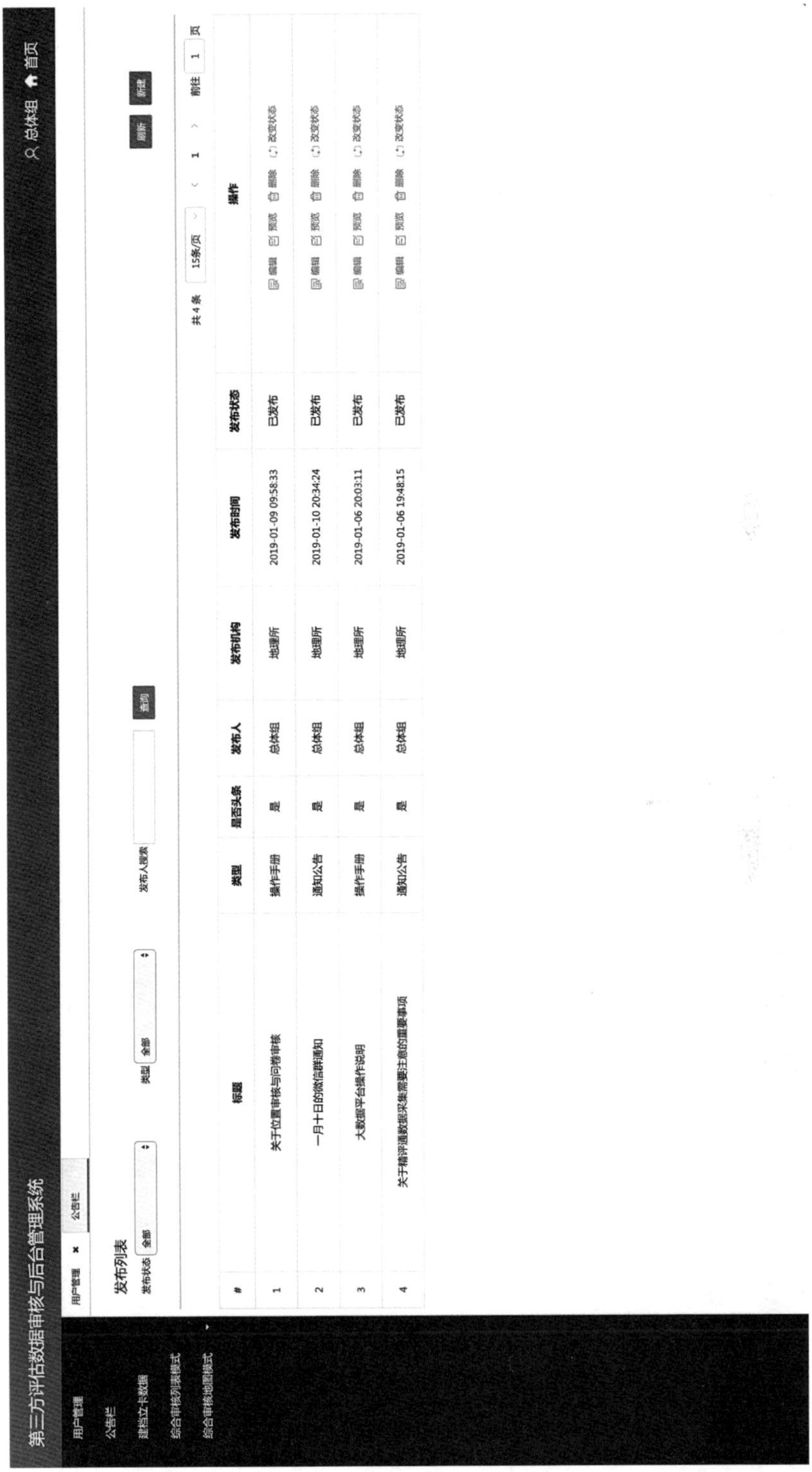

图 6-23　通知公告发布列表界面

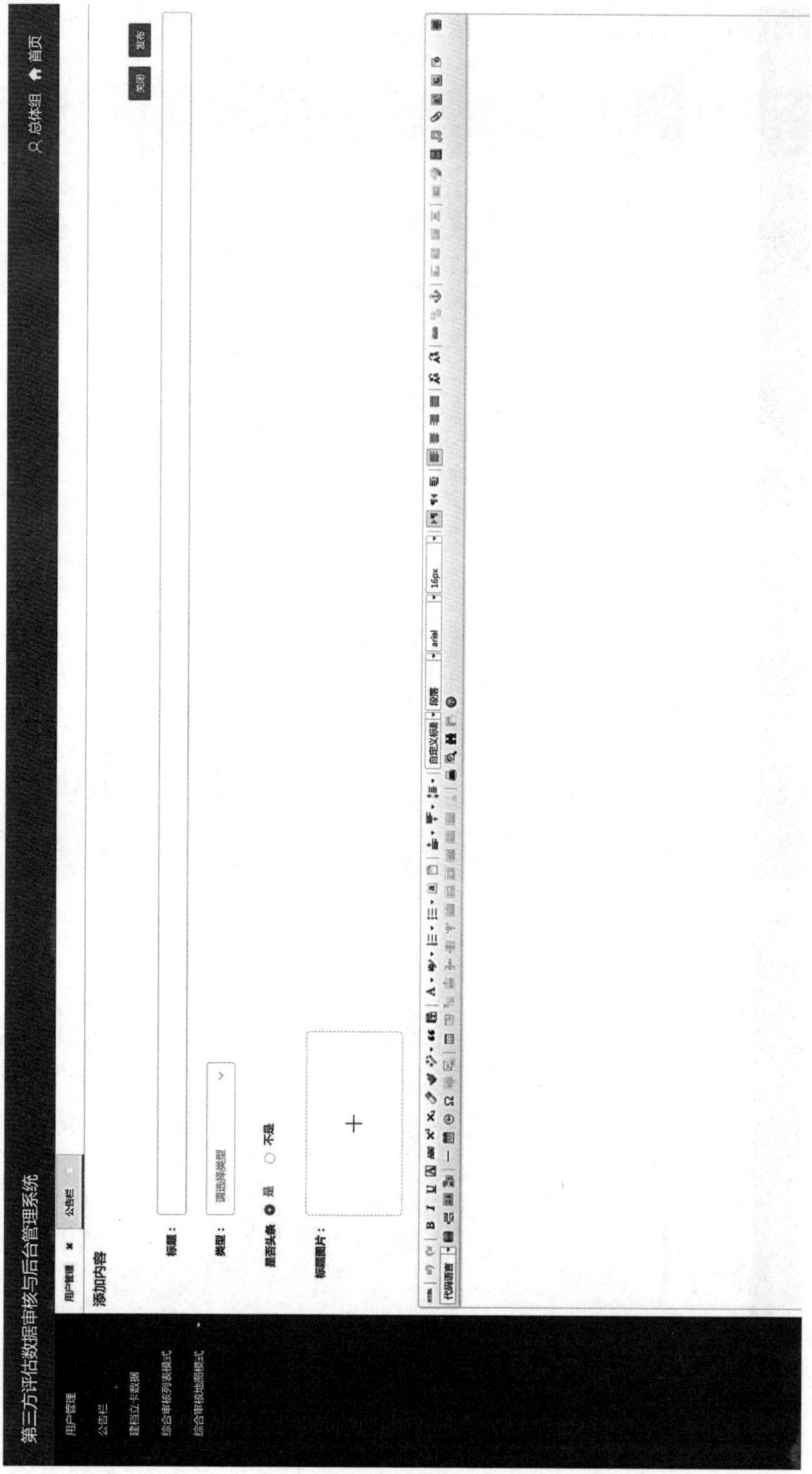

图 6-24　通知公告发布内容界面

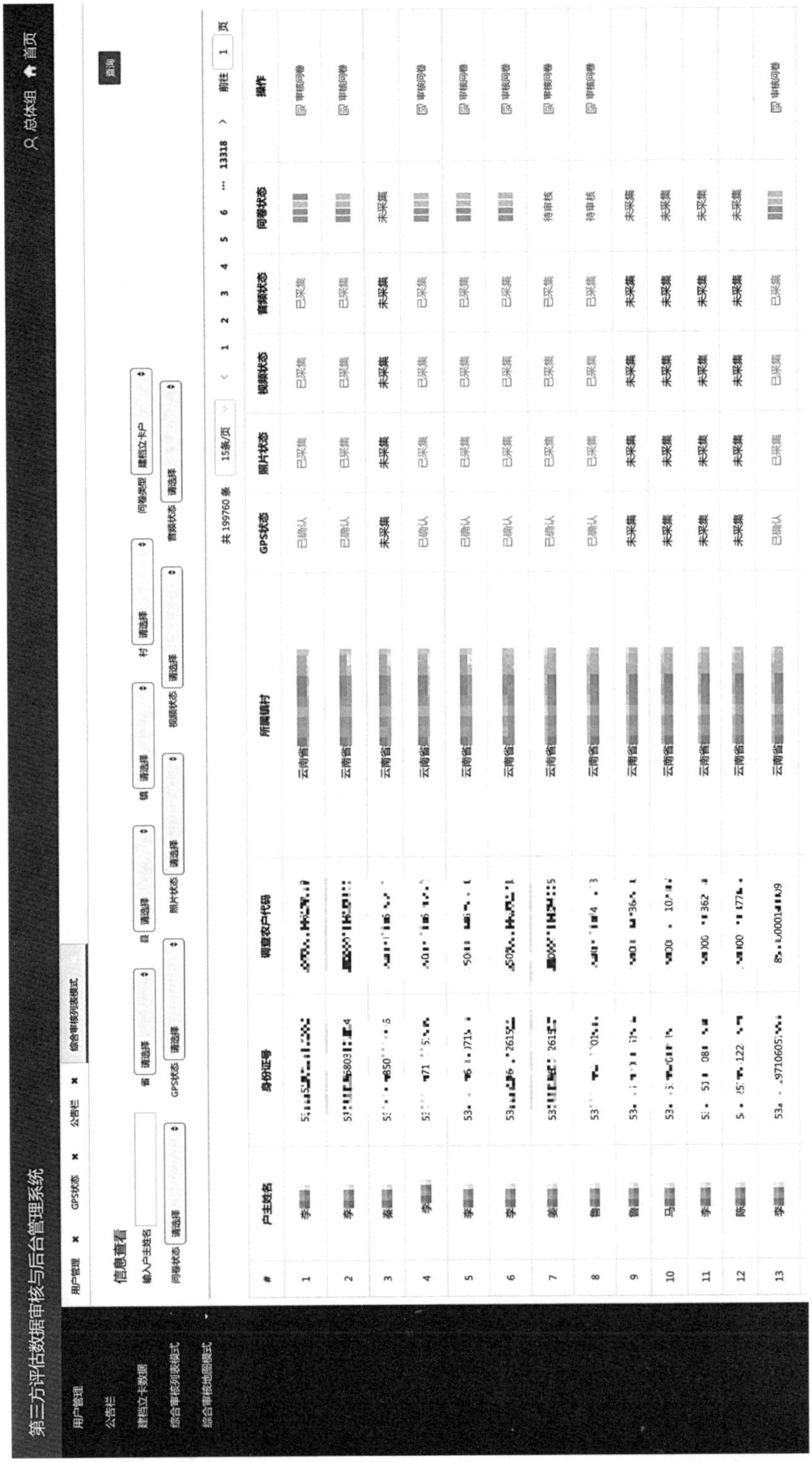

图 6-25　调查问卷数据审核界面

在大数据平台系统中，“待审核”状态表示该问卷还没有人进行过审核。

条状图标标示相应级别的审核结果，包括通过审核（绿色）、问卷被驳回（红色）和该级别还未审核该问卷（灰色）等几种情况。

条状图标对应的级别如图 6-26 所示。

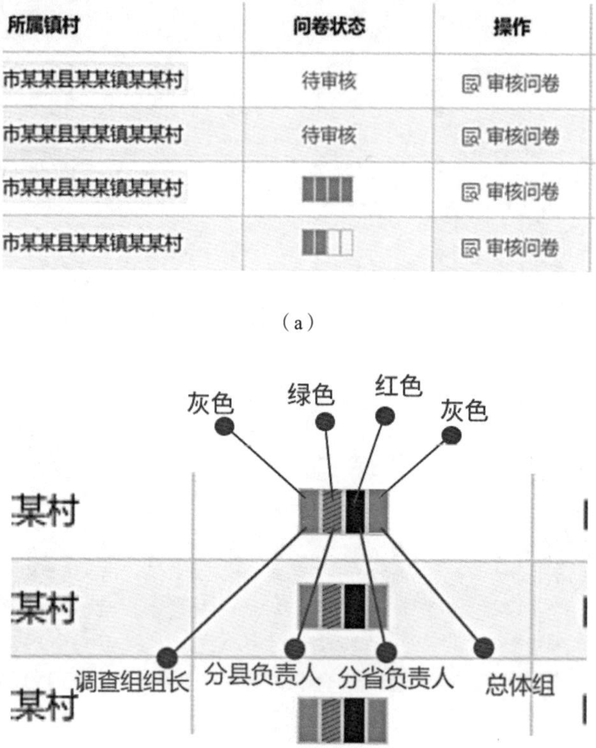

（a）

（b）

图 6-26　问卷审核的级别

点击【审核问卷】即可弹出问卷审核界面（图 6-27）。

A 区域代表调查员选的修改状态，如果调查员对该题进行了修改，则该题标记为蓝色。

B 区域代表审核人员标记的题目，勾选后颜色变红，调查员在移动端 APP 可收到相应的提示，并对该题进行修改。

C 区域是审核人员填写的审核意见，可上传音频、视频、图片等佐证材料。

弹窗的左下角有【问卷历史记录】按钮，点击可弹出问卷的修改记录，如图 6-28 所示。

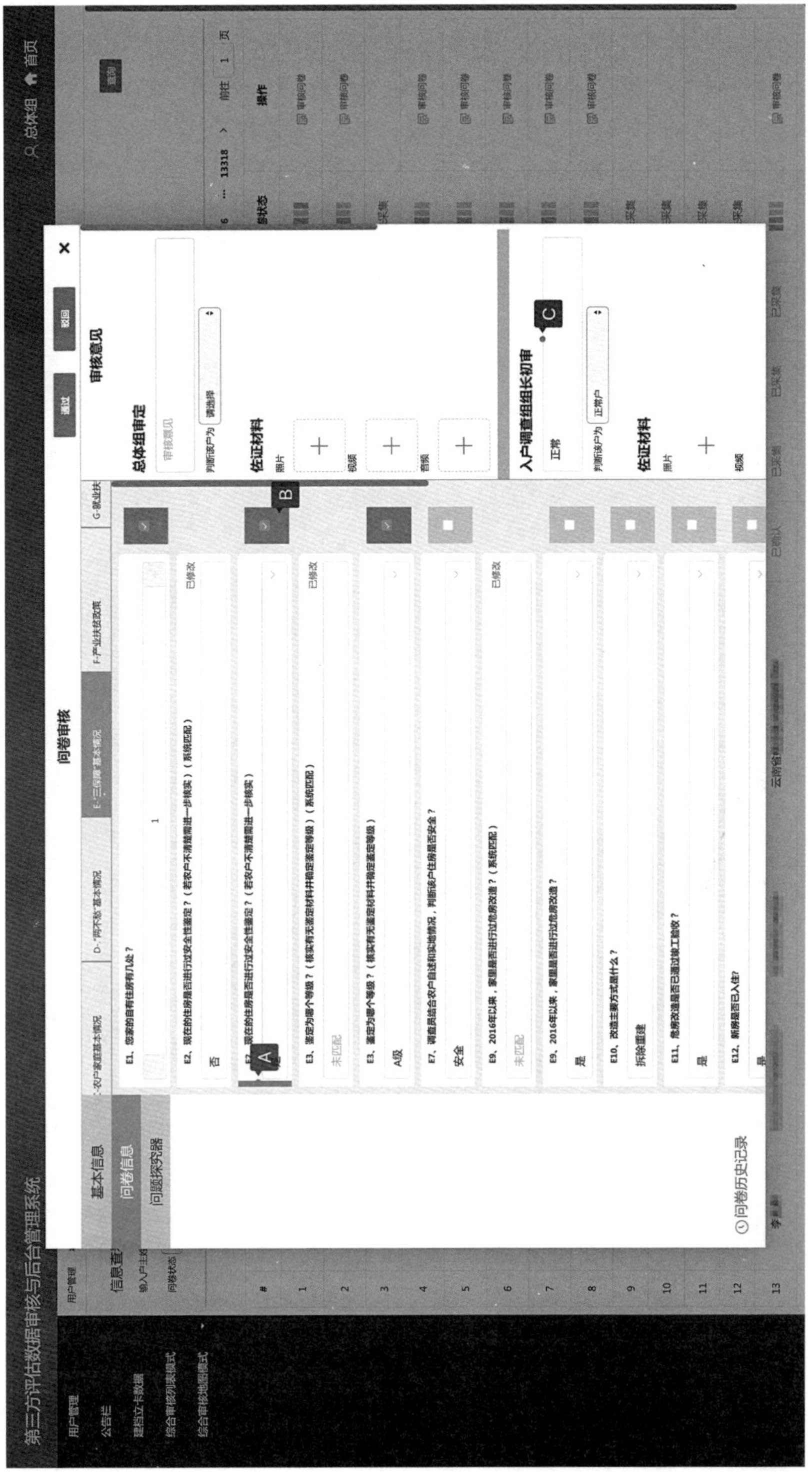
第三方评估数据审核与后台管理系统
问卷审核
基本信息
问卷信息
问题探究器
问卷历史记录
审核意见
总体组审定
佐证材料
入户调查组组长初审
总体组
首页

图 6-27 问卷审核界面

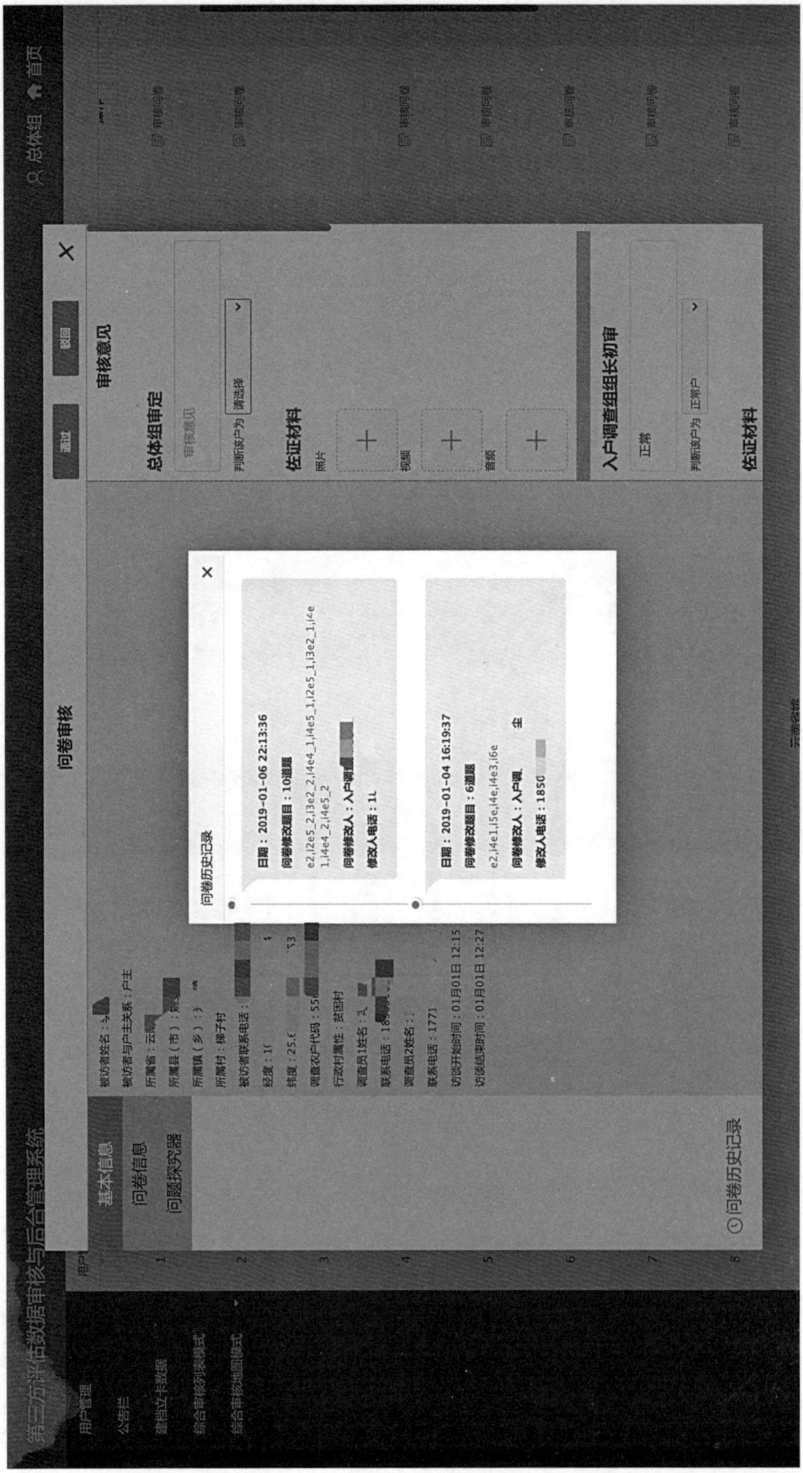

图 6-28　问卷修改历史查询界面

在“综合审核列表模式”界面有【导出】按钮可以导出已采集的农户问卷信息，如图 6-29 所示。点击即可导出。

四、数据分析系统

1. 系统入口

在“国家精准扶贫成效第三方评估大数据平台”登录后，进入平台首页，点击【第三方评估数据分析系统】即可进入（图 6-30）。

2. 模块构成

第三方评估数据分析系统包括“评估动态”“建档立卡户”“非建档立卡户”“村干部”“两率一度”“指标测算”六个模块，界面如图 6-31 所示。

“评估动态”包含“公告栏”“评估圈”“队员实时位置”等。“公告栏”展示的是与精准扶贫相关的新闻动态。

“评估圈”展示的是用户从移动端 APP“精评通”上传的一些“说明”，类似于微信的朋友圈，可以对信息进行评论、补充及点赞，如图 6-32 所示。

“队员实时位置”显示的是用户的实时位置，用户打开移动端 APP 并且开启定位，位置将 5 秒自动更新上传一次并显示。

“建档立卡户”“非建档立卡户”“村干部”等三个模块是对这三份问卷进行的统计与分析结果，并以图表的形式展示，界面如图 6-33 所示。

在界面地图的上方有【卫星影像】【调查省】【调查县】【调查户】按钮，点击相应的按钮即可显示权限内所能查看的图层，以及农户的点位。界面右边显示的是相应权限内的统计图表（图 6-34，以河北省评估调查负责人的账号为例）。

在界面地图的右上角有【筛选查询】按钮，点击可弹出筛选框，选择条件后点击查询，即可筛选出符合条件的农户列表及点位（图 6-35）。

在地图上点击农户的点位即可查看调查农户的详情，如图 6-36 所示。

图表都是可以点击的，点击相应的标题即可取消/显示相应的柱状信息，并且可以对信息进行相应的排序，如图 6-37 所示。

点击图 6-38 右上角的【 】按钮，可以将其放大，放大后点击右键可以进行保存，如图 6-38 所示。

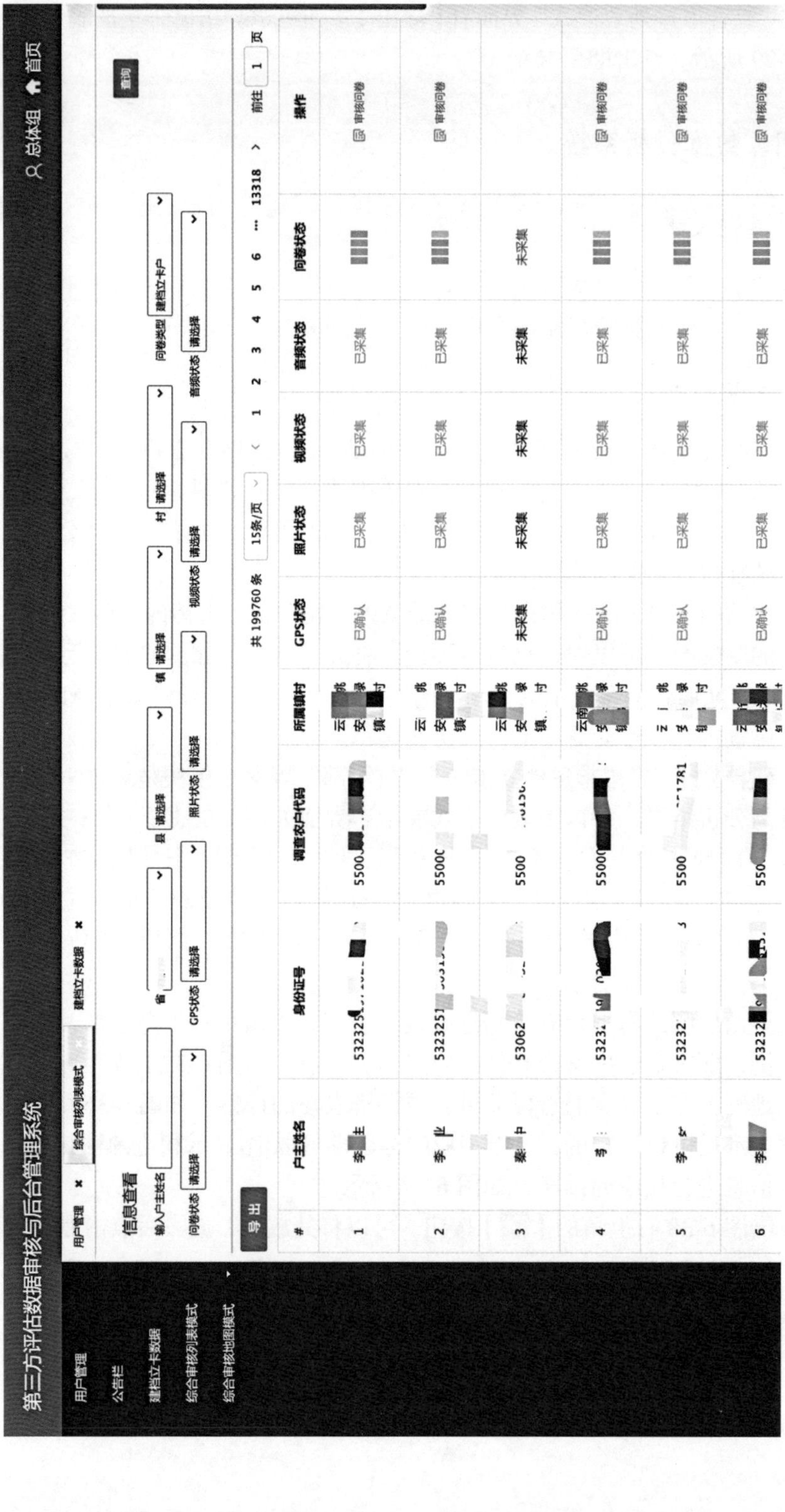
第三方评估数据审核与后台管理系统
总体组
首页
用户管理
公告栏
建档立卡数据
综合审核列表模式
综合审核地图模式
信息查看
查询
导 出
共 199760 条
15条/页
前往 1 页
户主姓名
身份证号
调查农户代码
所属镇村
GPS状态
照片状态
视频状态
音频状态
问卷状态
操作
已采集
未采集
已确认
审核问卷

图 6-29　问卷导出界面

图 6-30　第三方评估数据分析系统入口界面

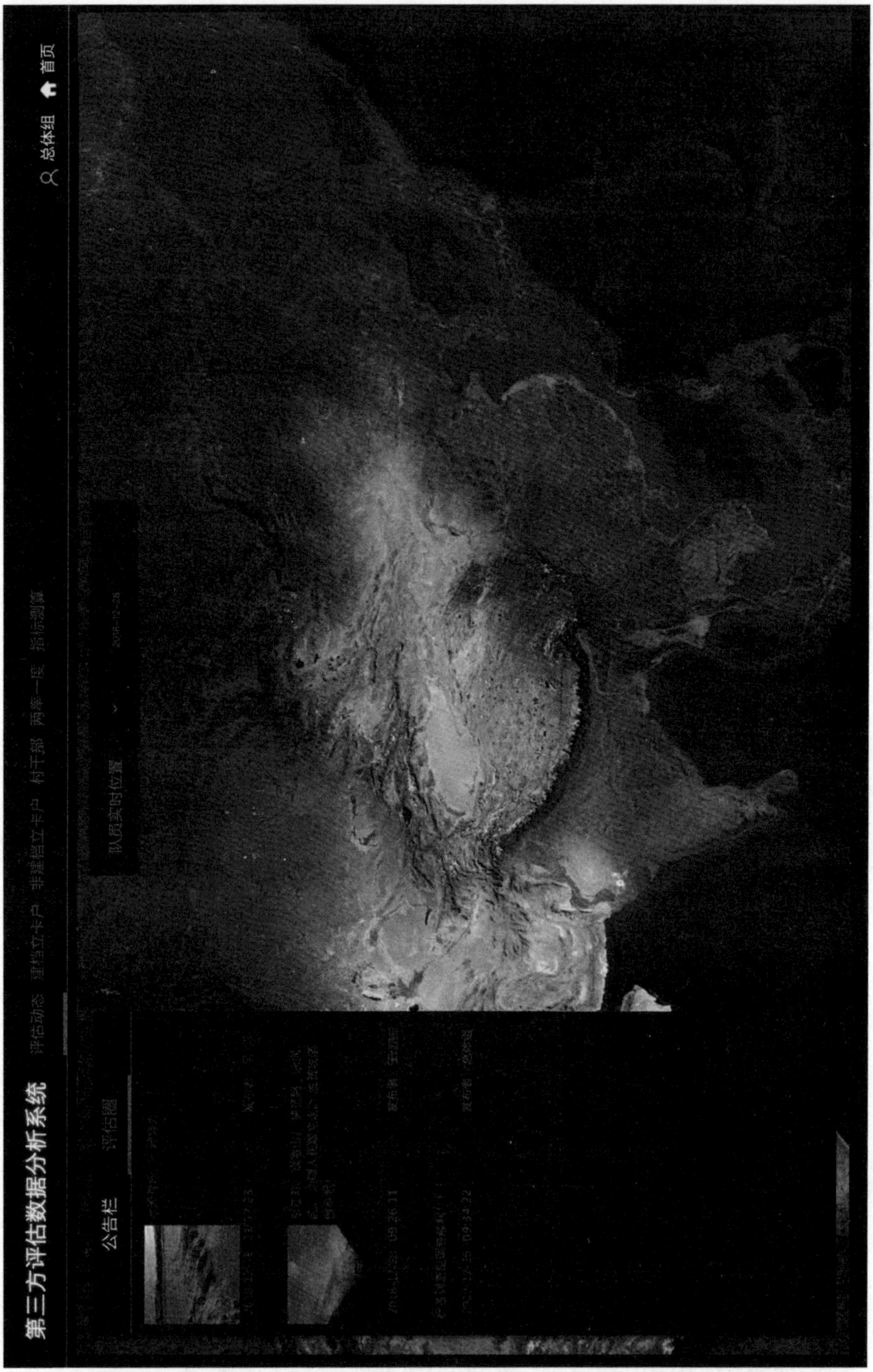

图 6-31　第三方评估数据分析系统界面

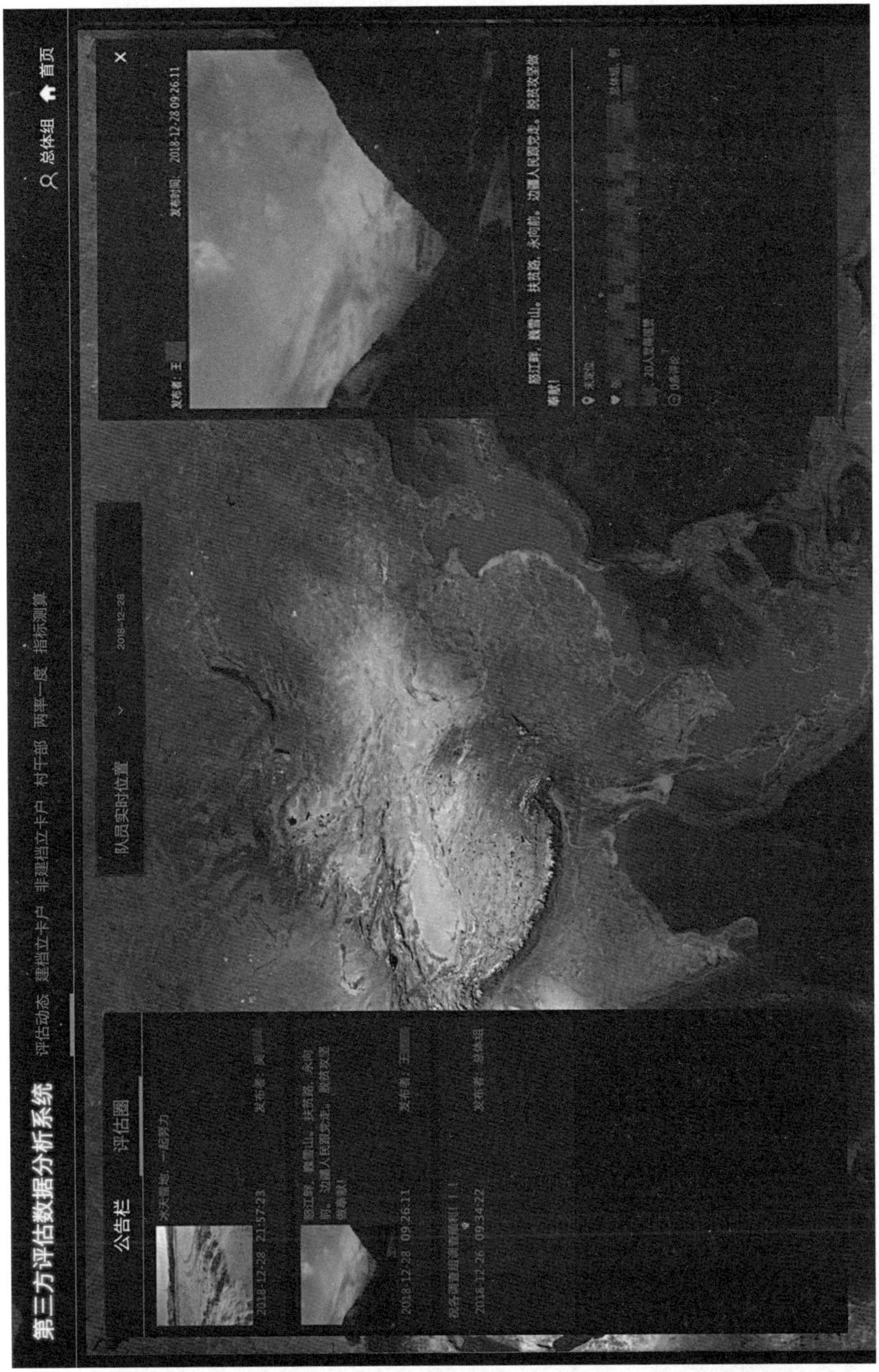
第三方评估数据分析系统
评估动态
建档立卡户
非建档立卡户
村干部
两率一度
指标测算
总体组
首页
公告栏
评估圈
队员实时位置
2018-12-28

图 6-32　“评估圈”界面

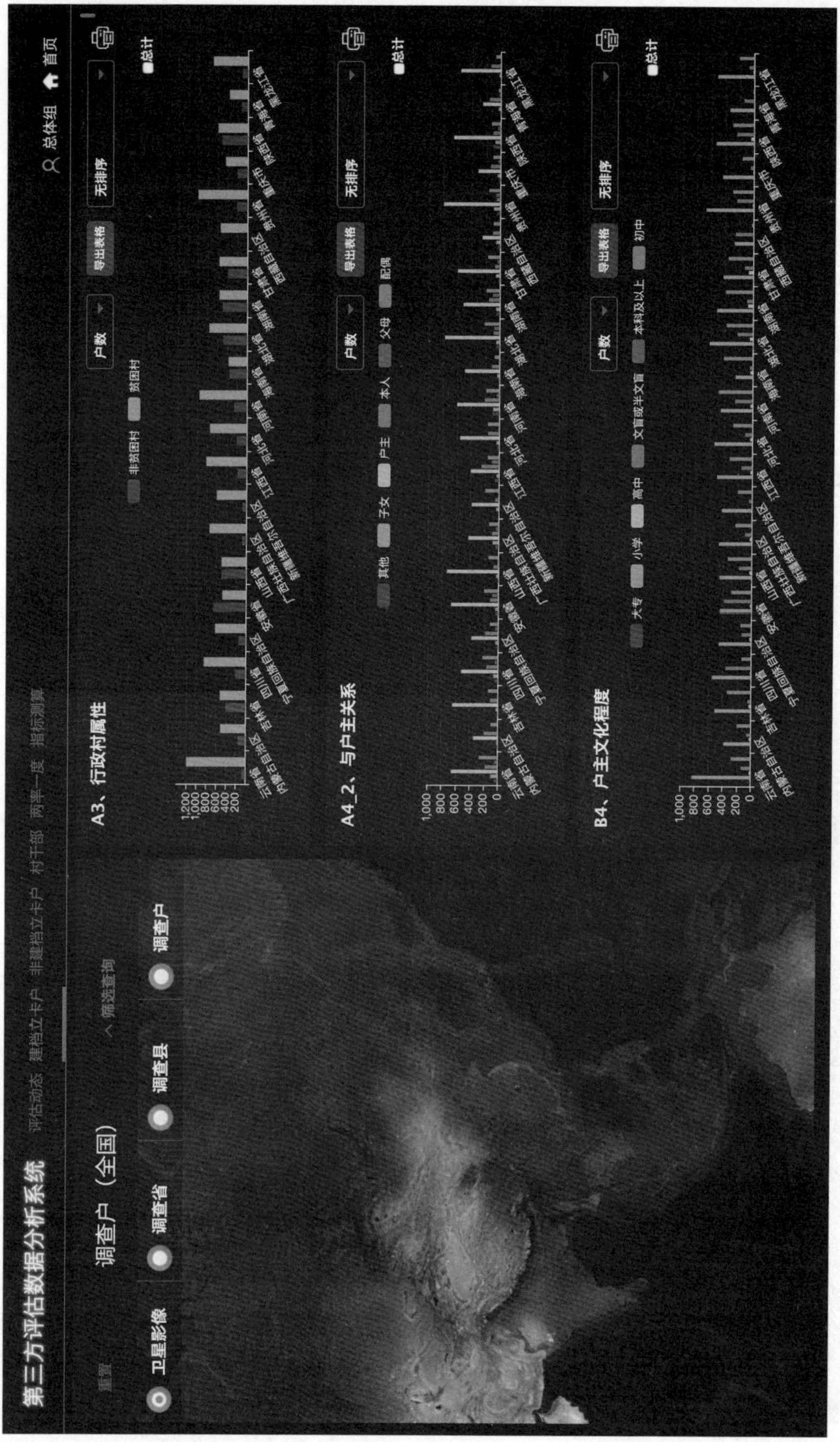

图 6-33　全国数据统计柱状图展示界面

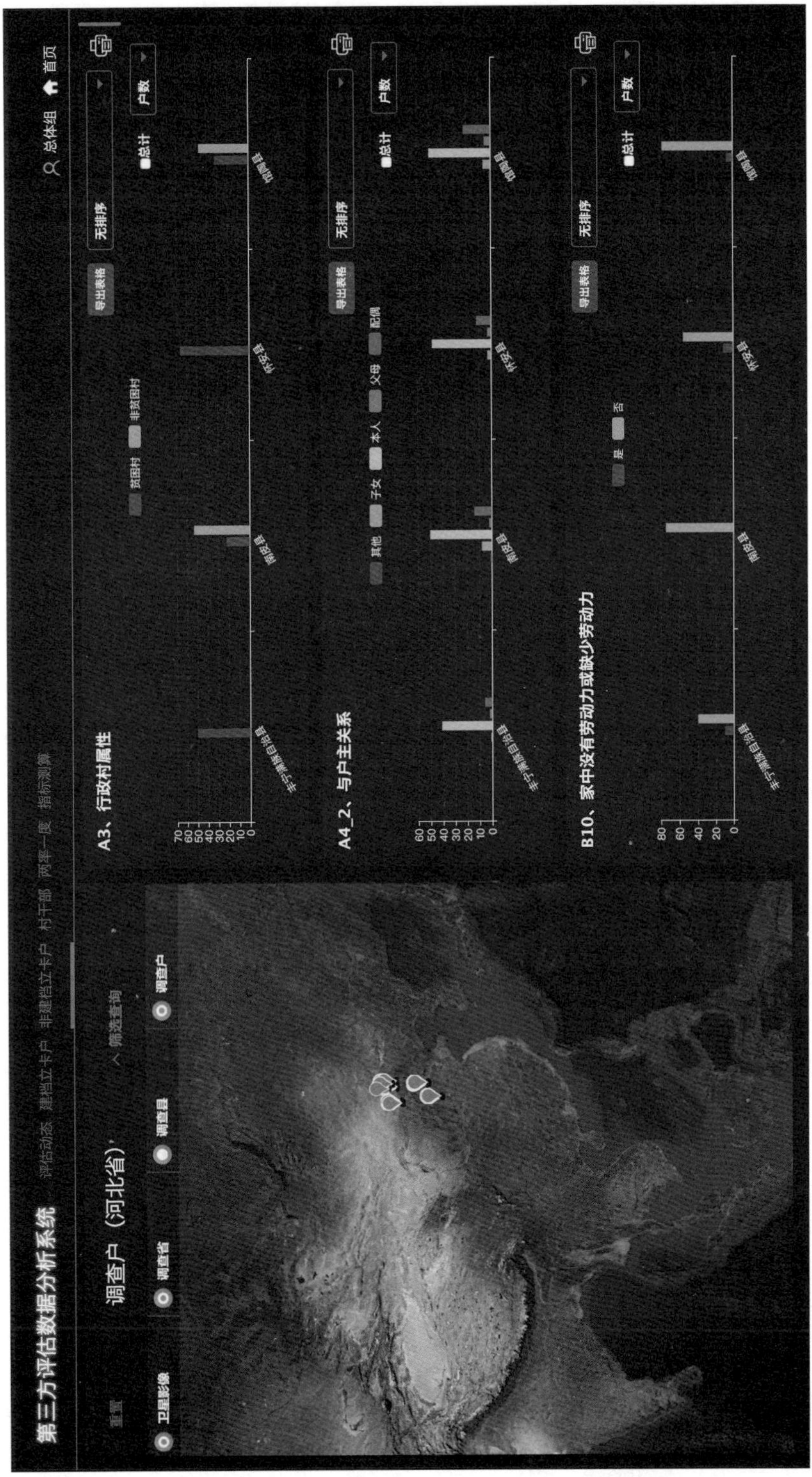

图 6-34　分省数据统计柱状图展示界面

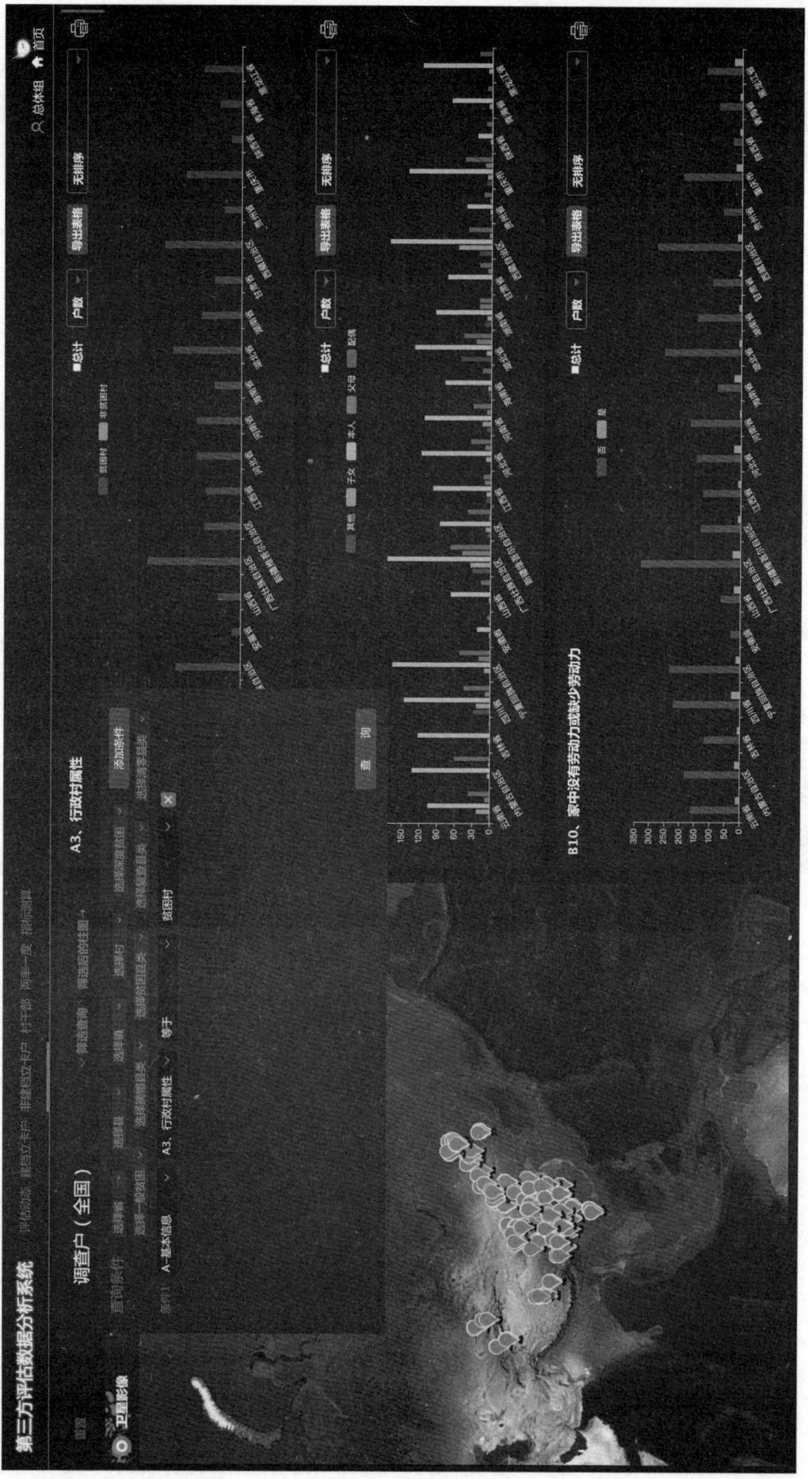
第三方评估数据分析系统
调查户（全国）
A3、行政村属性
添加条件
查询
导出表格
无排序
户数
总计
B10、家中没有劳动力或缺少劳动力

图 6-35　农户筛选界面

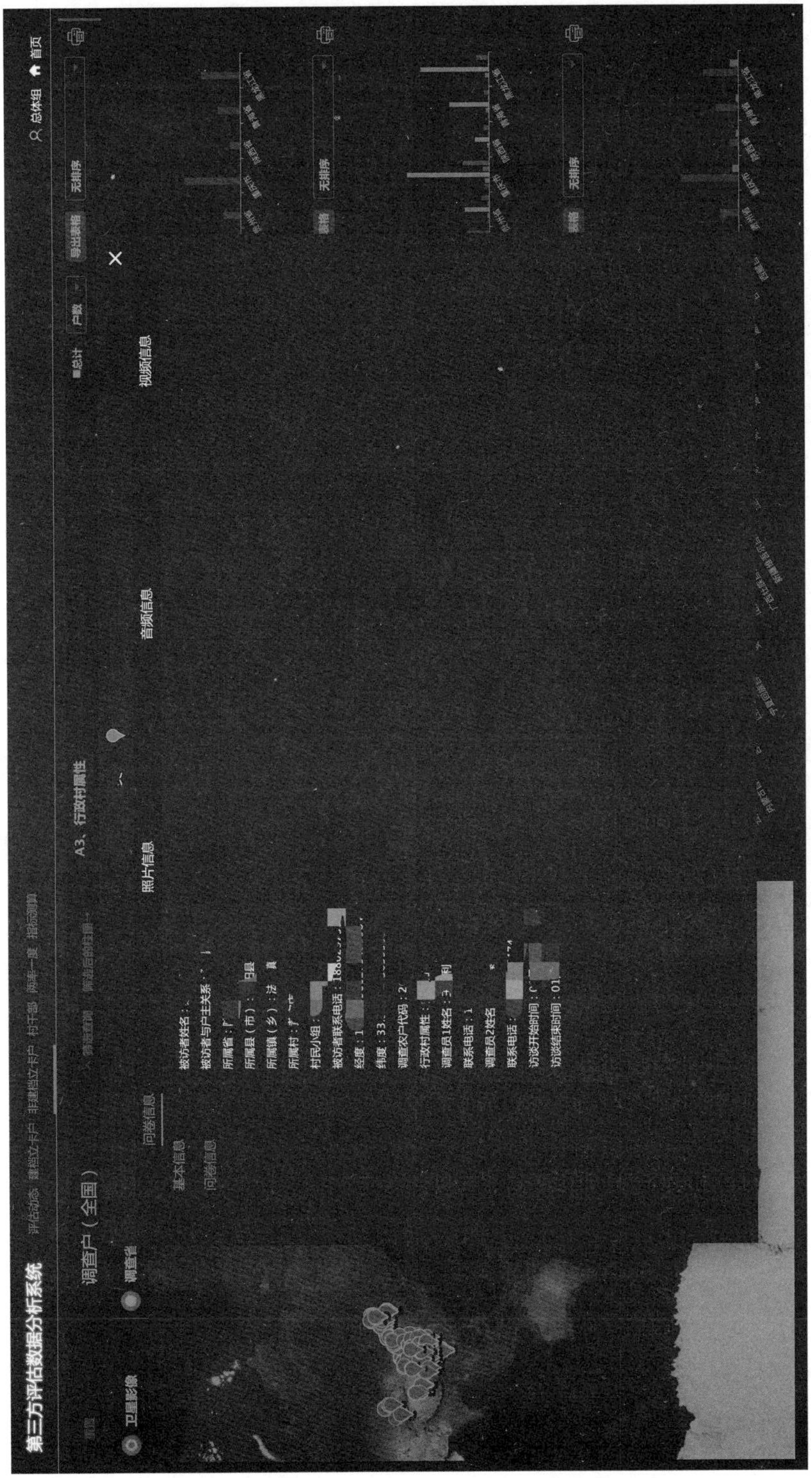
第三方评估数据分析系统
总体组
首页
调查户（全国）
卫星影像
调查省
A3、行政村属性
导出表格
无排序
户数
总计
问卷信息
基本信息
照片信息
音频信息
视频信息
被访者姓名：
被访者与户主关系：
所属省：
所属县（市）：
所属镇（乡）：
所属村：
村民小组：
被访者联系电话：
经度：
纬度：
调查农户代码：
行政村属性：
调查员1姓名：
联系电话：
调查员2姓名：
联系电话：
访谈开始时间：
访谈结束时间：

（a）

（b）

图 6-36　查看调查农户的详情界面

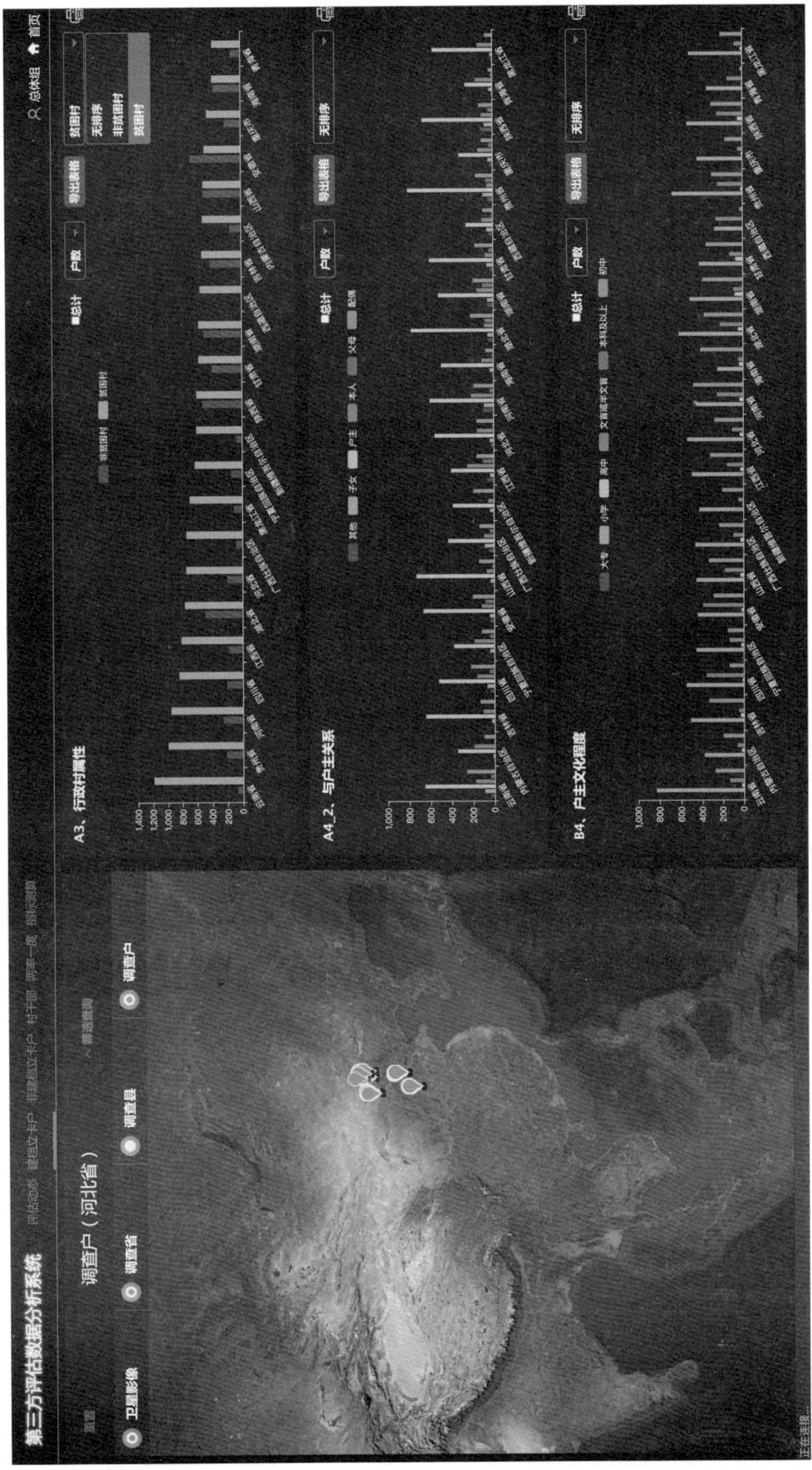
第三方评估数据分析系统
调查户（河北省）
卫星影像
调查省
调查县
调查户
A3、行政村属性
A4_2、与户主关系
B4、户主文化程度
总计
户数
导出表格
无排序
贫困村
非贫困村
总体组
首页

图 6-37　排序功能界面

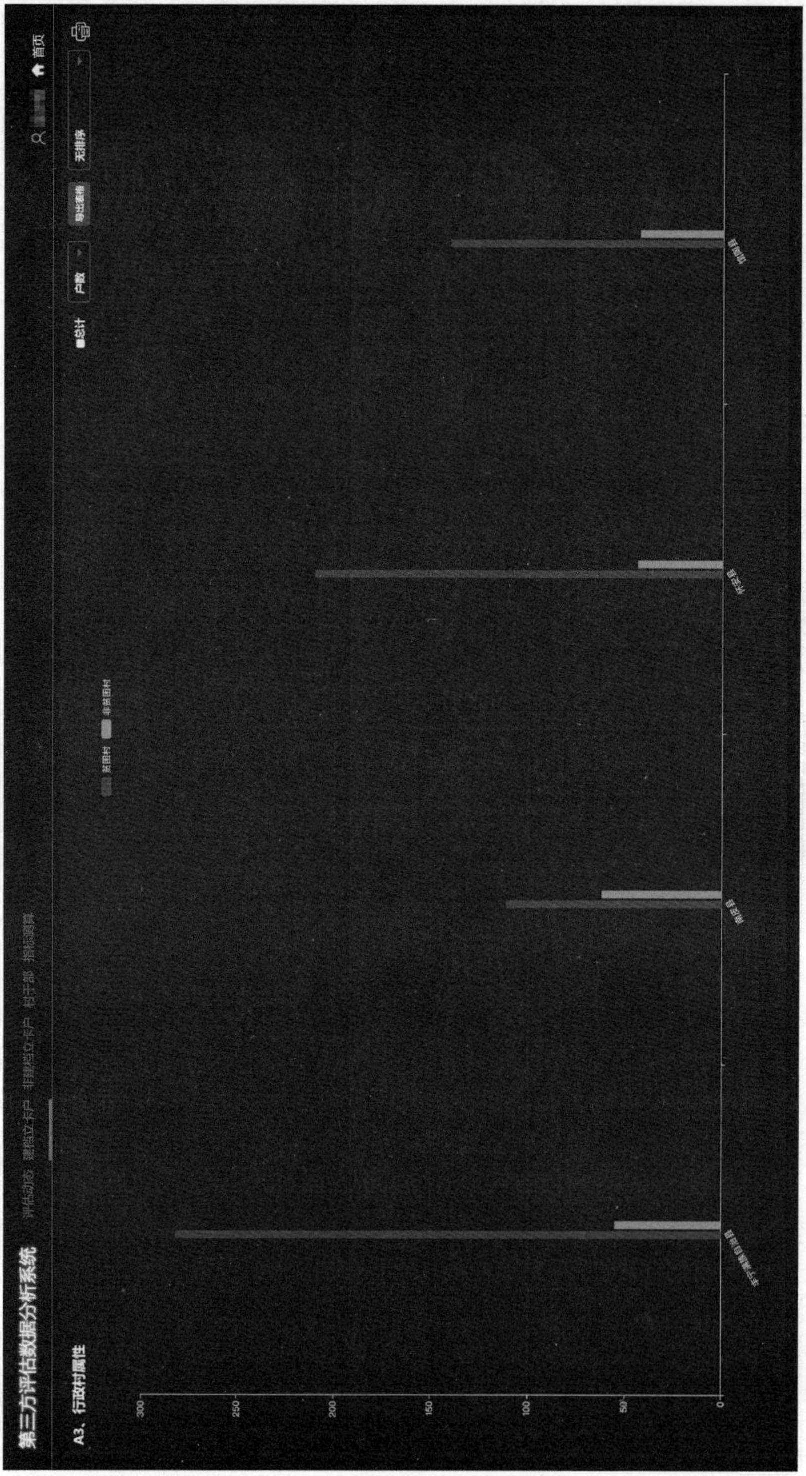
第三方评估数据分析系统
评估动态
建档立卡户
非建档立卡户
村干部
指标测算
首页
A3. 行政村属性
总计
户数
导出表格
无排序
贫困村
非贫困村
300
250
200
150
100
50
0

图 6-38　保存图表界面

第三节　手机端APP（“精评通”）基本操作

一、登录与注册

“精评通”登录界面如图6-39所示。点击图6-39中的【注册账号】进入注册界面，如图6-40所示。

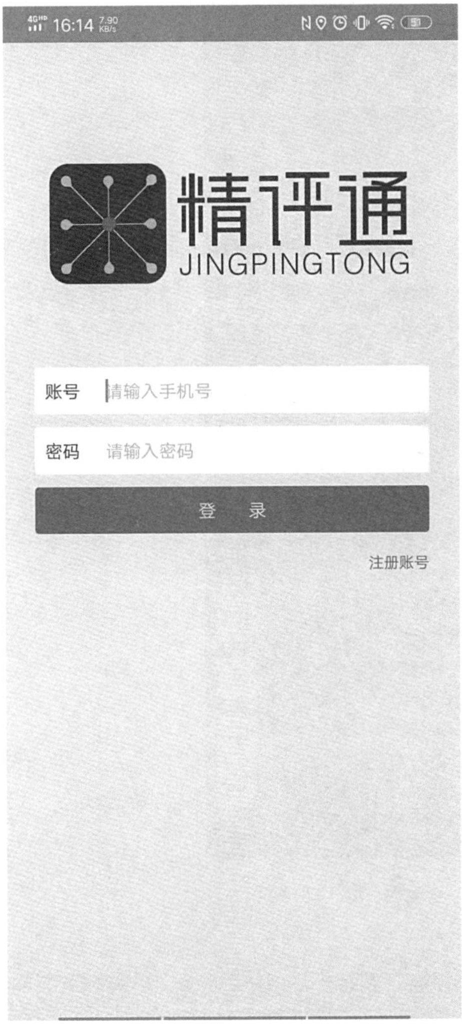

图6-39　“精评通”登录界面

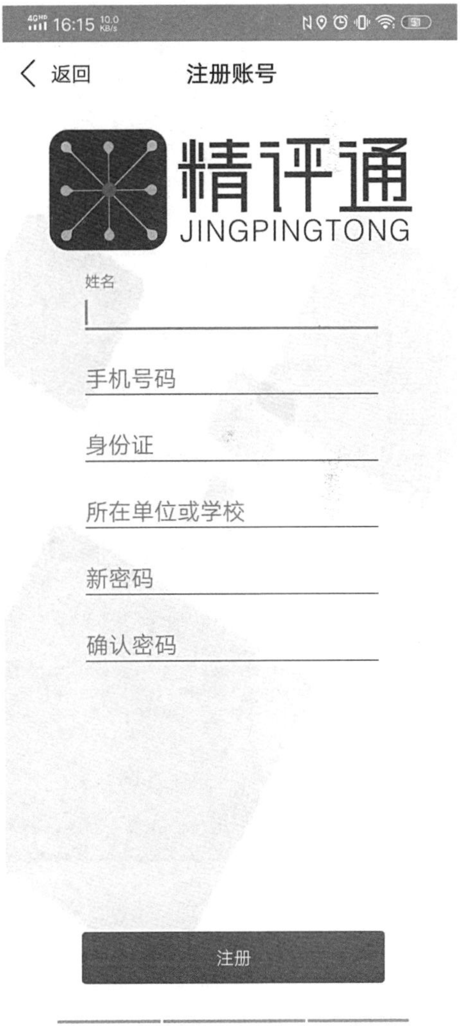

图6-40　“精评通”注册界面

填写相关信息并点击【注册】即可。

账号注册完成后并不能进入系统，进入系统的要求同 PC 端（相关信息补全并授权）。具体参照第二节“PC 端操作说明”，登录后界面如图 6-41 所示。

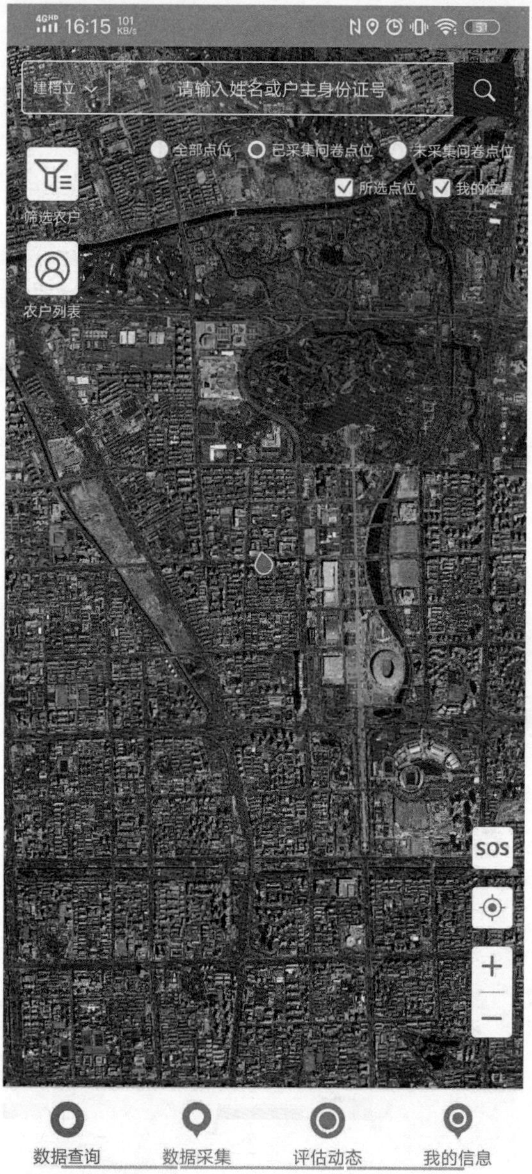

图 6-41　“精评通”界面

“精评通”分四个模块，即数据查询、数据采集、评估动态、我的信息。

二、数据查询功能

农户点位搜索：数据查询界面上方带有搜索框，可按姓名及身份证号搜索农户，点击全部点位显示所有农户，点击所选点位即显示所有符合筛选条件的点位。例如，搜索姓“王”的农户，在搜索框输入“王”字，再点击右边的搜索按钮即可，界面如图6-42所示。点击【全部点位】按钮，即可查看权限内的所有的农户点位，当农户点位较多时，以行政区进行汇总融合显示，数据融合界面如图6-43所示。

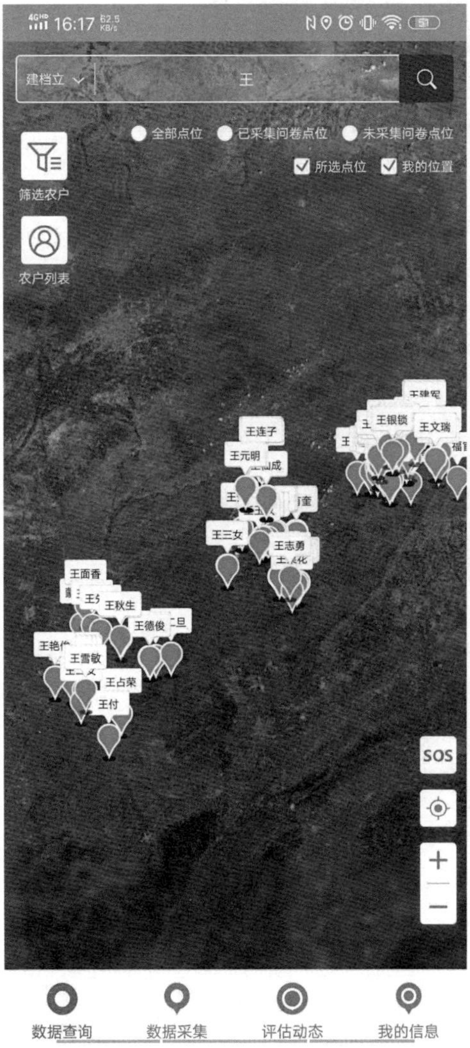

图6-42　“精评通”数据查询界面

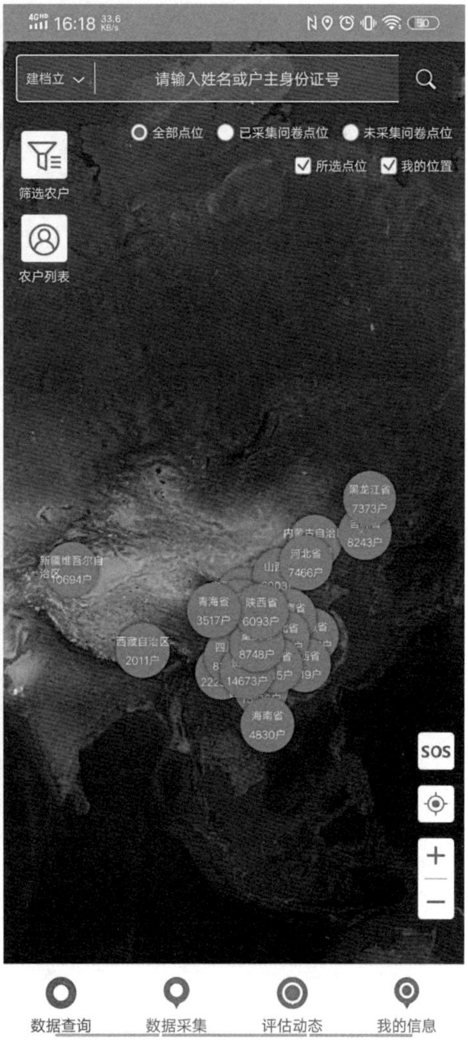

图6-43　“精评通”数据融合界面

放大地图即可查看点位在地图上的具体位置，如图 6-44 所示。

图 6-44　“精评通”查看农户点位界面

在搜索框的左边有农户分类的筛选，选择后即可显示相应点位，如图 6-45 所示。

图 6-45　“精评通”农户类型筛选功能界面

在数据查询界面的左边有不同的工具按钮：筛选农户、农户列表。

筛选农户：可以采取多样的方式进行，选择筛选条件后点击确定即可，如筛选河北省保定市易县、学历为小学及以下的农户，界面如图 6-46 所示。

农户列表：筛选出来的农户会显示在农户列表里边，方便查找，界面如图 6-47 所示。

点击农户列表中的某农户或者农户的点位，均可以查看农户详情，界面如图 6-48 所示。

农户详情包括问卷信息、位置信息、照片信息、音频信息、视频信息。

在“问卷信息”的右上角有导航功能，只要该农户有 GPS 位置，点击导航后都可导航。

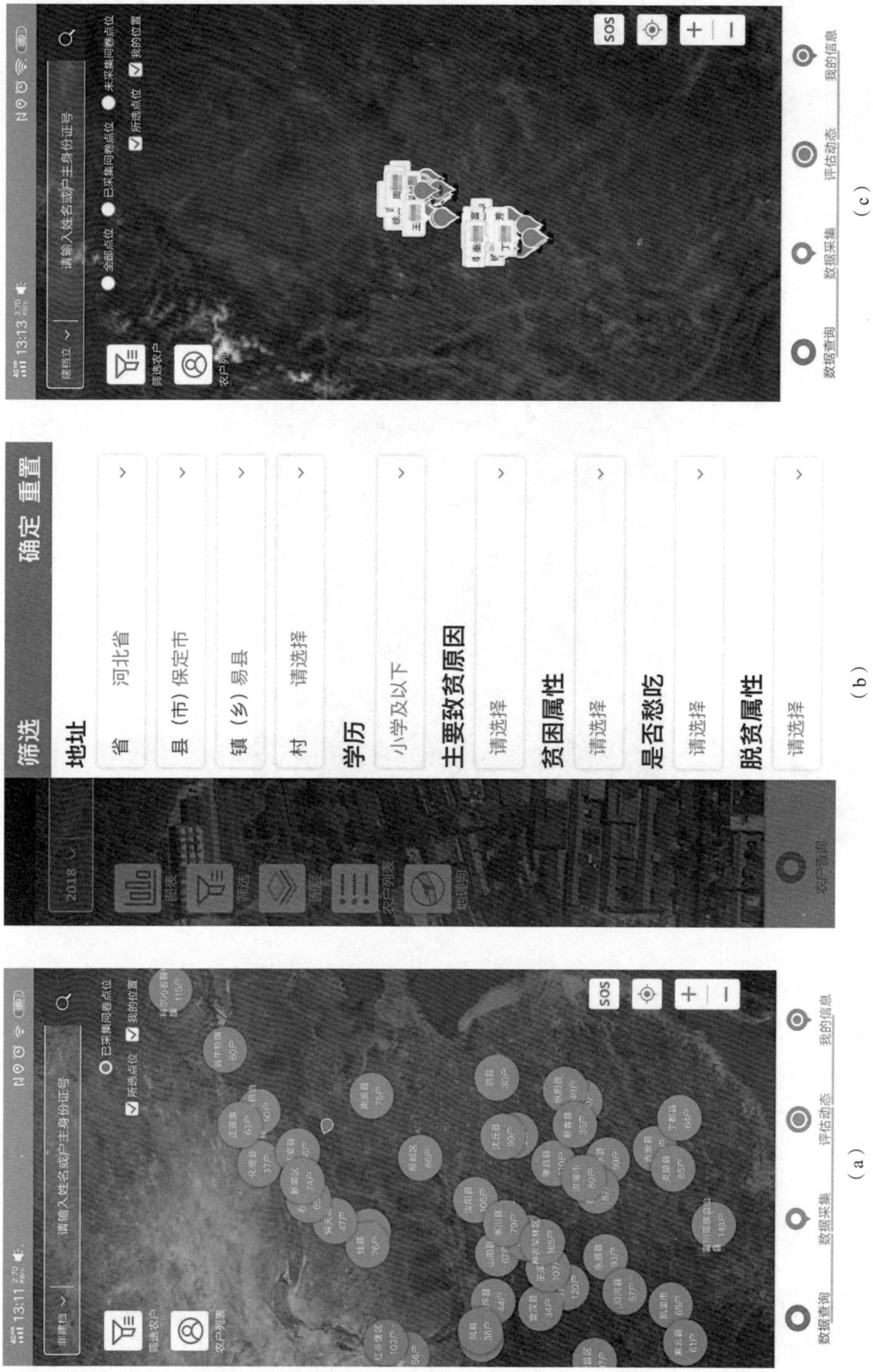
请输入姓名或户主身份证号
筛选农户
农户列表
已采集问卷点位
所选点位
我的位置
数据查询
数据采集
评估动态
我的信息
（a）
筛选
确定
重置
地址
省　河北省
县（市）保定市
镇（乡）易县
村　请选择
学历
小学及以下
主要致贫原因
请选择
贫困属性
请选择
是否愁吃
请选择
脱贫属性
请选择
（b）
全部点位
已采集问卷点位
未采集问卷点位
（c）

图 6-46　筛选农户界面

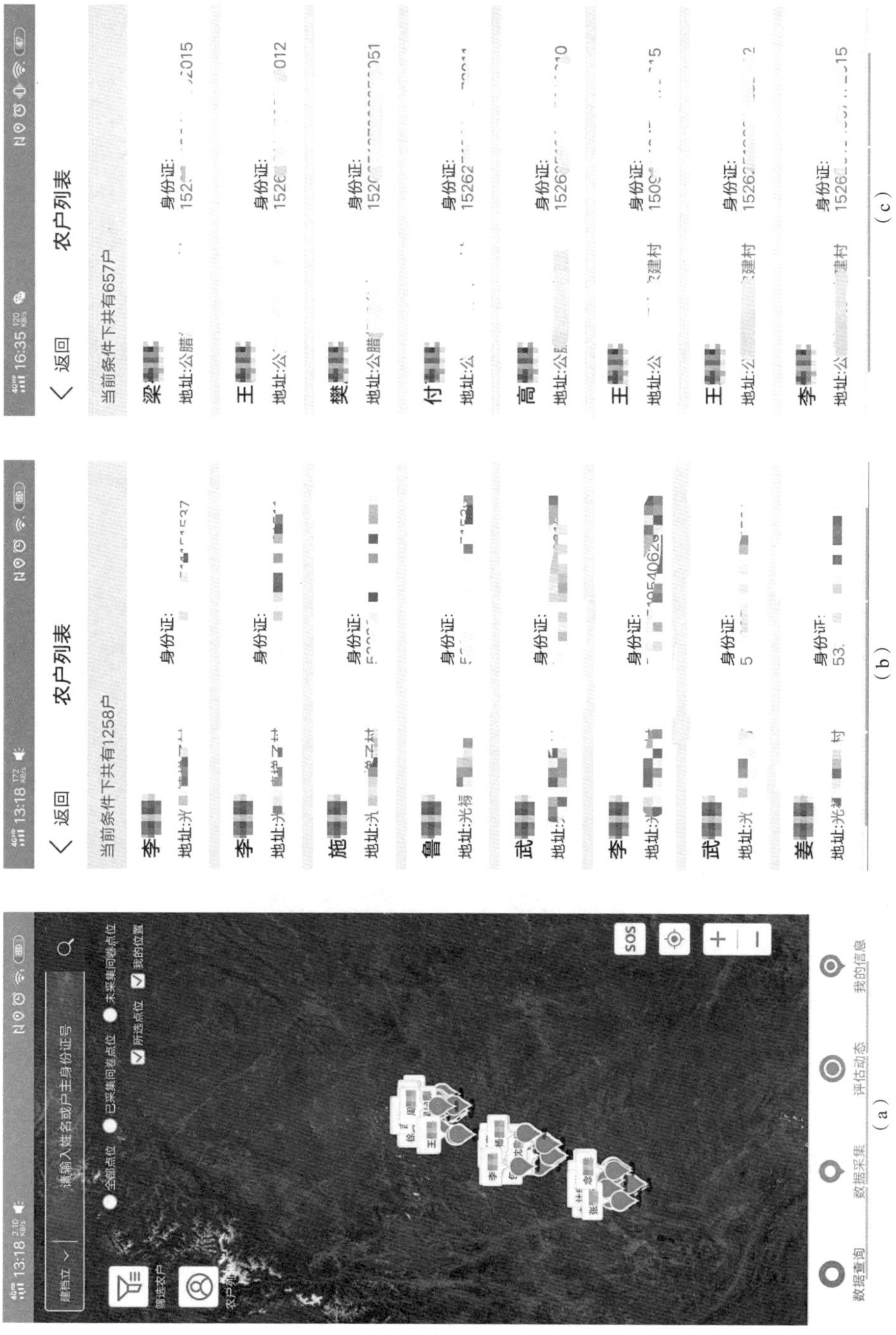
数据查询
数据采集
评估动态
我的信息
筛选农户
农户列表
全部点位
已采集问卷点位
未采集问卷点位
所选点位
我的位置
SOS
（a）
返回
农户列表
当前条件下共有1258户
（b）
返回
农户列表
当前条件下共有657户
（c）

图 6-47　农户列表界面

图 6-48　农户详情界面

三、数据采集功能

1. 问卷与媒体信息采集

调查员进入系统后的选择问卷类型界面如图 6-49 所示。

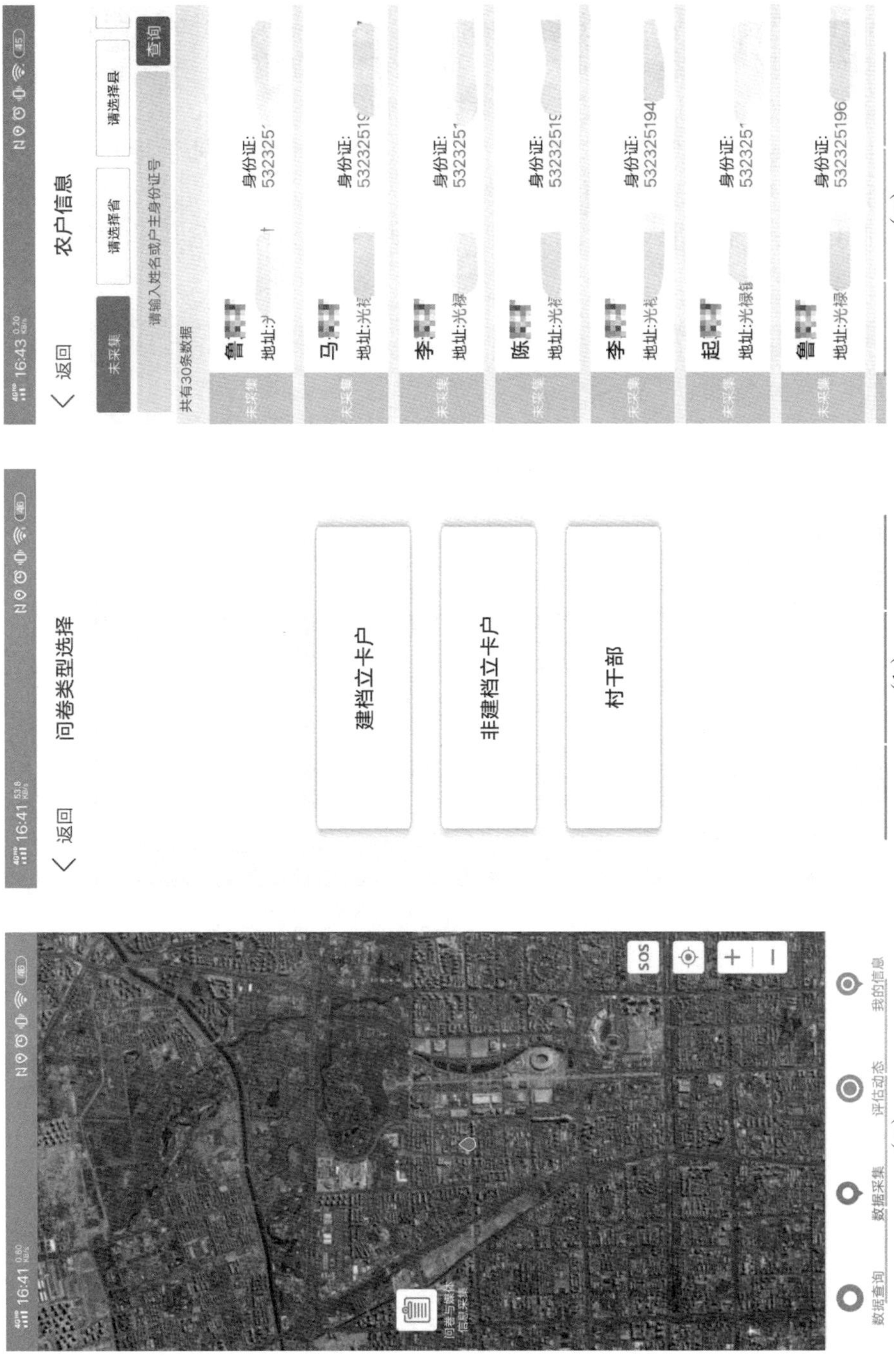

图 6-49　选择问卷类型界面

点击【农户列表】后即可进入“问卷采集”界面，界面如图 6-50 所示。

采集的信息分为五类，即问卷信息、位置信息、照片信息、视频信息、音频信息。点击相应的图标即可采集相应的数据（图 6-50）。

“问卷采集”的使用：在“问卷采集”界面有基本信息、问卷信息和调查员补充材料。其中基本信息与问卷信息为必填项。

点击【问卷信息】进入“问卷信息”采集界面，用于采集问卷信息，如图 6-51 所示。

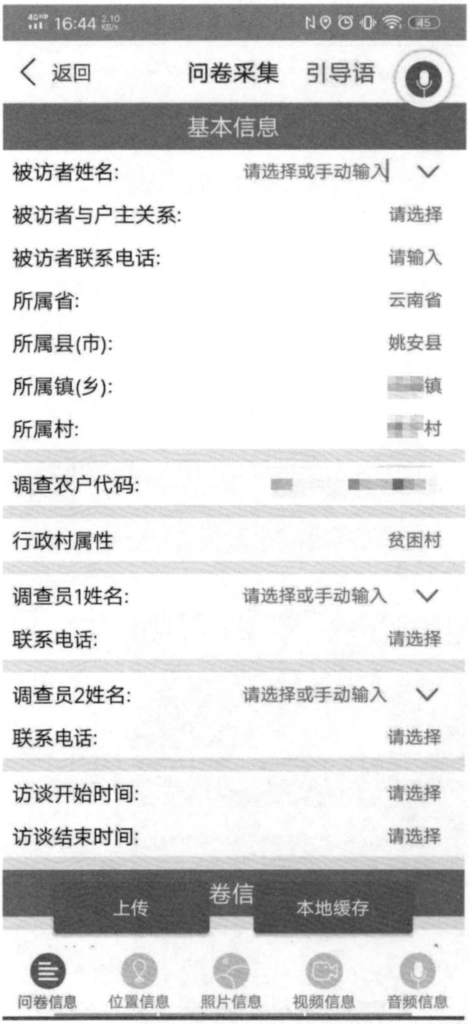

图 6-50　“问卷采集”界面

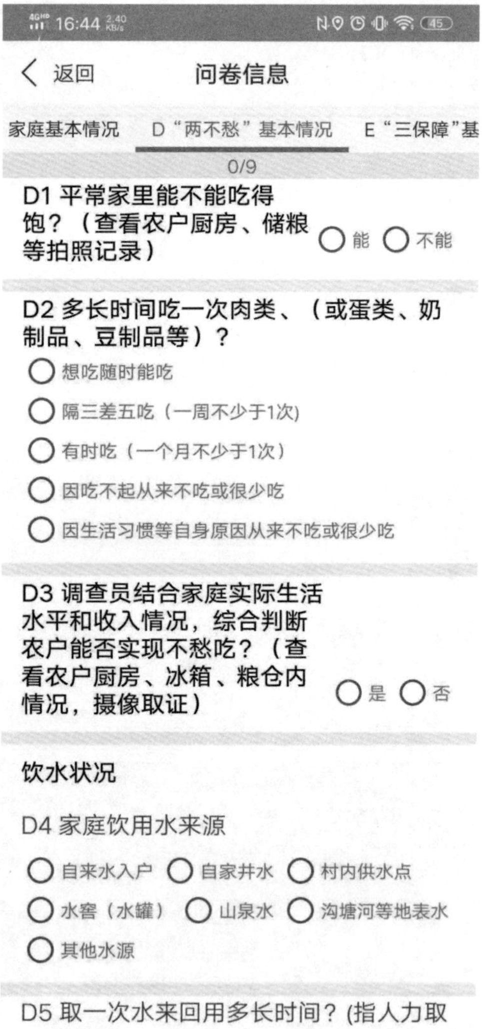

图 6-51　“问卷信息”采集界面

问卷信息分为 B~L 等几个部分如图 6-51 所示。填完每一部分点击上方的标签或左右滑动切换至下一部分问卷。在每部分的问卷上方有填写进度，“/”符号前为已填写的题目数量，“/”符号后面为总题目数量。

问卷全部填写完成后点击左上角的【返回】即可，问卷会自动保存，返回后在主界面点击【上传】会将问卷上传。点击【本地缓存】将问卷缓存至本地文件夹，界面如图 6-52 所示。“位置采集”界面如图 6-53 所示。

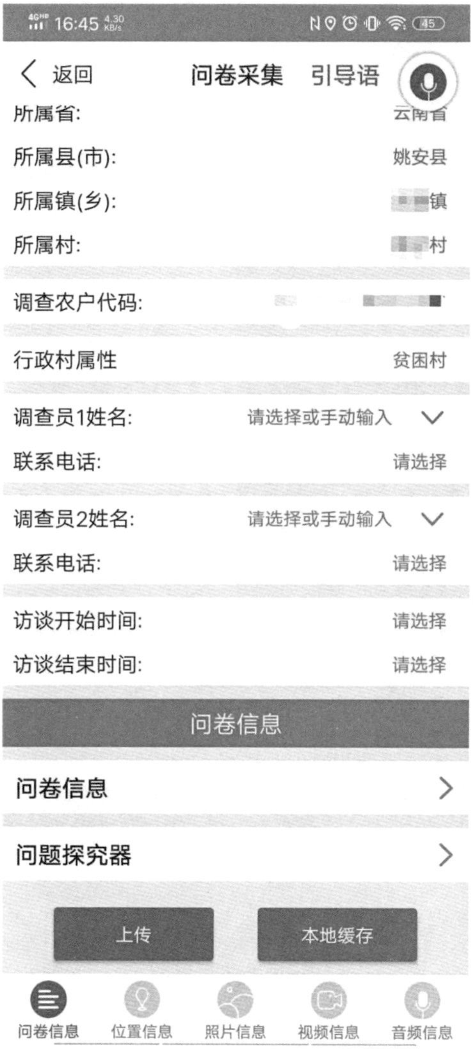

图 6-52　上传或者本地缓存界面

图 6-53　“位置采集”界面

拖动地图即可调整定位点的位置，调整完毕后点击【确认】即可上传位置信息。

“照片采集”界面如图 6-54 所示。点击【+】即可选择已有照片或是新拍摄照片，界面如图 6-55 所示。

图 6-54　“照片采集”界面

图 6-55　“照片采集”选择已有照片或是新拍摄照片界面

点击右上角的【√】即可。

待所有类型的照片选择完毕后，点击下方的【上传】或【本地缓存】即可，点击后注意查看照片的状态。“已上传”表示照片已经上传成功，“已缓存”表示照片还没有上传，只是保存在本地文件夹，如图 6-56 所示。

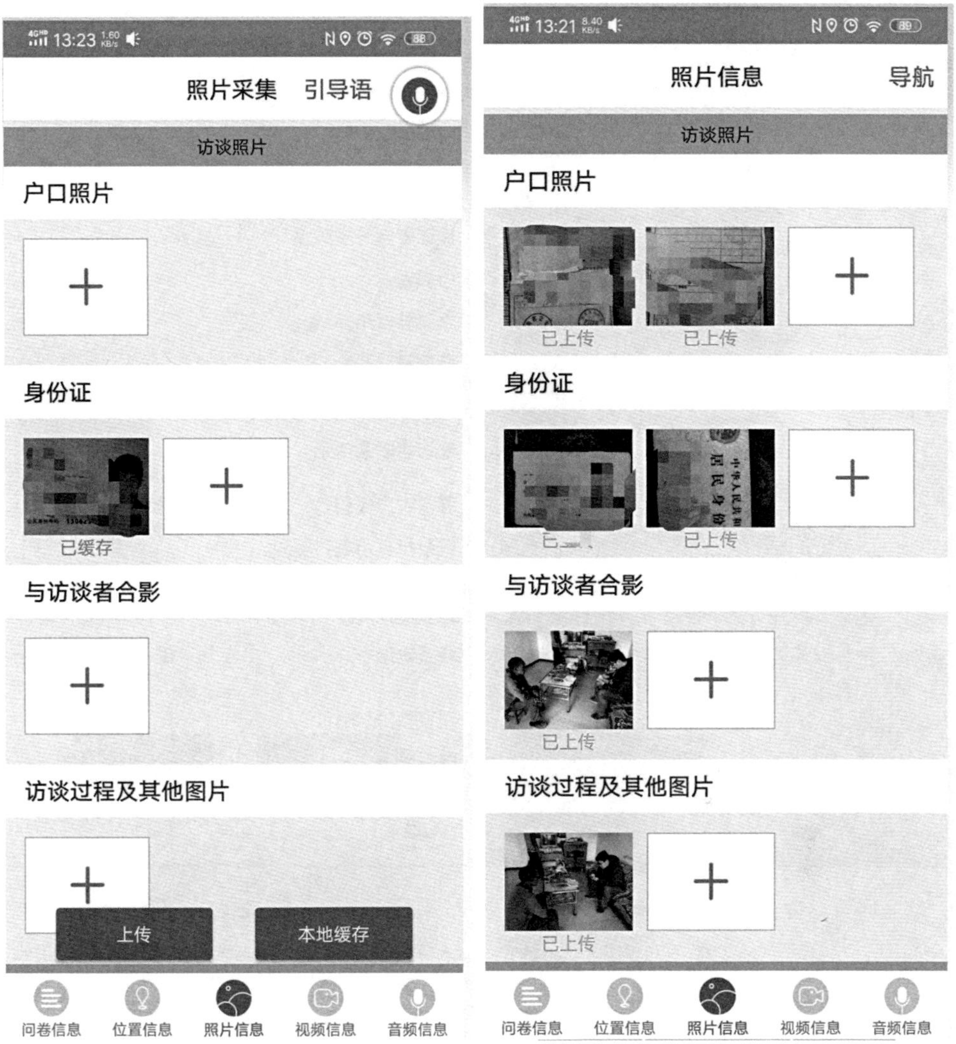

（a）已缓存状态　　（b）已上传状态

图 6-56　照片的状态界面

长按照片即可进行删除。

视频信息与音频信息的采集与照片信息的采集操作相同。

在所有界面的右上角有实时录制按钮。无论采集何种信息都可同时进行音频的录制，音频录制完成后自动加入音频信息列表，如图 6-57 所示。点击开始录音后，出现如图 6-58 所示界面。

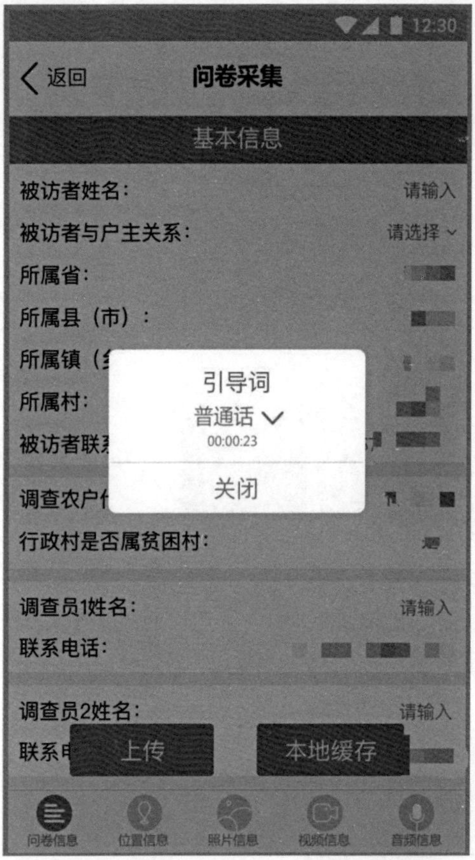

图 6-57　录音界面

图 6-58　录音计时界面

再次点击，界面如图 6-59 所示。上传农户信息后，在“农户列表”中该农户的状态将变为“待审核”，等待审核人员对该问卷进行审核，界面如图 6-60 所示。

如果采集时点击缓存，则变为“已缓存”的状态，此时的问卷并不会被上传至服务器，无法被审核，如图 6-61 所示。

如果有审核人员对该问卷进行审核的话，在该农户前面将显示审核进度。

条状图标标示相应级别的审核结果，包括通过审核、问卷被驳回和该级别还未审核该问卷等几种情形。条状图标对应的级别如图 6-62 所示。

点击被驳回的问卷，即可查看被驳回的题目，并进行相应修改（图 6-63）。

点击【审核意见】，即可看到审核人员的具体意见，如图 6-64 所示。

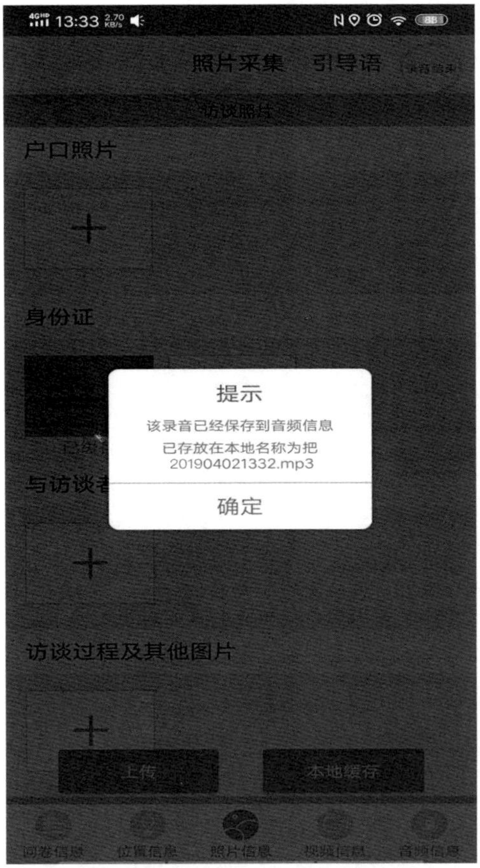

图 6-59　录音保存界面

图 6-60　问卷待审核状态界面

问卷修改完毕后，再次上传，问卷将会再次变为“待审核”状态等待审核人员的审核。直到通过所有审核人员审核，农户问卷显示左侧的四个绿条后，这份问卷才算是已经通过审核，如图 6-65 所示。

在移动端 APP 进行问卷的审核与 PC 端流程一致。

点击待审核的问卷并对问卷有问题的题目进行标注，并点击【审核意见】，然后点击【驳回】即可驳回问卷，点击【通过】即可通过问卷，界面如图 6-66 所示。

2. 空间数据采集

空间数据采集（图 6-67），仅辅助调查员进行实地定位、标注重要地物等，是可选项，既可采集，也可不采集。

选择要采集的类型，以面状数据采集为例（图 6-68）。

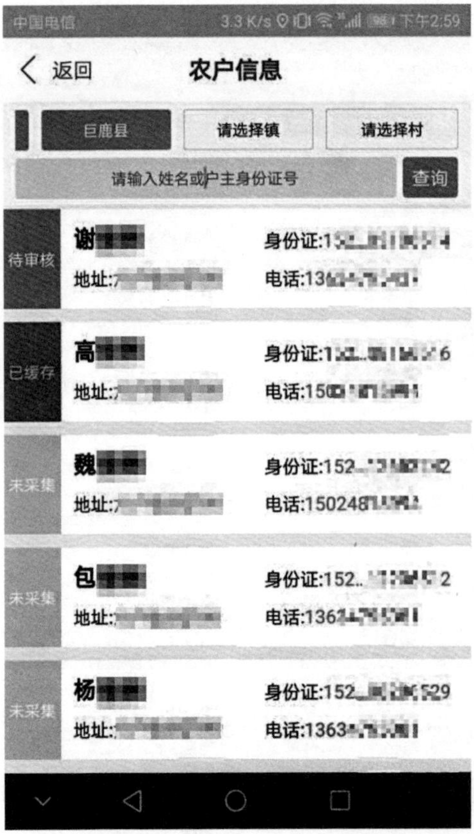

图 6-61　问卷已缓存状态界面

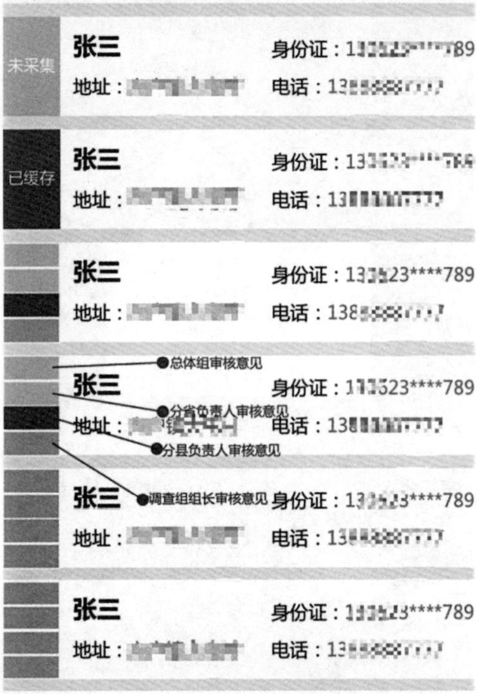

图 6-62　问卷的分级审核状态界面

点击【面数据】并按照提示绘制好区域，点击【完成】按钮，弹出面状数据编辑界面，待编辑好信息后，点击【上传】即可。

四、评估动态功能

“评估动态”界面如图 6-69 所示。

默认显示的点位为用户的实时位置信息。

左边的工具栏包括“农户点位回放”【Ⓢ】、“队员点位回放”【Ⓢ】。

调查员实时位置显示的是用户的实时位置，如果用户将移动端 APP 打开并且开启定位，那么位置将显示在实时位置这里。

图 6-63　被驳回问卷界面

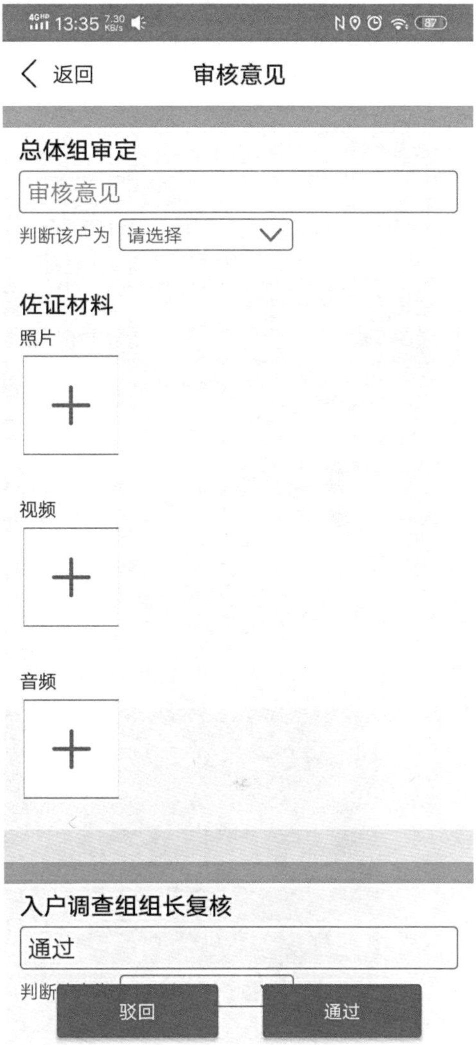

图 6-64　查看审核意见界面

图 6-65　已经通过审核的农户界面

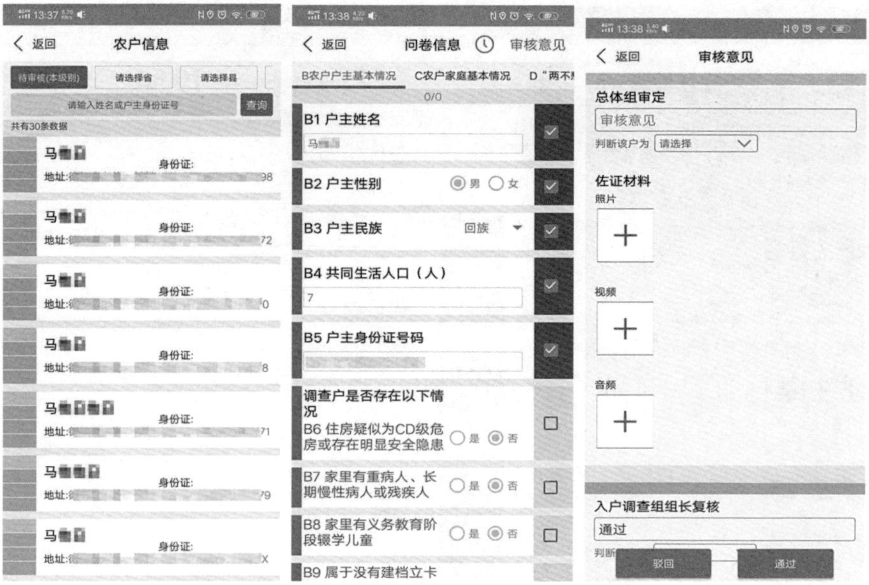

（a）　　（b）　　（c）

图 6-66　驳回与通过选项界面

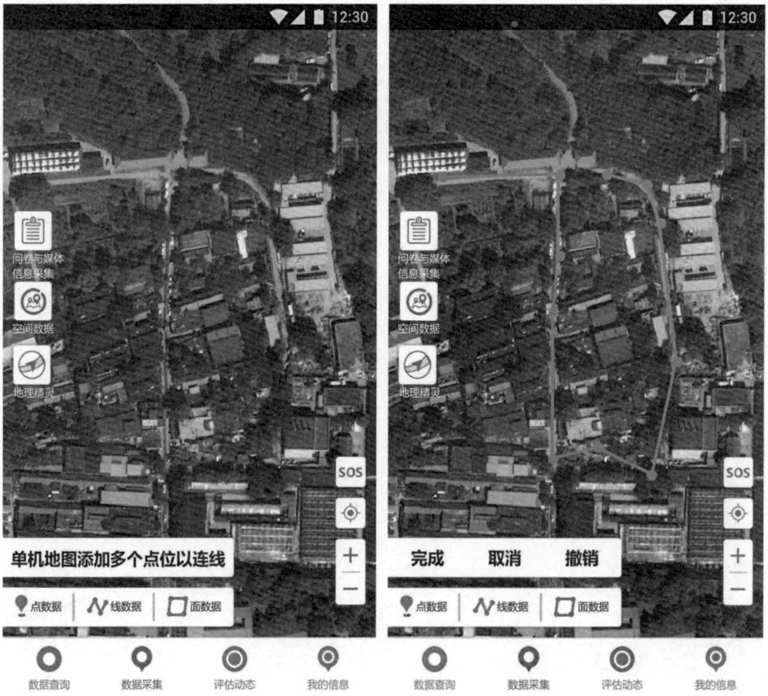

图 6-67　空间数据采集界面

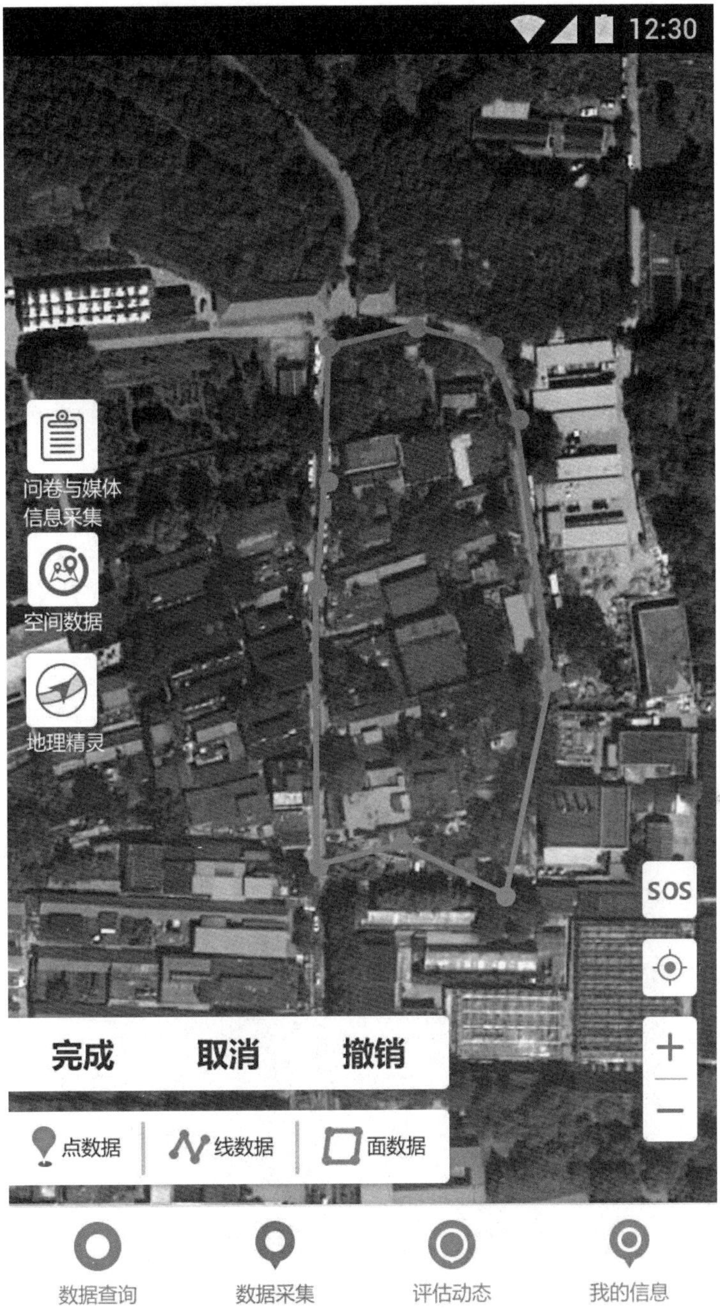

图 6-68　空间面状数据采集界面

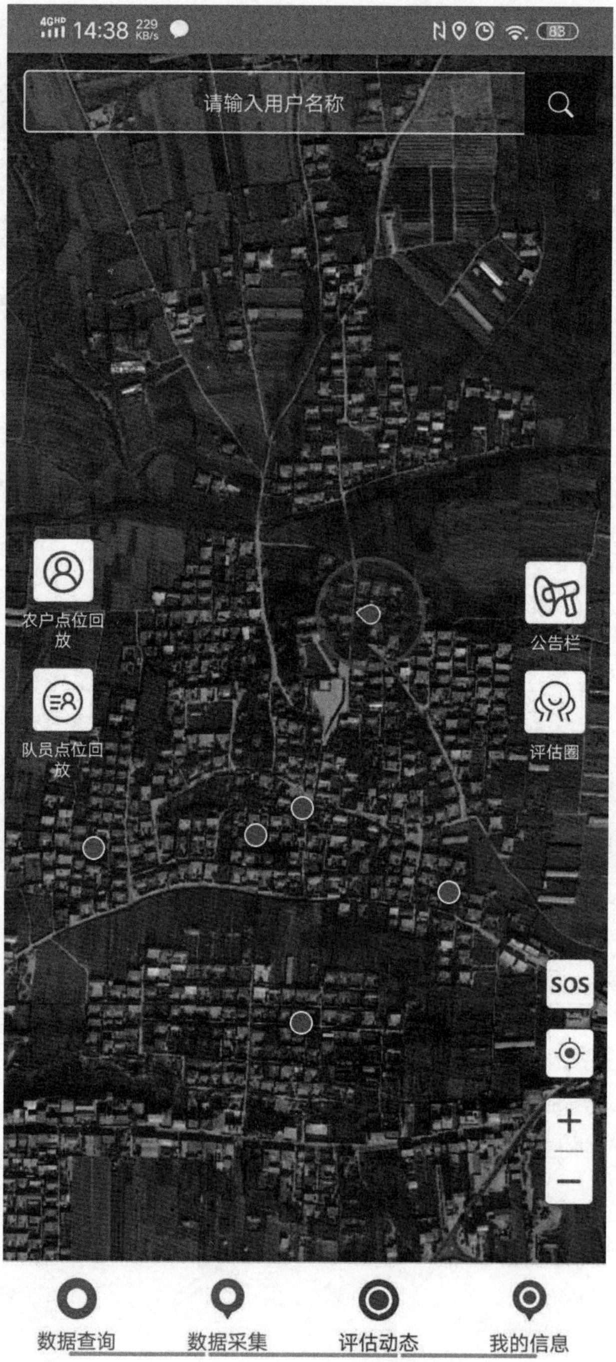

图 6-69　“评估动态”界面

“队员点位回放”是以时间为进度将用户的位置随日期的推进进行显示，如图 6-70 所示。

“农户点位回放”会将农户的位置以日期为推进，逐渐增多显示，如图 6-71 所示。

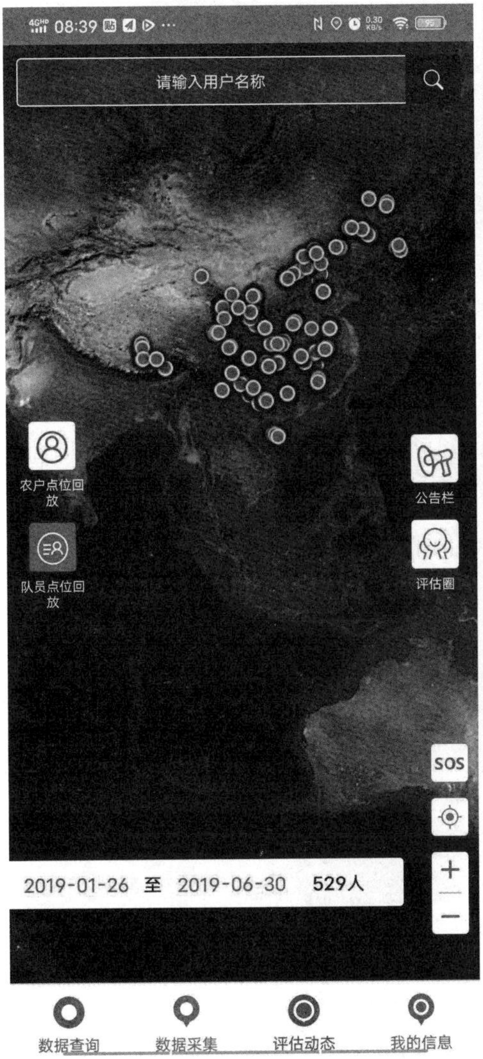

图 6-70　“队员点位回放”界面

图 6-71　“农户点位回放”界面

“公告栏”【】展示的是与精准扶贫相关的新闻动态，界面如图 6-72 所示。

（a）　　（b）

图 6-72　“公告栏”界面

“评估圈”【 】展示的是用户从移动端 APP（“精评通”）上传的一些说明，成为调查员实时联系和交流的工具，类似于微信的朋友圈，可以对相关信息进行评论、标注和点赞，如图 6-73 所示。

点击右上角的【 】，可进入新建页面，如图 6-74 所示。编辑好后点击【发送】即可。在主界面的上端有【我的】和【公开】按钮。点击【公开】可见所有用户发表的说明，点击【我的】可以查看自己发表的内容。界面如图 6-75 所示。

图 6-73　“评估圈”界面

点击图 6-75 中标示的【删除】按钮即可将说明内容删除。

五、“我的信息”功能

“我的信息”功能界面如图 6-76 所示。点击【调查村数据下载】，选择村后，点击右上角的【下载】，即可将建档立卡的数据下载到本地文件夹。界面如图 6-77 所示。

图 6-74 “评估圈”新建页面界面

图 6-75 “评估圈”编辑界面

如果有最新版本的移动端 APP，那么点击【更新 app】后，移动端 APP 将自动更新。

点击【考试成绩】，即可查看自己的考试成绩。界面如图 6-78 所示。

离线采集模式：移动端 APP 提供离线采集模式，在手机无网络的情况下可采取离线采集模式。界面如图 6-79 所示。

图 6-76　“我的信息”界面

图 6-77　调查村数据下载界面

离线采集模式与在线采集模式的采集方式相同，不同的是采集的信息只能缓存到本地文件夹。待有网络后再点击缓存的数据进行上传。

使用离线模式的前提是要在有网络的情况下把“我的信息”里面的调查村数据下载完成，否则调查采集数据的时候将没有“建档立卡”相关数据。

图 6-78　考试成绩证书界面

图 6-79　离线采集模式界面

第四节　注 意 事 项

一、多人采集一户

多人采集一户信息时，不同调查员采集内容不要重复，数据不要重叠。

（1）建档立卡户信息采集。问卷调查员采集的信息与信息采集员采集的信息不能重叠，如问卷调查员采集问卷时，信息采集员要采集音视频、图片等信息，信息采集员不能采集问卷，否则信息采集员上传问卷后将会覆盖问卷调查员的问卷。

（2）非建档立卡户和村干部信息采集。问卷调查员、信息采集员在新建问卷时输入的姓名及身份证号要一致，否则上传数据后将视为不同的农户或村干部问卷。

二、移动端 APP 安装

首次安装移动端 APP（“精评通”）时请选择“我已充分了解该风险，继续安装”，并点击【继续安装】（图 6-80）。

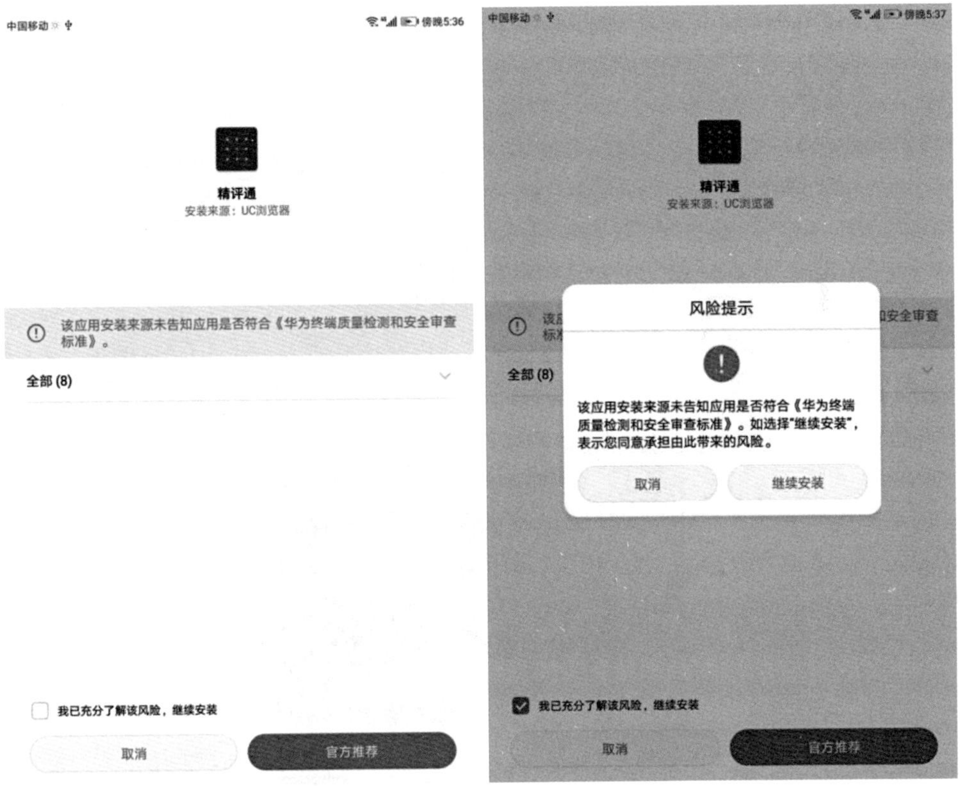

图 6-80　“精评通”安装界面

安装完成后，打开“精评通”，弹出如图 6-81 所示的弹框，全部点击【始终允许】，否则移动端 APP 将不能正常使用。

三、移动端 APP 缓存文件

下载好调查村、调查户数据，以及缓存文件后，请不要用“手机管家”“360 手机卫士”等清理软件清理手机，以避免下载及缓存的文件丢失。

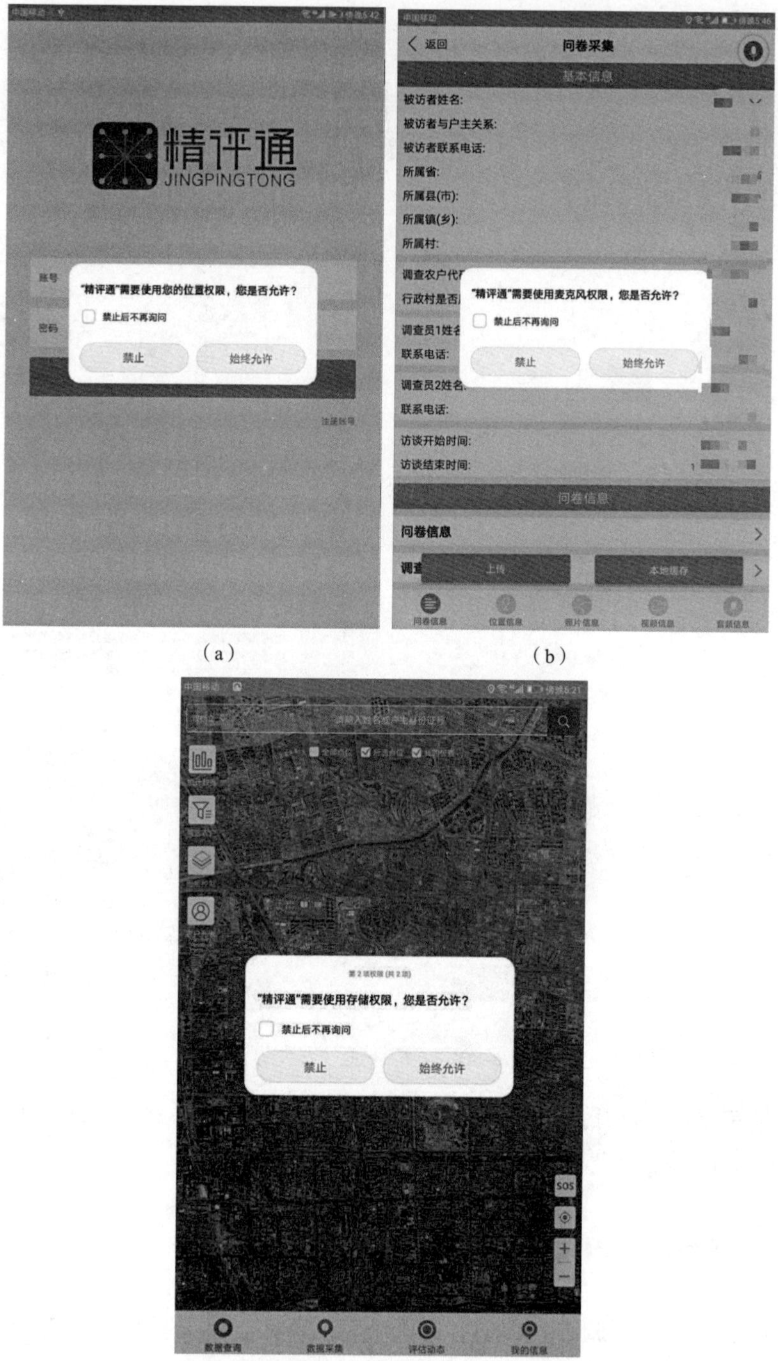

（a）　　　　（b）

（c）

图 6-81　“精评通”安装时允许使用权限界面

附　　录

附录 1　扶贫开发政策文件摘要

一、脱贫攻坚相关政策

1. 脱贫攻坚规划目标与保障措施[①]

1）脱贫目标

到 2020 年，稳定实现现行标准下农村贫困人口不愁吃、不愁穿，义务教育、基本医疗和住房安全有保障（以下称“两不愁、三保障”）。贫困地区农民人均可支配收入比 2010 年翻一番以上，增长幅度高于全国平均水平，基本公共服务主要领域指标接近全国平均水平。确保我国现行标准下农村贫困人口实现脱贫，贫困县全部摘帽，解决区域性整体贫困。

——现行标准下农村建档立卡贫困人口实现脱贫。贫困户有稳定收入来源，人均可支配收入稳定超过国家扶贫标准，实现“两不愁、三保障”。

——建档立卡贫困村有序摘帽。村内基础设施、基本公共服务设施和人居环境明显改善，基本农田和农田水利等设施水平明显提高，特色产业基本形成，集体经济有一定规模，社区管理能力不断增强。

——贫困县全部摘帽。县域内基础设施明显改善，基本公共服务能力和水平进一步提升，全面解决出行难、上学难、就医难等问题，社会保障实现全覆盖，县域经济发展壮大，生态环境有效改善，可持续发展能力不断增强。

农林产业扶贫：优化发展种植业。粮食主产县要大规模建设集中连片、旱涝保收、稳产高产、生态友好的高标准农田，巩固提升粮食生产能力。非粮食主产县要大力调整种植结构，重点发展适合当地气候特点、经济效益好、市场潜力大的品种，建设一批贫困人口参与度高、受益率高的种植基地，大力发展设施农业，

---

① 《国务院关于印发“十三五”脱贫攻坚规划的通知》。

积极支持园艺作物标准化创建。适度发展高附加值的特色种植业。生态退化地区要坚持生态优先，发展低耗水、有利于生态环境恢复的特色作物种植，实现种地养地相结合。

旅游扶贫：因地制宜发展乡村旅游。开展贫困村旅游资源普查和旅游扶贫摸底调查，建立乡村旅游扶贫工程重点村名录。以具备发展乡村旅游条件的 2.26 万个建档立卡贫困村为乡村旅游扶贫重点，推进旅游基础设施建设，实施乡村旅游后备箱工程、旅游基础设施提升工程等一批旅游扶贫重点工程，打造精品旅游线路，推动游客资源共享。安排贫困人口旅游服务能力培训和就业。

电商扶贫：培育电子商务市场主体。将农村电子商务作为精准扶贫的重要载体，把电子商务纳入扶贫开发工作体系，以建档立卡贫困村为工作重点，提升贫困户运用电子商务创业增收的能力。依托农村现有组织资源，积极培育农村电子商务市场主体。

改善农村电子商务发展环境。加强交通、商贸流通、供销合作、邮政等部门及大型电商、快递企业信息网络共享衔接，鼓励多站合一、服务同网。加快推进适应电子商务的农产品质量标准体系和可追溯体系建设以及分等分级、包装运输标准制定和应用。

资产收益扶贫：组织开展资产收益扶贫工作。鼓励和引导贫困户将已确权登记的土地承包经营权入股企业、合作社、家庭农（林）场与新型经营主体形成利益共同体，分享经营收益。积极推进农村集体资产、集体所有的土地等资产资源使用权作价入股，形成集体股权并按比例量化到农村集体经济组织。

科技扶贫：促进科技成果向贫困地区转移转化。组织高等学校、科研院所、企业等开展技术攻关，解决贫困地区产业发展和生态建设关键技术问题。围绕全产业链技术需求，加大贫困地区新品种、新技术、新成果的开发、引进、集成、试验、示范力度，鼓励贫困县建设科技成果转化示范基地，围绕支柱产业转化推广 5 万项以上先进适用技术成果。

转移就业脱贫：加强贫困人口职业技能培训和就业服务，保障转移就业贫困人口合法权益，开展劳务协作，推进就地就近转移就业，促进已就业贫困人口稳定就业和有序实现市民化、有劳动能力和就业意愿未就业贫困人口实现转移就业。

易地搬迁脱贫：组织实施好易地扶贫搬迁工程，确保搬迁群众住房安全得到保障，饮水安全、出行、用电等基本生活条件得到明显改善，享有便利可及的教育、医疗等基本公共服务，迁出区生态环境得到有效治理，确保有劳动能力的贫困家庭后续发展有门路、转移就业有渠道、收入水平不断提高，实现建档立卡搬迁人口搬得出、稳得住、能脱贫。

教育扶贫：以提高贫困人口基本文化素质和贫困家庭劳动力技能为抓手，瞄准教育最薄弱领域，阻断贫困的代际传递。到 2020 年，贫困地区基础教育能力明显增强，职业教育体系更加完善，高等教育服务能力明显提升，教育总体质量显著提高，基本公共教育服务水平接近全国平均水平。

健康扶贫：改善贫困地区医疗卫生机构条件，提升服务能力，缩小区域间卫生资源配置差距，基本医疗保障制度进一步完善，建档立卡贫困人口大病和慢性病得到及时有效救治，就医费用个人负担大幅减轻，重大传染病和地方病得到有效控制，基本公共卫生服务实现均等化，因病致贫返贫问题得到有效解决。

生态保护扶贫：处理好生态保护与扶贫开发的关系，加强贫困地区生态环境保护与治理修复，提升贫困地区可持续发展能力。逐步扩大对贫困地区和贫困人口的生态保护补偿，增设生态公益岗位，使贫困人口通过参与生态保护实现就业脱贫。

兜底保障：统筹社会救助体系，促进扶贫开发与社会保障有效衔接，完善农村低保、特困人员救助供养等社会救助制度，健全农村“三留守”人员和残疾人关爱服务体系，实现社会保障兜底。

社会扶贫：发挥东西部扶贫协作和中央单位定点帮扶的引领示范作用，凝聚国际、国内社会各方面力量，进一步提升贫困人口帮扶精准度和帮扶效果，形成脱贫攻坚强大合力。

2）保障措施

财政政策。中央财政继续加大对贫困地区的转移支付力度，中央财政专项扶贫资金规模实现较大幅度增长，一般性转移支付资金、各类涉及民生的专项转移支付资金和中央预算内投资进一步向贫困地区和贫困人口倾斜。

投资政策。加大贫困地区基础设施建设中央投资支持力度。严格落实国家在贫困地区安排的公益性建设项目取消县级和西部集中连片特困地区地市级配套资金的政策。省级政府统筹可支配财力，加大对贫困地区的投入力度。在扶贫开发中推广政府与社会资本合作、政府购买服务等模式。

金融政策。鼓励和引导各类金融机构加大对扶贫开发的金融支持。发挥多种货币政策工具正向激励作用，用好扶贫再贷款，引导金融机构扩大贫困地区涉农贷款投放，促进降低社会融资成本。

土地政策。支持贫困地区根据第二次全国土地调查及最新年度变更调查成果，调整完善土地利用总体规划。新增建设用地计划指标优先保障扶贫开发用地需要，专项安排国家扶贫开发工作重点县年度新增建设用地计划指标。中央在安排高标准农田建设任务和分配中央补助资金时，继续向贫困地区倾斜，并积极指导地方支持贫困地区土地整治和高标准农田建设。加大城乡建设用地增减挂钩政策支持扶贫开发及易地扶贫搬迁力度，允许集中连片特困地区和其他国家扶贫开发工作重点县将增减挂钩节余指标在省域范围内流转使用。积极探索市场化运作模式，吸引社会资金参与土地整治和扶贫开发工作。在有条件的贫困地区，优先安排国土资源管理制度改革试点，支持开展历史遗留工矿废弃地复垦利用和城镇低效用地再开发试点。

干部人才政策。加大选派优秀年轻干部到贫困地区工作的力度，加大中央单位和中西部地区、民族地区、贫困地区之间干部交流任职的力度，有计划地选派后备干部到贫困县挂职任职。

2. 做好农村最低生活保障制度与扶贫开发政策有效衔接的基本原则、主要目标与重点任务①

1）基本原则

坚持应扶尽扶。精准识别农村贫困人口，将符合条件的农村低保对象全部纳入建档立卡范围，给予政策扶持，帮助其脱贫增收。

坚持应保尽保。健全农村低保制度，完善农村低保对象认定办法，加强农村低保家庭经济状况核查，及时将符合条件的建档立卡贫困户全部纳入农村低保范围，保障其基本生活。

坚持动态管理。做好农村低保对象和建档立卡贫困人口定期核查，建立精准台账，实现应进则进、应退则退。建立健全严格、规范、透明的贫困户脱贫和低保退出标准、程序、核查办法。

坚持资源统筹。统筹各类救助、扶贫资源，将政府兜底保障与扶贫开发政策相结合，形成脱贫攻坚合力，实现对农村贫困人口的全面扶持。

2）主要目标

通过农村低保制度与扶贫开发政策的有效衔接，形成政策合力，对符合低保标准的农村贫困人口实行政策性保障兜底，确保到 2020 年现行扶贫标准下农村贫困人口全部脱贫。

3）重点任务

加强政策衔接。在坚持依法行政、保持政策连续性的基础上，着力加强农村低保制度与扶贫开发政策衔接。对符合农村低保条件的建档立卡贫困户，按规定程序纳入低保范围，并按照家庭人均收入低于当地低保标准的差额发给低保金。对符合扶贫条件的农村低保家庭，按规定程序纳入建档立卡范围，并针对不同致贫原因予以精准帮扶。对返贫的家庭，按规定程序审核后，相应纳入临时救助、医疗救助、农村低保等社会救助制度和建档立卡贫困户扶贫开发政策覆盖范围。对不在建档立卡范围内的农村低保家庭、特困人员，各地统筹使用相关扶贫开发政策。

---

① 《国务院办公厅转发民政部等部门关于做好农村最低生活保障制度与扶贫开发政策有效衔接指导意见的通知》。

加强对象衔接。县级民政、扶贫等部门和残联要密切配合，加强农村低保和扶贫开发在对象认定上的衔接。完善农村低保家庭贫困状况评估指标体系，以家庭收入、财产作为主要指标，根据地方实际情况适当考虑家庭成员因残疾、患重病等增加的刚性支出因素，综合评估家庭贫困程度。进一步完善农村低保和建档立卡贫困家庭经济状况核查机制，明确核算范围和计算方法。对参与扶贫开发项目实现就业的农村低保家庭，在核算其家庭收入时，可以扣减必要的就业成本，具体扣减办法由各地根据实际情况研究制定。“十三五”期间，在农村低保和扶贫对象认定时，中央确定的农村居民基本养老保险基础养老金暂不计入家庭收入。

加强标准衔接。各地要加大省级统筹工作力度，制定农村低保标准动态调整方案，确保所有地方农村低保标准逐步达到国家扶贫标准。农村低保标准低于国家扶贫标准的地方，要按照国家扶贫标准综合确定农村低保的最低指导标准。农村低保标准已经达到国家扶贫标准的地方，要按照动态调整机制科学调整。进一步完善农村低保标准与物价上涨挂钩的联动机制，确保困难群众不因物价上涨影响基本生活。各地农村低保标准调整后应及时向社会公布，接受社会监督。

加强管理衔接。对农村低保对象和建档立卡贫困人口实施动态管理。乡镇人民政府（街道办事处）要会同村（居）民委员会定期、不定期开展走访调查，及时掌握农村低保家庭、特困人员和建档立卡贫困家庭人口、收入、财产变化情况，并及时上报县级民政、扶贫部门。县级民政部门要将农村低保对象、特困人员名单提供给同级扶贫部门；县级扶贫部门要将建档立卡贫困人口名单和脱贫农村低保对象名单、脱贫家庭人均收入等情况及时提供给同级民政部门。健全信息公开机制，乡镇人民政府（街道办事处）要将农村低保和扶贫开发情况纳入政府信息公开范围，将建档立卡贫困人口和农村低保对象、特困人员名单在其居住地公示，接受社会和群众监督。

3. 中国农村专项扶贫[①]

（1）易地扶贫搬迁。

（2）整村推进。

（3）以工代赈。

（4）产业扶贫。

（5）就业促进。

（6）扶贫试点。

（7）革命老区建设。

---

① 《中共中央　国务院印发〈中国农村扶贫开发纲要（2011—2020年）〉》。

行业扶贫。各行业部门要把改善贫困地区发展环境和条件作为本行业发展规划的重要内容，在资金、项目等方面向贫困地区倾斜，并完成本行业国家确定的扶贫任务。发展特色产业、开展科技扶贫、完善基础设施、发展教育文化事业、改善公共卫生和人口服务管理、完善社会保障制度、重视能源和生态环境建设。

社会扶贫。加强定点扶贫、推进东西部扶贫协作、发挥军队和武警部队的作用、动员企业和社会各界参与扶贫。

财税支持。中央和地方财政逐步增加扶贫开发投入。中央财政扶贫资金的新增部分主要用于连片特困地区。加大中央和省级财政对贫困地区的一般性转移支付力度。加大中央集中彩票公益金支持扶贫开发事业的力度。对贫困地区属于国家鼓励发展的内外资投资项目和中西部地区外商投资优势产业项目，进口国内不能生产的自用设备，以及按照合同随设备进口的技术及配件、备件，在规定范围内免征关税。企业用于扶贫事业的捐赠，符合税法规定条件的，可按规定在所得税税前扣除。

重点群体。把对少数民族、妇女儿童和残疾人的扶贫开发纳入规划，统一组织，同步实施，同等条件下优先安排，加大支持力度。继续开展兴边富民行动，帮助人口较少民族脱贫致富。推动贫困家庭妇女积极参与全国妇女“双学双比”活动，关注留守妇女和儿童的贫困问题。制定实施农村残疾人扶贫开发纲要（2011—2020年），提高农村残疾人生存和发展能力。

4. 贫困退出机制基本原则、标准和程序[①]

1）基本原则

——坚持实事求是。对稳定达到脱贫标准的要及时退出，新增贫困人口或返贫人口要及时纳入扶贫范围。注重脱贫质量，坚决防止虚假脱贫，确保贫困退出反映客观实际、经得起检验。

——坚持分级负责。实行中央统筹、省（自治区、直辖市）负总责、市（地）县抓落实的工作机制。国务院扶贫开发领导小组制定统一的退出标准和程序，负责督促指导、抽查核查、评估考核、备案登记等工作。省（自治区、直辖市）制定本地脱贫规划、年度计划和实施办法，抓好组织实施和监督检查。市（地）县汇总数据，甄别情况，具体落实，确保贫困退出工作有序推进。

——坚持规范操作。严格执行退出标准、规范工作流程，切实做到程序公开、数据准确、档案完整、结果公正。贫困人口退出必须实行民主评议，贫困村、贫困县退出必须进行审核审查，退出结果公示公告，让群众参与评价，做到全程透明。强化监督检查，开展第三方评估，确保脱贫结果真实可信。

---

① 《关于建立贫困退出机制的意见》。

——坚持正向激励。贫困人口、贫困村、贫困县退出后，在一定时期内国家原有扶贫政策保持不变，支持力度不减，留出缓冲期，确保实现稳定脱贫。对提前退出的贫困县，各省（自治区、直辖市）可制定相应奖励政策，鼓励脱贫摘帽。

2）退出标准和程序

（一）贫困人口退出。贫困人口退出以户为单位，主要衡量标准是该户年人均纯收入稳定超过国家扶贫标准且吃穿不愁，义务教育、基本医疗、住房安全有保障。

贫困户退出，由村两委组织民主评议后提出，经村两委和驻村工作队核实、拟退出贫困户认可，在村内公示无异议后，公告退出，并在建档立卡贫困人口中销号。

（二）贫困村退出。贫困村退出以贫困发生率为主要衡量标准，统筹考虑村内基础设施、基本公共服务、产业发展、集体经济收入等综合因素。原则上贫困村贫困发生率降至2%以下（西部地区降至3%以下），在乡（镇）内公示无异议后，公告退出。

（三）贫困县退出。贫困县包括国家扶贫开发工作重点县和集中连片特困地区县。贫困县退出以贫困发生率为主要衡量标准。原则上贫困县贫困发生率降至2%以下（西部地区降至3%以下），由县级扶贫开发领导小组提出退出，市级扶贫开发领导小组初审，省级扶贫开发领导小组核查，确定退出名单后向社会公示征求意见。公示无异议的，由各省（自治区、直辖市）扶贫开发领导小组审定后向国务院扶贫开发领导小组报告。

国务院扶贫开发领导小组组织中央和国家机关有关部门及相关力量对地方退出情况进行专项评估检查。对不符合条件或未完整履行退出程序的，责成相关地方进行核查处理。对符合退出条件的贫困县，由省级政府正式批准退出。

5. 扶贫小额信贷[①]

1）坚持精准扶贫，坚持依法合规

扶贫小额信贷是为建档立卡贫困户量身定制的金融精准扶贫产品，其政策要点是“5万元以下、3年期以内、免担保免抵押、基准利率放贷、财政贴息、县建风险补偿金”。扶贫小额信贷要始终精确瞄准建档立卡贫困户，各银行业金融机构要加大对信用良好、有贷款意愿、有就业创业潜质、技能素质和一定还款能力的建档立卡贫困户支持力度。对已经脱贫的建档立卡贫困户，在脱贫攻坚期内保持扶贫小额信贷支持政策不变，力度不减。各地扶贫部门要加强对扶贫小额信贷和

① 《关于促进扶贫小额信贷健康发展的通知》。

贴息对象的审查，在县乡村三级公告公示，防止非建档立卡贫困户“搭便车”。要将信用水平和还款能力作为发放扶贫小额信贷的主要参考标准，发放过程要符合法律法规和信贷管理规定，借款合同要明确贷款资金用途，坚持户借、户还，切实防范冒名借款、违规用款等问题。

2）坚持发展生产，推动长期受益

各银行业金融机构要将扶贫小额信贷精准用于贫困户发展生产或能有效带动贫困户致富脱贫的特色优势产业，不能用于建房、理财、购置家庭用品等非生产性支出，更不能将扶贫小额信贷打包用于政府融资平台、房地产开发、基础设施建设等。各银行业金融机构在探索将扶贫小额信贷资金用于有效带动贫困户致富脱贫的特色优势产业过程中，必须坚持贫困户自愿和贫困户参与两项基本原则，使贫困户融入产业发展并长期受益，提高贫困户脱贫内生发展动力。

3）完善补偿机制，加强风险管理

各地财政和扶贫部门要积极推动建立和完善风险补偿和分担机制。风险补偿金要按规定及时拨付到位，专款专存、专款专用、封闭运行。科学合理确定风险补偿金放大贷款倍数，明确政府与银行业金融机构风险分担比例，不得将风险补偿金混同为担保金使用。鼓励开展农业保险保单质押贷款等银保合作模式试点。

积极稳步推进扶贫小额信贷服务创新，加强贷款风险管理。一是加强贷款管理。对于贫困户参与的扶贫产业项目，要做到对建档立卡贫困户和产业项目双调查。定期对借款人生活和产业经营情况进行监测分析，建立资金监管机制和跟踪监督机制，对可能影响贷款安全的不利情形要及时采取针对性措施。二是稳妥办理无还本续贷业务。对于贷款到期仍有用款需求的贫困户，支持银行业金融机构提前介入贷款调查和评审，脱贫攻坚期内，在风险可控的前提下，可以无须偿还本金，办理续贷业务。三是区别对待逾期和不良贷款。对确因非主观因素不能到期偿还贷款的贫困户，帮助贫困户协调办理贷款展期。对通过追加贷款能够帮助渡过难关的，应予追加贷款扶持，避免因债返贫。贷款追加后，单户扶贫小额信贷不能超过 5 万元。对确已发生的贷款损失，要按规定及时启动风险补偿机制，按约定比例分担损失。四是适当提高不良贷款容忍度。对于银行业金融机构扶贫小额信贷不良率高出自身各项贷款不良率年度目标 2 个百分点以内的，可以不作为监管部门监管评价和银行内部考核评价的扣分因素。五是加快完善尽职免责制度。明确扶贫小额信贷发放过程中的尽职要求，强化正面导向，积极调动银行业金融机构投放扶贫小额信贷的积极性，同时也要加强对不尽责、失职行为的责任追究，切实防范道德风险。

6. 脱贫攻坚责任制实施办法[①]

脱贫攻坚按照中央统筹、省负总责、市县抓落实的工作机制，构建责任清晰、各负其责、合力攻坚的责任体系。

1）中央统筹

党中央、国务院主要负责统筹制定脱贫攻坚大政方针，出台重大政策举措，完善体制机制，规划重大工程项目，协调全局性重大问题、全国性共性问题。

国务院扶贫开发领导小组负责全国脱贫攻坚的综合协调，建立健全扶贫成效考核、贫困县约束、督查巡查、贫困退出等工作机制，组织实施对省级党委和政府扶贫开发工作成效考核，组织开展脱贫攻坚督查巡查和第三方评估，有关情况向党中央、国务院报告。

国务院扶贫开发领导小组建设精准扶贫精准脱贫大数据平台，建立部门间信息互联共享机制，完善农村贫困统计监测体系。

有关中央和国家机关按照工作职责，运用行业资源落实脱贫攻坚责任，按照《贯彻实施〈中共中央、国务院关于打赢脱贫攻坚战的决定〉重要政策措施分工方案》要求制定配套政策并组织实施。

中央纪委机关对脱贫攻坚进行监督执纪问责，最高人民检察院对扶贫领域职务犯罪进行集中整治和预防，审计署对脱贫攻坚政策落实和资金重点项目进行跟踪审计。

2）省负总责

省级党委和政府对本地区脱贫攻坚工作负总责，并确保责任制层层落实；全面贯彻党中央、国务院关于脱贫攻坚的大政方针和决策部署，结合本地区实际制定政策措施，根据脱贫目标任务制定省级脱贫攻坚滚动规划和年度计划并组织实施。省级党委和政府主要负责人向中央签署脱贫责任书，每年向中央报告扶贫脱贫进展情况。

省级党委和政府应当调整财政支出结构，建立扶贫资金增长机制，明确省级扶贫开发投融资主体，确保扶贫投入力度与脱贫攻坚任务相适应；统筹使用扶贫协作、对口支援、定点扶贫等资源，广泛动员社会力量参与脱贫攻坚。

省级党委和政府加强对扶贫资金分配使用、项目实施管理的检查监督和审计，及时纠正和处理扶贫领域违纪违规问题。

省级党委和政府加强对贫困县的管理，组织落实贫困县考核机制、约束机制、退出机制；保持贫困县党政正职稳定，做到不脱贫不调整、不摘帽不调离。

---

① 《中共中央办公厅　国务院办公厅印发〈脱贫攻坚责任制实施办法〉》。

3）市县落实

市级党委和政府负责协调域内跨县扶贫项目，对项目实施、资金使用和管理、脱贫目标任务完成等工作进行督促、检查和监督。

县级党委和政府承担脱贫攻坚主体责任，负责制定脱贫攻坚实施规划，优化配置各类资源要素，组织落实各项政策措施，县级党委和政府主要负责人是第一责任人。

县级党委和政府应当指导乡、村组织实施贫困村、贫困人口建档立卡和退出工作，对贫困村、贫困人口精准识别和精准退出情况进行检查考核。

县级党委和政府应当制定乡、村落实精准扶贫精准脱贫的指导意见并监督实施，因地制宜，分类指导，保证贫困退出的真实性、有效性。

县级党委和政府应当指导乡、村加强政策宣传，充分调动贫困群众的主动性和创造性，把脱贫攻坚政策措施落实到村到户到人。

县级党委和政府应当坚持抓党建促脱贫攻坚，强化贫困村基层党组织建设，选优配强和稳定基层干部队伍。

县级政府应当建立扶贫项目库，整合财政涉农资金，建立健全扶贫资金项目信息公开制度，对扶贫资金管理监督负首要责任。

二、扶贫开发工作机制

1. 精准扶贫十大工程

（1）干部驻村帮扶。

（2）职业教育培训。

（3）扶贫小额信贷。

（4）易地扶贫搬迁。

（5）电商扶贫。

（6）旅游扶贫。

（7）光伏扶贫。

（8）构树扶贫。

（9）致富带头人创业培训。

（10）龙头企业带动。

2. 十项重点工作的主要内容

（1）村级道路畅通。

（2）饮水安全。

（3）农村电力保障。
（4）危房改造。
（5）特色产业增收。
（6）乡村旅游扶贫。
（7）教育扶贫。
（8）卫生和计划生育（健康扶贫）。
（9）文化建设。
（10）贫困村信息化。

3. 雨露计划

含义：通过技能培训扶持和帮助贫困人口增加就业发展机会与提高劳动收入的专项扶贫措施。

背景：为进一步提高贫困人口素质，增加贫困人口收入，加快扶贫开发和贫困地区社会主义新农村建设、构建和谐社会的步伐，国务院扶贫办决定在贫困地区实施“雨露计划”。

目的和意义：扶贫开发多年的实践证明，通过扶持、引导和培训，提高贫困人口素质，增强其就业和创业能力，把人口压力转化为资源优势，是加快贫困农民脱贫致富步伐的有效途径。作为新阶段扶贫开发工作的重要内容之一，“雨露计划”以政府主导、社会参与为特色，以提高素质、增强就业和创业能力为宗旨，以中职（中技）学历职业教育、劳动力转移培训、创业培训、农业实用技术培训、政策业务培训为手段，以促成转移就业、自主创业为途径，帮助贫困地区青壮年农民解决在就业、创业中遇到的实际困难，最终达到发展生产、增加收入，最终促进贫困地区经济发展。“雨露计划”的全面实施，标志着我国的扶贫开发工作由以自然资源开发为主阶段，发展到自然资源开发与人力资源开发并举的新阶段。

补助对象：建档立卡贫困户。

当前，“雨露计划”的对象主要包括：一是扶贫工作建档立卡的青壮年农民（16~45岁）；二是贫困户中的复员退伍士兵（含技术军士）；三是扶贫开发工作重点村的村干部和能帮助带动贫困户脱贫的致富骨干；四是建档立卡贫困子女参加中等职业教育（全日制普通中专、成人中专、职业高中、技工院校）和高等职业教育（全日制普通大专、高职院校、技师学院等）的。

4. 精准扶贫脱贫的基本方略：六个精准和五个一批

（1）六个精准[①]：扶贫对象精准、项目安排精准、资金使用精准、措施到户

① 汪三贵. “六个精准”决胜扶贫攻坚. 时事报告，2015，（11）：28-29.

精准、因村派人精准、脱贫成效精准。

精准扶贫,其最基本的含义是扶贫政策和措施要针对真正的贫困家庭和人口,通过对贫困人口进行有针对性的帮扶,从根本上消除导致贫困的各种因素和障碍,达到可持续脱贫的目的。

扶贫对象精准，就是要通过建档立卡的方式将真正的贫困人口准确识别出来。目前，我国扶贫对象的识别工作中还存在一些问题：一是基层按民主评议的方式识别出的贫困人口与国家统计局按收入和消费支出估计的贫困人口有脱节的情况；二是部分地区在建档立卡过程中存在明显的造假行为。在接下来的扶贫工作中，必须改善精准识别和建档立卡工作。从国家层面来说，需要进一步转变贫困人口的估计指标，要从单纯依靠收入和消费指标评估转变为依靠包括收入、消费、资产、健康、教育、环境等多维贫困指标进行综合评估，使贫困人口的估计情况尽可能地符合贫困地区的实际状况。从基层民主评议的角度来看，必须更加重视收入和消费因素，同时要用严格的否决性指标来排除不合格的人群（如财政供养人口、企业主、有商品住房的家庭等），大幅度降低人为操控评估的可能性。

项目安排精准，就是要因户因人制宜，根据贫困户和贫困人口的实际需要进行有针对性的项目帮扶，在找准每个贫困家庭致贫原因的基础上进行有针对性的项目安排。全国建档立卡数据统计发现，疾病、缺资金、缺技术、缺劳力是主要的致贫原因。而且多数贫困户的致贫原因不止一个，是多个致贫因素综合作用的结果。因此，扶贫项目也必须是综合的，并且要长期和短期帮扶措施结合。例如，在重视贫困农户的产业发展和创收的同时，重点解决儿童的营养、健康和教育问题，阻断贫困的代际传递。

资金使用精准，就是要保证到户项目有资金支持，资金跟着精准扶贫的项目走。这就需要改革扶贫资金管理体制，并进一步加强资金的整合力度。要满足千差万别的扶贫到户的需要，就必须给予对贫困户情况更了解的地方政府在资金使用上更多的自主权。例如，扶贫资金的管理应该进一步下放到县级政府，扶贫项目和扶贫方式由县、乡（镇）政府根据实际情况自主确定。中央和省级政府负责监督、检查、考核和评估，重点放在扶贫的实际效果和资金是否滥用等方面。根据国务院扶贫办的统计，已有 80% 的专项扶贫资金管理权下放到县一级，但其他行业部门的资金管理方式变化不大，只有进一步下放资金管理权，才有可能做到扶贫资金的基层整合，提高资金使用的针对性和效果。

措施到户精准，就是要解决扶贫项目到不了户或到户效率差的问题。以往的扶贫项目不能到户的主要原因是扶贫项目和投资缺乏有效的到户机制。例如，贫困户由于缺乏商品化的产业而普遍没有利用基础设施（如道路）来提高收入的能力；一些到户项目（如水窖、沼气）因为贫困户负担不起配套资金而不能平等参与；扶贫移民搬迁中，有的贫困户会因为负担不起搬迁成本而出现“搬富不搬穷”的问题；金融扶贫中贫困户由于没有抵押和担保而经常被排除在外，难以获得贷款用于创收活动。因此，地方政府需要重点探索和建立贫困户的受益机制。在产业发展和创收方面，重点探索如何将贫困户纳入现代产业链，解决贫困农户经常面临的技术、资金、市场等方面的困难。例如，采用“公司+合作社+贫困户”的产业组织模式，利用资产收益扶贫的模式来支持建档立卡贫困户入股以获取分红收入，同时鼓励贫困户将土地流转给公司或合作社来获取稳定的土地租金，并帮助贫困户为公司或合作社打工来获取工资收入；在移民搬迁项目中，需要采用差异化的补贴政策，增加对建档立卡贫困户的建房补贴，同时通过控制建房标准来降低搬迁成本；在金融扶贫中，可以通过信贷、保险和抵押市场的综合金融改革，进一步加强贫困户获得金融服务的能力。

因村派人精准，主要是为了增强村级实施精准扶贫的能力。由于贫困村干部的文化程度普遍较低、能力较弱，加上大量年轻人外出打工，村级治理能力短期内难以提高。通过选派第一书记和驻村工作队的方式，可以在短期内大幅提高贫困村的管理水平。扶贫工作队应该将工作重点放在精准扶贫上：一是帮助村两委改进贫困户的识别方法，协助解决识别过程中容易出现的矛盾；二是协助村两委建立有效的扶贫到户机制，让贫困户真正受益；三是对村级的精准扶贫工作进行有效监督。

脱贫成效精准，就是要使扶贫成果真实可靠，扶贫工作具有可持续性。要达到脱贫成效精准，前面的五个“精准”是保障。在此基础上，还需要强化对脱贫效果的科学考核与评估，防止成果造假和贫困人口“被脱贫”现象的发生。国家统计局可以利用农户抽样调查数据每年对全国和各省（自治区、直辖市）总的减贫状况进行可靠的评估，但 8 000 多万建档立卡贫困户的脱贫状况则需要通过独立的抽查方式来进行核查和评估。这就需要进一步制定明确的脱贫标准，并组织和动员社会力量参与对减贫工作的动态监测、分析和评价，确保脱贫工作收到实效。

（2）五个一批：发展生产脱贫一批、易地扶贫搬迁脱贫一批、生态补偿脱贫一批、发展教育脱贫一批、社会保障兜底一批。

一是发展生产脱贫一批，引导和支持所有有劳动能力的人依靠自己的双手开创美好明天，立足当地资源，实现就地脱贫。

二是易地扶贫搬迁脱贫一批，贫困人口很难实现就地脱贫的要实施易地扶贫搬迁，按规划、分年度、有计划组织实施，确保搬得出、稳得住、能致富。

三是生态补偿脱贫一批，加大贫困地区生态保护修复力度，增加重点生态功能区转移支付，扩大政策实施范围，让有劳动能力的贫困人口就地转成护林员等生态保护人员。

四是发展教育脱贫一批，治贫先治愚，扶贫先扶智，国家教育经费要继续向贫困地区倾斜、向基础教育倾斜、向职业教育倾斜，帮助贫困地区改善办学条件，对农村贫困家庭幼儿特别是留守儿童给予特殊关爱。

五是社会保障兜底一批，对贫困人口中完全或部分丧失劳动能力的人员，由社会保障来兜底，统筹协调农村扶贫标准和农村低保标准，加大其他形式的社会救助力度。要加强医疗保险和医疗救助，新型农村合作医疗和大病保险政策要对贫困人口倾斜。要高度重视革命老区脱贫攻坚工作。

5. 扶贫驻村工作队的工作职责

一是建强基层组织。重点是对村两委班子不健全的要协助配齐，着力解决班子不团结、软弱无力、工作不在状态等问题，防范应对宗族宗教、黑恶势力的干扰、渗透，物色培养村后备干部；严格落实“三会一课”①，严肃党组织生活；推动落实村级组织工作经费和服务群众专项经费、村干部报酬和基本养老医疗保险，建设和完善村级组织活动场所、服务设施等，努力把村党组织建设成为坚强战斗堡垒。

二是推动精准扶贫。重点是大力宣传党的扶贫开发和强农、惠农、富农政策，深入推动政策落实；带领派驻村开展贫困户识别和建档立卡工作，帮助村两委制订和实施脱贫计划；组织落实扶贫项目，参与整合涉农资金，积极引导社会资金，促进贫困村、贫困户脱贫致富；帮助选准发展路子，培育农民合作社，增加村集体收入，增强“造血”功能。

三是为民办事服务。重点是推动党的群众路线教育实践活动整改事项落实，带领村级组织开展为民服务全程代理、民事村办等工作，打通联系服务群众“最后一公里”；强力推进电子商务、金融服务、便民超市进村工作，方便群众生产生活；经常入户走访，听取意见建议，努力办实事；关心关爱贫困户、五保户、残疾人、农村空巢老人和留守儿童，帮助其解决生产、生活中的实际困难。

四是提升治理水平。重点是推动完善村党组织领导的充满活力的村民自治机制，落实“四议两公开”②，督促村（居）务监督委员会发挥作用，促进村级事务公开、公平、公正，努力解决优亲厚友、暗箱操作、损害群众利益等问题；帮助村干部提高依法办事能力，指导完善村规民约，弘扬文明新风，促进农村和谐稳定。

---

① “三会一课”是指按照党章和党内有关规定，定期召开支部大会、支部委员会、党小组会，按时上好党课。

② “四议两公开”是指农村所有村级重大事项都必须在村党组织领导下，按照“四议”“两公开”的程序决策实施。“四议”：党支部会提议、两委会商议、党员大会审议、村民代表会议或村民会议决议。“两公开”：决议公开、实施结果公开。

6. 第一书记的工作职责

第一书记是指从各级机关优秀年轻干部、后备干部，国有企业、事业单位的优秀人员和以往出于年龄原因从领导岗位上调整下来、尚未退休的干部中选派到村（一般为软弱涣散村和贫困村）担任党组织负责人的党员。

第一书记在乡（镇）党委领导和指导下，依靠村党组织、带领村两委成员开展工作，主要职责任务是帮助建强基层组织、推动精准扶贫、为民办事服务、提升治理水平。第一书记任期一般为两年以上，不占村两委班子职数，不参加换届选举，任职期间，原则上不承担派出单位工作，原人事关系、工资和福利待遇不变，党组织关系转到村，由县党委组织部、乡（镇）党委和派出单位共同管理。

加强贫困村驻村工作队选派管理工作，要把深度贫困地区贫困村和脱贫难度大的贫困村作为重中之重，从健全体制机制入手，规范人员选派，明确工作任务，加强日常管理，严明考核激励，着力解决驻村帮扶中选人不优、管理不严、作风不实、保障不力等问题，确保贫困村驻村工作队选派精准、帮扶扎实、群众满意。

7. 贫困退出的标准和程序

包括贫困人口、贫困户、贫困村、贫困县退出的标准和程序。主要有四个方面。

一是贫困人口退出，以户为单位，主要衡量标准是该户年人均纯收入稳定超过国家扶贫标准且不愁吃、不愁穿，义务教育、基本医疗、住房安全有保障。

二是贫困户退出，由村两委组织民主评议后提出，经村两委和驻村工作队核实及拟退出贫困户认可，在村内公示无异议后，公告退出。

三是贫困村退出，以贫困发生率为主要衡量标准，统筹考虑村内基础设施、基本公共服务、产业发展、集体经济收入等综合因素。

四是贫困县退出，包括国家扶贫开发工作重点县和集中连片特困地区县。贫困县退出以贫困发生率为主要衡量标准。原则上贫困县贫困发生率降至2%以下（西部地区降至3%以下），由县级扶贫开发领导小组提出退出，市级扶贫开发领导小组初审，省级扶贫开发领导小组核查，确定退出名单后向社会公示征求意见。公示无异议的，由各省（自治区、直辖市）扶贫开发领导小组审定后向国务院扶贫开发领导小组报告。

附录 2　调查员入户导则

一、融入“他者”，落地生根

通俗地讲，“他者”是相对于“自我”而言的。“自我”在陌生的“他者”环境下，感知到“自我”与“他者”之间的差异，进而逐渐形成“自我”和“他者”的“形象”，“他者”与“自我”互为参照。

在第三方评估分省异地交叉的大环境下，或者是在调查团队所在的省（自治区、直辖市）内调查，每位调查员在遇到调查对象的时候，都是“他者”和“自我”的一次碰撞。随着调查工作的逐步深入，达到融入“他者”的时候，调查者“自我”和农户“他者”就成为“一家人”。

1. 互为“他者”的画像

1）“我”的画像

调查员的“自画像”。报名参加第三方评估调查的调查员，基本上都是大学和研究单位的在校学生，大多数没有毕业，朝气蓬勃、努力向上，充满为国家做贡献的理想，想为精准扶贫贡献力量。因此，调查员依然对“自我”的社会身份有一个共同的认知，即“学生”。

调查员的“他画像”。调查对象也认为，调查员是博士、硕士、本科高年级学生，文化知识水平很高。但是，调查员基本上就是从学校到学校，从学生到学生，熟悉校园学习生活。尽管很多调查员也在寒暑假参加过社会实践，但社会阅历仍缺乏，就是一群学生，没有多少社会经验。

因此，作为简单的调查员的“我”，优点是有知识、善于学习、富有理想，可以为国家和扶贫做贡献；缺点是一直在学习知识，对社会生活的复杂性感知较少，运用知识解决问题的能力被质疑。

2）“他”的画像

（1）贫困农户。贫困农户是第三方评估调查的主要对象。

贫困农户的“自画像”。通常调查中遇到的建档立卡贫困户，都自述生活困难，是穷人，与其他周围的农户相比，感觉自己贫困。

贫困农户的“他画像”。调查员如果生长在城市或者生活条件较好的农村，对于中西部贫困集中片区了解很少，巨大的物质生活差异，会很自然地感受到调查对象物质生活贫乏。例如，房屋低矮、阴暗，衣物老旧，家具陈旧，家用电器数量少、简单，等等。调查员自然而然地认为，调查对象就是“贫困户”。

贫困户是一个较为复杂的群体。大多数贫困家庭的户主和主要劳动力，都有比较复杂的劳动、工作经历，在生活中为人父母，为人子女，经历过生老病死。有些劳动力还外出务工，对沿海城市情况比较了解。大多数贫困户是在度过一段不顺利的人生旅程后，逐渐地陷入贫困，承受着社会和经济的双重压力。他们都希望得到政府关心和社会帮扶，并希望通过自己的努力，重新过上好日子。但是，也有部分农户，缺乏主动性、积极性，“因懒致贫”，成为在扶贫政策上“赖、靠、倒”、不思进取的农户。还有一些残疾、大病的农户，以及仅依靠自身能力和努力不能战胜贫困的兜底户等。

（2）帮扶干部的画像。第一书记、驻村工作队和帮扶责任人都是帮扶干部，他们是第三方评估调查的对象，第三方评估调查工作主要是评估他们的精准帮扶工作是否到位、群众是否满意。但是，帮扶干部在评估调查过程中也给第三方评估调查工作提供很多帮助。

帮扶干部的“自画像”。从城里到乡下，与原有的工作基本没有关系；责任大，级别低，工作任务重，努力思考如何开展帮扶工作。

帮扶干部的“他画像”。帮扶工作的第一责任人，村里的帮扶工作如果没有做好，就是他们的责任。

帮扶干部也是一个复杂的群体。大多数帮扶干部尽力帮助贫困农户脱贫，自己也会出钱、出力。但是，出于种种原因，一些帮扶干部不懂扶贫政策，不知道如何帮扶。一些帮扶干部本职工作很多，根本没有时间去帮扶，委托村干部（他人）帮扶。还有一些帮扶干部对帮扶工作任务有意见，不愿意去帮扶。

（3）注意做好换位思考。用“他者”的眼睛看。作为调查员，首先要用自己的眼睛看贫困农户和帮扶责任人，了解贫困户的困难，厘清帮扶责任人的帮扶过程，要注意换位思考，把自己“变成”他们。

用共同的任务进行交流。主要以“六个精准”和“五个一批”为导向，与帮扶责任人、贫困农户进行交流，了解当地开展精准扶贫工作的情况，找准入户评估调查的切入点。

以“两不愁、三保障”为标准。在与贫困农户和帮扶干部交流的过程中，要始终围绕“两不愁、三保障”基本标准，查看帮扶工作落实到户情况，帮助贫困农户解决住房、医疗和教育方面的难题，查看产业扶贫是否真的提高了农户收入，以及技术培训是否有助于贫困农户外出务工，等等。

2. 主动贴近他者

（1）“走近”农户。作为调查员，入户调查是其最基本的工作任务。到陌生农户的家中进行调查时，要让贫困农户感受到调查员的真诚和对扶贫的关心。

走进农户家时，调查员要大大方方地坐到农户的面前，可能凳子上有泥土、灰尘，甚至低矮到不习惯。如果调查员没有第一时间坐下来，而是拿起板凳或掏出纸巾把板凳擦干净，再对农户进行调查，那么就可能失去农户的基本信任。其实，当调查员主动和同性别的农户坐到一条板凳上时，调查员和农户的距离就变成了零距离。

入户调查时，很多农户都会热情地给调查员倒水，这是农村表达善意和热情的一种方式。如果看到农户递过来一杯水，调查员要主动伸手接过来，也许水杯不如我们想象的干净，但调查员接受了善意。

很多家庭主妇都比较忙。调查员入户的时候，当看到忙碌的家庭主妇时，可以暂缓调查，主动帮忙，等其忙完了再进行调查的效果会更好。

若入户后看到农户家中有老人、孩子，调查员应主动打招呼、问好，就像自己与这一家人认识很久一样，农户也会感觉调查员以前来过，是熟人、朋友。

（2）主动引起话题。在入户调查中，调查员要熟悉二十四节气，围绕节气和农户谈农业生产，自然引入调查，也可以与向导谈谈季节话题，了解当地农业生产情况。

“家庭”话题：在入户路上，向向导了解受访农户家中有无特殊情况，贫困的主要原因，最近是否发生意外，等等。

“村寨”话题：确定调查村后，要向当地的工作人员了解村落是否有重要的禁忌。

“民族”话题：注意尊重各民族的文化传统和宗教习俗，要入乡随俗。

（3）文本查阅学习。文本学习是相对于实践学习而言的。调查员在得知调查区域之后，要着手进行当地情况的文献资料和网络信息收集，通过文本查阅学习，深入了解当地的农业生产系统、已经实施的主要扶贫产业、当地扶贫的政策实施情况等，熟知当地开展精准扶贫工作的背景、进展情况。

3. 调查人员的善意传递

真诚的微笑。中国有句俗语：伸手不打笑脸人。“微笑”是调查员入户调查最常用的表达方式。当调查员走进农户家中时，要真诚微笑，表情放松，就像见到久别的朋友一样见面聊天。

主动的关心。入户调查过程中，调查员会遇到各种各样的农户，很多贫困农户家庭可能遇到不如意或不顺心的事情。调查员要主动关心他们，花时间了解情况，要倾听他们的诉说，还可以帮助他们了解帮扶政策，把贫困农户“两不愁、三保障”的诉求真正放在心上。

耐心的引导。一些农户对入户调查工作不理解，可能出现拒绝调查，或者在调查过程中不配合的情况，对此调查员要正确对待、及时引导，耐心地做好解释工作，礼貌告辞，让农户感受到调查员的真诚。切忌与农户争论、争吵。

二、踏铁留痕，用心入户

1. 与向导交“底”

向导是利益相关者。向导通常由熟悉村里情况的村民小组长、帮扶干部等担任。他们是第三方评估调查工作的评估对象，是“第二方”，他们对评估调查工作高度关注，甚至会想方设法了解入户调查的情况，担心农户提出对村里扶贫工作的负面意见。因此，要让向导清楚自己的角色和任务。

让向导安心“带路”。首先，要给向导讲清“带路”的注意事项和纪律，把入户调查纪律告知向导。其次，要注意观察向导与农户交流的时候，是否对农户有暗示的动作或语言，农户是否流露出畏惧的情绪，甚至出现眼睛有泪，一句话不说等异常情况。最后，主动与向导交流，宣传第三方评估调查工作的意义、工作方法，了解向导对扶贫工作的意见和建议，建立与向导之间的信任关系。

借助向导开展调查。入户调查时，当调查员看到农户住房明显不安全时，要及时询问，向向导了解情况，问清楚农户是否有第二套住房，或者是否在县城里买房，或者是否有经济能力建房但不愿意建等情况。发现重病农户，调查员也要及时了解是否得到大病救助、民政救助等。对于不愿意接受调查的农户，调查员要进一步了解情况，与向导一起做好农户的开导工作。

2. 与农户交“心”

把自己当作村民，礼貌待人。调查员入户时不要想着自己是教师、研究生，要想着自己是村民，遇到老年人将其当作自己的长辈，遇到中年人将其当作自己的叔、婶，遇到年轻人将其当作自己的发小，遇到孩子将其当作自己的晚辈。若背包里带有零食，到村里可发给孩子们。

对农户提出的诉求，积极回应。入户调查时，调查员经常会遇到农户提出各种各样的要求，对于符合“两不愁、三保障”政策的，要积极回应、解释，把精准扶贫政策宣传到户。当农户提出过高的要求时，调查员也要积极纠正，鼓励农户在政府的帮扶政策支持下，依靠自身的努力实现脱贫致富。

对农户的思想顾虑，耐心解释。在入户调查过程中，如果调查员发现农户不敢讲出真实情况，尤其是害怕遭受打击报复，思想顾虑很重时，要向农户说明调查得到的信息会保密，以消除其顾虑，并及时汇报给调查队，不能随意透露农户反映的情况，确保农户信息安全，使农户没有后顾之忧。

对农户明显的假话，多方验证。如果在调查过程中调查员发现农户存在明显的瞒报收入、回答内容与实际情况出入较大时，要及时询问向导，或向下一个调查农户了解求证，对不准确的信息要再次核实、及时更正。

3. 入户要“四到”

一是“眼到”。调查员要注意观察农户家中与“两不愁、三保障”相关的细节，查看房子有无漏雨、裂缝、歪斜，查看厨房是否有柴、米、油、盐、酱、醋、水，查看衣柜是否备有四季衣裳和被褥，查看农户身体是否健康，查看适龄的孩子是否上学读书。

二是“手到”。调查员对存有疑问的一些细节要亲自核实，如查看水龙头是否有水，冰箱是否有食物，腊肉是否是当年的，衣物是否是捐赠的。如果房屋开裂漏雨要判断其严重程度，并记录下来。

三是“嘴到”。调查员对于获得的调查信息要实时梳理，不存疑虑，对于发现明显不符合实际情况的事项，要及时提出疑问，一一查实。

四是“心到”。调查员对于调查中发现的问题既要求证、查实，也要及时沟通、化解，努力宣传精准扶贫政策，引导帮扶干部和农户坚定脱贫致富信心。

4. 用心提问，胸有成竹

问卷要烂熟于心。对于涉及“两不愁、三保障”、群众满意度的问卷内容，调查员要反复理解、融会贯通，做到“不问也知道”。

问题可巧妙提问。调查员要根据访问的地点、村落、农户的实际情况，针对重点问题多准备几套提问方法，并讲究提问技巧。通常在第一天调查时灵活使用，探讨选择每个问题的最佳“发问方式”。例如，对于精准帮扶工作是否满意？可先询问农户家的帮扶责任人是谁、是否经常来、是否帮助解决了困难等，在此逻辑背景下调查员再问农户对帮扶工作是否满意，就会得到比较真实的答案。

追问要适时有效。调查员对于感觉农户明显有隐瞒的回答，要及时、直接追问。例如，农户自述有颈椎病，不能干重活、不能出去打工，调查员就要及时追问颈椎病的严重程度，是否手麻、脚软，行动不便？如果是一般的颈椎病，农户具备劳动能力，就可排除因病返贫的可能性。又如，农户家庭有两人外出打工，但是不承认他们寄钱回来，调查员要及时追问：他们回家过年吗？过年回来走亲戚吗？带礼物回来没有？调查员还要在家中仔细查看，最好找到相应的物品，逐渐地让调查对象讲真话、说实事。

5. 记录程序完整有效

入户调查过程中，调查员要遵守既定的调查规程，完整有效地记录入户调查的全过程，实现调查过程可还原、结果可验证。

一是架设录像机。录像机架设要选择能够控制调查场景的适合位置，既能够将调查员对农户访问的现场全部记录，也要监控到农户大门位置，真实记录进入调查现场的各类人员，防范干扰现象的发生。

二是多拍摄照片。拍摄照片要根据农户家庭的实际情况，依照一定顺序拍摄，一般是房屋、院坝、饮水、厨房与米缸、卧室与衣物、电器与家具、农具与车辆、产业帮扶、各种证件等。

三是全程录音。调查员一定要先测试录音笔，确保录音效果、导出质量、充电时间、使用时间充足等。要事先告知被调查对象，整个调查过程都会进行录音。在程序上，要先打开录音笔，再开始问卷调查，做好调查的全过程记录，调查完成以后，要及时查看录音的保存情况，并做好规范备注。

附录3　部分到户政策落地见效情况统计方法

一、产业扶贫

1. 农户参与产业扶贫类型

1）贫困户

$$\text{自己发展产业}=100\%\times\frac{\text{是否脱贫}[\text{否}]\&\text{仅自己发展产业}[\text{单选}]}{\text{是否建档立卡户}[\text{是}]\&\text{是否脱贫}[\text{否}]}$$

$$\text{企业（合作社、大户）带动}=100\%\times\frac{\text{是否脱贫}[\text{否}]\&\text{仅企业（合作社、大户）带动发展产业}[\text{单选}]}{\text{是否建档立卡户}[\text{是}]\&\text{是否脱贫}[\text{否}]}$$

$$\text{两者都有}=100\%\times\frac{\text{是否脱贫}[\text{否}]\&\text{两者都有}[\text{单选}]}{\text{是否建档立卡户}[\text{是}]\&\text{是否脱贫}[\text{否}]}$$

$$\text{两者都没有}=100\%\times\frac{\text{是否脱贫}[\text{否}]\&\text{两者都没有}[\text{单选}]}{\text{是否建档立卡户}[\text{是}]\&\text{是否脱贫}[\text{否}]}$$

2）脱贫户

$$\text{自己发展产业}=100\%\times\frac{\text{是否脱贫}[\text{是}]\&\text{仅自己发展产业}[\text{单选}]}{\text{是否建档立卡户}[\text{是}]\&\text{是否脱贫}[\text{是}]}$$

企业（合作社、大户）带动

$$=100\%\times\frac{\text{是否脱贫}[\text{是}]\&\text{仅企业（合作社、大户）带动发展产业}[\text{单选}]}{\text{是否建档立卡户}[\text{是}]\&\text{是否脱贫}[\text{是}]}$$

$$\text{两者都有}=100\%\times\frac{\text{是否脱贫}[\text{是}]\&\text{两者都有}[\text{单选}]}{\text{是否建档立卡户}[\text{是}]\&\text{是否脱贫}[\text{是}]}$$

$$\text{两者都没有}=100\%\times\frac{\text{是否脱贫}[\text{是}]\&\text{两者都没有}[\text{单选}]}{\text{是否建档立卡户}[\text{是}]\&\text{是否脱贫}[\text{是}]}$$

3）建档立卡户

$$\text{自己发展产业}=100\%\times\frac{\text{仅自己发展产业}[\text{单选}]}{\text{是否建档立卡户}[\text{是}]}$$

企业（合作社、大户）带动

$$=100\%\times\frac{\text{仅企业（合作社、大户）带动发展产业}[\text{单选}]}{\text{是否建档立卡户}[\text{是}]}$$

$$\text{两者都有}=100\%\times\frac{\text{两者都有}[\text{单选}]}{\text{是否建档立卡户}[\text{是}]}$$

$$\text{两者都没有}=100\%\times\frac{\text{两者都没有}[\text{单选}]}{\text{是否建档立卡户}[\text{是}]}$$

2. 得到帮扶措施情况

1）贫困户

免费得到种苗、种畜、种禽等

$$=100\%\times\frac{\text{是否脱贫}[\text{否}]\&\text{得到种苗、种畜、种禽等帮扶}[\text{多选}]}{\text{是否脱贫}[\text{否}]\&\text{是否得到产业帮扶措施或项目}[\text{是}]}$$

免费得到化肥、薄膜等农资

$$=100\%\times\frac{\text{是否脱贫}[\text{否}]\&\text{得到化肥、薄膜等农资帮扶}[\text{多选}]}{\text{是否脱贫}[\text{否}]\&\text{是否得到产业帮扶措施或项目}[\text{是}]}$$

得到产业资金补贴、扶持

$$=100\%\times\frac{\text{是否脱贫}[\text{否}]\&\text{得到产业资金补贴、扶持}[\text{多选}]}{\text{是否脱贫}[\text{否}]\&\text{是否得到产业帮扶措施或项目}[\text{是}]}$$

$$\text{得到技能培训}=100\%\times\frac{\text{是否脱贫}[\text{否}]\&\text{得到技能培训帮扶}[\text{多选}]}{\text{是否脱贫}[\text{否}]\&\text{是否得到产业帮扶措施或项目}[\text{是}]}$$

$$\text{得到扶贫小额信贷、农业保险等金融支持}=100\%\times\frac{\text{是否脱贫[否]\&得到扶贫小额信贷、农业保险等金融支持[多选]}}{\text{是否脱贫[否]\&是否得到产业帮扶措施或项目[是]}}$$

$$\text{其他}=100\%\times\frac{\text{是否脱贫[否]\&得到其他帮扶措施[多选]}}{\text{是否脱贫[否]\&是否得到产业帮扶措施或项目[是]}}$$

2）脱贫户

$$\text{免费得到种苗、种畜、种禽等}=100\%\times\frac{\text{是否脱贫[是]\&得到种苗、种畜、种禽等帮扶[多选]}}{\text{是否脱贫[是]\&是否得到产业帮扶措施或项目[是]}}$$

$$\text{免费得到化肥、薄膜等农资}=100\%\times\frac{\text{是否脱贫[是]\&得到化肥、薄膜等农资帮扶[多选]}}{\text{是否脱贫[是]\&是否得到产业帮扶措施或项目[是]}}$$

$$\text{得到产业资金补贴、扶持}=100\%\times\frac{\text{是否脱贫[是]\&得到产业资金补贴、扶持[多选]}}{\text{是否脱贫[是]\&是否得到产业帮扶措施或项目[是]}}$$

$$\text{得到技能培训}=100\%\times\frac{\text{是否脱贫[是]\&得到技能培训帮扶[多选]}}{\text{是否脱贫[是]\&是否得到产业帮扶措施或项目[是]}}$$

$$\text{得到扶贫小额信贷、农业保险等金融支持}=100\%\times\frac{\text{是否脱贫[是]\&得到扶贫小额信贷、农业保险等金融支持[多选]}}{\text{是否脱贫[是]\&是否得到产业帮扶措施或项目[是]}}$$

$$\text{其他}=100\%\times\frac{\text{是否脱贫[是]\&得到其他帮扶措施[多选]}}{\text{是否脱贫[是]\&是否得到产业帮扶措施或项目[是]}}$$

3）建档立卡户

$$\text{免费得到种苗、种畜、种禽等}=100\%\times\frac{\text{得到种苗、种畜、种禽等帮扶[多选]}}{\text{是否得到产业帮扶措施或项目[是]}}$$

$$\text{免费得到化肥、薄膜等农资}=100\%\times\frac{\text{得到化肥、薄膜等农资帮扶[多选]}}{\text{是否得到产业帮扶措施或项目[是]}}$$

$$\text{得到产业资金补贴、扶持}=100\%\times\frac{\text{得到产业资金补贴、扶持[多选]}}{\text{是否得到产业帮扶措施或项目[是]}}$$

$$\text{得到技能培训}=100\%\times\frac{\text{得到技能培训帮扶[多选]}}{\text{是否得到产业帮扶措施或项目[是]}}$$

$$\text{得到扶贫小额信贷、农业保险等金融支持} = 100\% \times \frac{\text{得到扶贫小额信贷、农业保险等金融支持[多选]}}{\text{是否得到产业帮扶措施或项目[是]}}$$

$$\text{其他} = 100\% \times \frac{\text{得到其他帮扶措施[多选]}}{\text{是否得到产业帮扶措施或项目[是]}}$$

3. 支持农户发展的主要产业类型

1）贫困户

$$\text{种植业} = 100\% \times \frac{\text{是否脱贫[否]\&发展种植业[单选]}}{\text{是否脱贫[否]\&是否获得发展产业支持[是]}}$$

$$\text{养殖业} = 100\% \times \frac{\text{是否脱贫[否]\&发展养殖业[单选]}}{\text{是否脱贫[否]\&是否获得发展产业支持[是]}}$$

$$\text{林草业} = 100\% \times \frac{\text{是否脱贫[否]\&发展林草业[单选]}}{\text{是否脱贫[否]\&是否获得发展产业支持[是]}}$$

$$\text{农产品加工业} = 100\% \times \frac{\text{是否脱贫[否]\&发展农产品加工业[单选]}}{\text{是否脱贫[否]\&是否获得发展产业支持[是]}}$$

$$\text{特色手工业} = 100\% \times \frac{\text{是否脱贫[否]\&发展特色手工业[单选]}}{\text{是否脱贫[否]\&是否获得发展产业支持[是]}}$$

$$\text{休闲农业与乡村旅游业} = 100\% \times \frac{\text{是否脱贫[否]\&发展休闲农业与乡村旅游业[单选]}}{\text{是否脱贫[否]\&是否获得发展产业支持[是]}}$$

$$\text{其他} = 100\% \times \frac{\text{是否脱贫[否]\&发展其他产业[单选]}}{\text{是否脱贫[否]\&是否获得发展产业支持[是]}}$$

2）脱贫户

$$\text{种植业} = 100\% \times \frac{\text{是否脱贫[是]\&发展种植业[单选]}}{\text{是否脱贫[是]\&是否获得发展产业支持[是]}}$$

$$\text{养殖业} = 100\% \times \frac{\text{是否脱贫[是]\&发展养殖业[单选]}}{\text{是否脱贫[是]\&是否获得发展产业支持[是]}}$$

$$\text{林草业} = 100\% \times \frac{\text{是否脱贫[是]\&发展林草业[单选]}}{\text{是否脱贫[是]\&是否获得发展产业支持[是]}}$$

$$农产品加工业=100\%\times\frac{是否脱贫[是]\&发展农产品加工业[单选]}{是否脱贫[是]\&是否获得发展产业支持[是]}$$

$$特色手工业=100\%\times\frac{是否脱贫[是]\&发展特色手工业[单选]}{是否脱贫[是]\&是否获得发展产业支持[是]}$$

$$\begin{aligned}&休闲农业与乡村旅游业\\&=100\%\times\frac{是否脱贫[是]\&发展休闲农业与乡村旅游业[单选]}{是否脱贫[是]\&是否获得发展产业支持[是]}\end{aligned}$$

$$其他=100\%\times\frac{是否脱贫[是]\&发展其他产业[单选]}{是否脱贫[是]\&是否获得发展产业支持[是]}$$

3）建档立卡户

$$种植业=100\%\times\frac{发展种植业[单选]}{是否获得发展产业支持[是]}$$

$$养殖业=100\%\times\frac{发展养殖业[单选]}{是否获得发展产业支持[是]}$$

$$林草业=100\%\times\frac{发展林草业[单选]}{是否获得发展产业支持[是]}$$

$$农产品加工业=100\%\times\frac{发展农产品加工业[单选]}{是否获得发展产业支持[是]}$$

$$特色手工业=100\%\times\frac{发展特色手工业[单选]}{是否获得发展产业支持[是]}$$

$$休闲农业与乡村旅游业=100\%\times\frac{发展休闲农业与乡村旅游业[单选]}{是否获得发展产业支持[是]}$$

$$其他=100\%\times\frac{发展其他产业[单选]}{是否获得发展产业支持[是]}$$

4. 目前产业发展基本状况

1）贫困户

$$还没有开始干=100\%\times\frac{是否脱贫[否]\&还没有开始干[单选]}{是否脱贫[否]\&是否获得发展产业支持[是]}$$

$$\text{刚开始干，还没有见到效益}=100\%\times\frac{\text{是否脱贫[否]\&刚开始干，还没有见到效益[单选]}}{\text{是否脱贫[否]\&是否获得发展产业支持[是]}}$$

$$\text{已经见效}=100\%\times\frac{\text{是否脱贫[否]\&已经见效[单选]}}{\text{是否脱贫[否]\&是否获得发展产业支持[是]}}$$

$$\text{现在干不下去了}=100\%\times\frac{\text{是否脱贫[否]\&现在干不下去了[单选]}}{\text{是否脱贫[否]\&是否获得发展产业支持[是]}}$$

$$\text{前景不错，想扩大规模}=100\%\times\frac{\text{是否脱贫[否]\&前景不错，想扩大规模[单选]}}{\text{是否脱贫[否]\&是否获得发展产业支持[是]}}$$

$$\text{其他}=100\%\times\frac{\text{是否脱贫[否]\&其他[单选]}}{\text{是否脱贫[否]\&是否获得发展产业支持[是]}}$$

2）脱贫户

$$\text{还没有开始干}=100\%\times\frac{\text{是否脱贫[是]\&还没有开始干[单选]}}{\text{是否脱贫[是]\&是否获得发展产业支持[是]}}$$

$$\text{刚开始干，还没有见到效益}=100\%\times\frac{\text{是否脱贫[是]\&刚开始干，还没有见到效益[单选]}}{\text{是否脱贫[是]\&是否获得发展产业支持[是]}}$$

$$\text{已经见效}=100\%\times\frac{\text{是否脱贫[是]\&已经见效[单选]}}{\text{是否脱贫[是]\&是否获得发展产业支持[是]}}$$

$$\text{现在干不下去了}=100\%\times\frac{\text{是否脱贫[是]\&现在干不下去了[单选]}}{\text{是否脱贫[是]\&是否获得发展产业支持[是]}}$$

$$\text{前景不错，想扩大规模}=100\%\times\frac{\text{是否脱贫[是]\&前景不错，想扩大规模[单选]}}{\text{是否脱贫[是]\&是否获得发展产业支持[是]}}$$

$$\text{其他}=100\%\times\frac{\text{是否脱贫[是]\&其他[单选]}}{\text{是否脱贫[是]\&是否获得发展产业支持[是]}}$$

3）建档立卡户

$$\text{还没有开始干}=100\%\times\frac{\text{还没有开始干[单选]}}{\text{是否获得发展产业支持[是]}}$$

$$\text{刚开始干，还没有见到效益}=100\%\times\frac{\text{刚开始干，还没有见到效益[单选]}}{\text{是否获得发展产业支持[是]}}$$

$$\text{已经见效} = 100\% \times \frac{\text{已经见效}\left[\text{单选}\right]}{\text{是否获得发展产业支持}\left[\text{是}\right]}$$

$$\text{现在干不下去了} = 100\% \times \frac{\text{现在干不下去了}\left[\text{单选}\right]}{\text{是否获得发展产业支持}\left[\text{是}\right]}$$

$$\text{前景不错，想扩大规模} = 100\% \times \frac{\text{前景不错，想扩大规模}\left[\text{单选}\right]}{\text{是否获得发展产业支持}\left[\text{是}\right]}$$

$$\text{其他} = 100\% \times \frac{\text{其他}\left[\text{单选}\right]}{\text{是否获得发展产业支持}\left[\text{是}\right]}$$

5. 当年产业项目净收益情况

1）贫困户

净收益小于1 500元

$$= 100\% \times \frac{\text{是否脱贫}\left[\text{否}\right]\&\text{净收益小于1 500元}\left[\text{含0元，不含1 500元}\right]}{\text{是否脱贫}\left[\text{否}\right]\&\text{是否自己发展产业且获得产业帮扶措施}\left[\text{是}\right]}$$

净收益为1 500～3 000元

$$= 100\% \times \frac{\text{是否脱贫}\left[\text{否}\right]\&\text{净收益为1 500～3 000元}\left[\text{含1 500元，不含3 000元}\right]}{\text{是否脱贫}\left[\text{否}\right]\&\text{是否自己发展产业且获得产业帮扶措施}\left[\text{是}\right]}$$

净收益为3 000～5 000元

$$= 100\% \times \frac{\text{是否脱贫}\left[\text{否}\right]\&\text{净收益为3 000～5 000元}\left[\text{含3 000元，不含5 000元}\right]}{\text{是否脱贫}\left[\text{否}\right]\&\text{是否自己发展产业且获得产业帮扶措施}\left[\text{是}\right]}$$

净收益为5 000～10 000元

$$= 100\% \times \frac{\text{是否脱贫}\left[\text{否}\right]\&\text{净收益为5 000～10 000元}\left[\text{含5 000元，不含10 000元}\right]}{\text{是否脱贫}\left[\text{否}\right]\&\text{是否自己发展产业且获得产业帮扶措施}\left[\text{是}\right]}$$

净收益为10 000元及以上

$$= 100\% \times \frac{\text{是否脱贫}\left[\text{否}\right]\&\text{净收益为10 000元及以上}\left[\text{含10 000元}\right]}{\text{是否脱贫}\left[\text{否}\right]\&\text{是否自己发展产业且获得产业帮扶措施}\left[\text{是}\right]}$$

2）脱贫户

净收益小于1 500元

$$= 100\% \times \frac{\text{是否脱贫}\left[\text{是}\right]\&\text{净收益小于1 500元}\left[\text{含0元，不含1 500元}\right]}{\text{是否脱贫}\left[\text{是}\right]\&\text{是否自己发展产业且获得产业帮扶措施}\left[\text{是}\right]}$$

$$\text{净收益为1 500～3 000元} = 100\% \times \frac{\text{是否脱贫[是]\&净收益为1 500～3 000元[含1 500元，不含3 000元]}}{\text{是否脱贫[是]\&是否自己发展产业且获得产业帮扶措施[是]}}$$

$$\text{净收益为3 000～5 000元} = 100\% \times \frac{\text{是否脱贫[是]\&净收益为3 000～5 000元[含3 000元，不含5 000元]}}{\text{是否脱贫[是]\&是否自己发展产业且获得产业帮扶措施[是]}}$$

$$\text{净收益为5 000～10 000元} = 100\% \times \frac{\text{是否脱贫[是]\&净收益为5 000～10 000元[含5 000元，不含10 000元]}}{\text{是否脱贫[是]\&是否自己发展产业且获得产业帮扶措施[是]}}$$

$$\text{净收益为10 000元及以上} = 100\% \times \frac{\text{是否脱贫[是]\&净收益为10 000元及以上[含10 000元]}}{\text{是否脱贫[是]\&是否自己发展产业且获得产业帮扶措施[是]}}$$

3）建档立卡户

$$\text{净收益小于1 500元} = 100\% \times \frac{\text{净收益小于1 500元[含0元，不含1 500元]}}{\text{是否自己发展产业且获得产业帮扶措施[是]}}$$

$$\text{净收益为1 500～3 000元} = 100\% \times \frac{\text{净收益为1 500～3 000元[含1 500元，不含3 000元]}}{\text{是否自己发展产业且获得产业帮扶措施[是]}}$$

$$\text{净收益为3 000～5 000元} = 100\% \times \frac{\text{净收益为3 000～5 000元[含3 000元，不含5 000元]}}{\text{是否自己发展产业且获得产业帮扶措施[是]}}$$

$$\text{净收益为5 000～10 000元} = 100\% \times \frac{\text{净收益为5 000～10 000元[含5 000元，不含10 000元]}}{\text{是否自己发展产业且获得产业帮扶措施[是]}}$$

$$\text{净收益为10 000元及以上} = 100\% \times \frac{\text{净收益为10 000元及以上[含10 000元]}}{\text{是否自己发展产业且获得产业帮扶措施[是]}}$$

6. 产业帮扶政策对农户家庭增收有效性

1）贫困户

$$\text{非常有效} = 100\% \times \frac{\text{是否脱贫[否]\&非常有效[单选]}}{\text{是否脱贫[否]\&是否自己发展产业且获得产业帮扶措施[是]}}$$

$$\text{比较有效}=100\%\times\frac{\text{是否脱贫[否]\&比较有效[单选]}}{\text{是否脱贫[否]\&是否自己发展产业且获得产业帮扶措施[是]}}$$

$$\text{效果一般}=100\%\times\frac{\text{是否脱贫[否]\&效果一般[单选]}}{\text{是否脱贫[否]\&是否自己发展产业且获得产业帮扶措施[是]}}$$

$$\text{没有效果}=100\%\times\frac{\text{是否脱贫[否]\&没有效果[单选]}}{\text{是否脱贫[否]\&是否自己发展产业且获得产业帮扶措施[是]}}$$

2）脱贫户

$$\text{非常有效}=100\%\times\frac{\text{是否脱贫[是]\&非常有效[单选]}}{\text{是否脱贫[是]\&是否自己发展产业且获得产业帮扶措施[是]}}$$

$$\text{比较有效}=100\%\times\frac{\text{是否脱贫[是]\&比较有效[单选]}}{\text{是否脱贫[是]\&是否自己发展产业且获得产业帮扶措施[是]}}$$

$$\text{效果一般}=100\%\times\frac{\text{是否脱贫[是]\&效果一般[单选]}}{\text{是否脱贫[是]\&是否自己发展产业且获得产业帮扶措施[是]}}$$

$$\text{没有效果}=100\%\times\frac{\text{是否脱贫[是]\&没有效果[单选]}}{\text{是否脱贫[是]\&是否自己发展产业且获得产业帮扶措施[是]}}$$

3）建档立卡户

$$\text{非常有效}=100\%\times\frac{\text{非常有效[单选]}}{\text{是否自己发展产业且获得产业帮扶措施[是]}}$$

$$\text{比较有效}=100\%\times\frac{\text{比较有效[单选]}}{\text{是否自己发展产业且获得产业帮扶措施[是]}}$$

$$\text{效果一般}=100\%\times\frac{\text{效果一般[单选]}}{\text{是否自己发展产业且获得产业帮扶措施[是]}}$$

$$\text{没有效果}=100\%\times\frac{\text{没有效果[单选]}}{\text{是否自己发展产业且获得产业帮扶措施[是]}}$$

7. 产业帮扶政策效果一般或没有效果的主要原因

1）贫困户

$$\text{产业没选好}=100\%\times\frac{\text{是否脱贫[否]\&产业没选好[单选]}}{\text{是否脱贫[否]\&产业帮扶政策效果[效果一般\&没有效果]}}$$

$$\text{产业收益差}=100\%\times\frac{\text{是否脱贫[否]\&产业收益差[单选]}}{\text{是否脱贫[否]\&产业帮扶政策效果[效果一般\&没有效果]}}$$

$$\text{市场上卖不出去} = 100\% \times \frac{\text{是否脱贫}\left[\text{否}\right]\&\text{市场上卖不出去}\left[\text{单选}\right]}{\text{是否脱贫}\left[\text{否}\right]\&\text{产业帮扶政策效果}\left[\text{效果一般}\&\text{没有效果}\right]}$$

$$\text{缺乏技术能力} = 100\% \times \frac{\text{是否脱贫}\left[\text{否}\right]\&\text{缺乏技术能力}\left[\text{单选}\right]}{\text{是否脱贫}\left[\text{否}\right]\&\text{产业帮扶政策效果}\left[\text{效果一般}\&\text{没有效果}\right]}$$

$$\text{其他} = 100\% \times \frac{\text{是否脱贫}\left[\text{否}\right]\&\text{其他}\left[\text{单选}\right]}{\text{是否脱贫}\left[\text{否}\right]\&\text{产业帮扶政策效果}\left[\text{效果一般}\&\text{没有效果}\right]}$$

2）脱贫户

$$\text{产业没选好} = 100\% \times \frac{\text{是否脱贫}\left[\text{是}\right]\&\text{产业没选好}\left[\text{单选}\right]}{\text{是否脱贫}\left[\text{是}\right]\&\text{产业帮扶政策效果}\left[\text{效果一般}\&\text{没有效果}\right]}$$

$$\text{产业收益差} = 100\% \times \frac{\text{是否脱贫}\left[\text{是}\right]\&\text{产业收益差}\left[\text{单选}\right]}{\text{是否脱贫}\left[\text{是}\right]\&\text{产业帮扶政策效果}\left[\text{效果一般}\&\text{没有效果}\right]}$$

$$\text{市场上卖不出去} = 100\% \times \frac{\text{是否脱贫}\left[\text{是}\right]\&\text{市场上卖不出去}\left[\text{单选}\right]}{\text{是否脱贫}\left[\text{是}\right]\&\text{产业帮扶政策效果}\left[\text{效果一般}\&\text{没有效果}\right]}$$

$$\text{缺乏技术能力} = 100\% \times \frac{\text{是否脱贫}\left[\text{是}\right]\&\text{缺乏技术能力}\left[\text{单选}\right]}{\text{是否脱贫}\left[\text{是}\right]\&\text{产业帮扶政策效果}\left[\text{效果一般}\&\text{没有效果}\right]}$$

$$\text{其他} = 100\% \times \frac{\text{是否脱贫}\left[\text{是}\right]\&\text{其他}\left[\text{单选}\right]}{\text{是否脱贫}\left[\text{是}\right]\&\text{产业帮扶政策效果}\left[\text{效果一般}\&\text{没有效果}\right]}$$

3）建档立卡户

$$\text{产业没选好} = 100\% \times \frac{\text{产业没选好}\left[\text{单选}\right]}{\text{产业帮扶政策效果}\left[\text{效果一般}\&\text{没有效果}\right]}$$

$$\text{产业收益差} = 100\% \times \frac{\text{产业收益差}\left[\text{单选}\right]}{\text{产业帮扶政策效果}\left[\text{效果一般}\&\text{没有效果}\right]}$$

$$\text{市场上卖不出去} = 100\% \times \frac{\text{市场上卖不出去}\left[\text{单选}\right]}{\text{产业帮扶政策效果}\left[\text{效果一般}\&\text{没有效果}\right]}$$

$$\text{缺乏技术能力} = 100\% \times \frac{\text{缺乏技术能力}\left[\text{单选}\right]}{\text{产业帮扶政策效果}\left[\text{效果一般}\&\text{没有效果}\right]}$$

$$其他=100\%\times\frac{其他[单选]}{产业帮扶政策效果[效果一般\&没有效果]}$$

8. 企业（合作社、大户）带动扶贫方式结构

1）贫困户

股份合作：以贫困户自己的劳动力、技术、资金、土地等入股

$$=100\%\times\frac{是否脱贫[否]\&以贫困户自己的劳动、技术、资金、土地等入股[多选]}{是否脱贫[否]\&企业（合作社、大户）是否带动[是]}$$

股份合作：以财政资金、扶贫小额信贷资金等入股

$$=100\%\times\frac{是否脱贫[否]\&以财政资金、扶贫小额信贷资金等入股[多选]}{是否脱贫[否]\&企业（合作社、大户）是否带动[是]}$$

$$订单帮扶=100\%\times\frac{是否脱贫[否]\&订单帮扶[多选]}{是否脱贫[否]\&企业（合作社、大户）是否带动[是]}$$

$$生产托管=100\%\times\frac{是否脱贫[否]\&生产托管[多选]}{是否脱贫[否]\&企业（合作社、大户）是否带动[是]}$$

$$其他=100\%\times\frac{是否脱贫[否]\&其他[多选]}{是否脱贫[否]\&企业（合作社、大户）是否带动[是]}$$

2）脱贫户

股份合作：以贫困户自己的劳动力、技术、资金、土地等入股

$$=100\%\times\frac{是否脱贫[是]\&以贫困户自己的劳动、技术、资金、土地等入股[多选]}{是否脱贫[是]\&企业（合作社、大户）是否带动[是]}$$

股份合作：以财政资金、扶贫小额信贷资金等入股

$$=100\%\times\frac{是否脱贫[是]\&以财政资金、扶贫小额信贷资金等入股[多选]}{是否脱贫[是]\&企业（合作社、大户）是否带动[是]}$$

$$订单帮扶=100\%\times\frac{是否脱贫[是]\&订单帮扶[多选]}{是否脱贫[是]\&企业（合作社、大户）是否带动[是]}$$

$$生产托管=100\%\times\frac{是否脱贫[是]\&生产托管[多选]}{是否脱贫[是]\&企业（合作社、大户）是否带动[是]}$$

$$其他=100\%\times\frac{是否脱贫[是]\&其他[多选]}{是否脱贫[是]\&企业（合作社、大户）是否带动[是]}$$

3）建档立卡户

股份合作：以贫困户自己的劳动力、技术、资金、土地等入股

$$=100\%\times\frac{以贫困户自己的劳动、技术、资金、土地等入股[多选]}{企业（合作社、大户）是否带动[是]}$$

股份合作：以财政资金、扶贫小额信贷资金等入股

$$=100\%\times\frac{以财政资金、扶贫小额信贷资金等入股[多选]}{企业（合作社、大户）是否带动[是]}$$

$$订单帮扶=100\%\times\frac{订单帮扶[多选]}{企业（合作社、大户）是否带动[是]}$$

$$生产托管=100\%\times\frac{生产托管[多选]}{企业（合作社、大户）是否带动[是]}$$

$$其他=100\%\times\frac{其他[多选]}{企业（合作社、大户）是否带动[是]}$$

9. *带动农户发展的主要产业项目*

1）贫困户

$$种植业=100\%\times\frac{是否脱贫[否]\&发展种植业[单选]}{是否脱贫[否]\&企业（合作社、大户）是否带动[是]}$$

$$养殖业=100\%\times\frac{是否脱贫[否]\&发展养殖业[单选]}{是否脱贫[否]\&企业（合作社、大户）是否带动[是]}$$

$$林草业=100\%\times\frac{是否脱贫[否]\&发展林草业[单选]}{是否脱贫[否]\&企业（合作社、大户）是否带动[是]}$$

$$农产品加工业=100\%\times\frac{是否脱贫[否]\&发展农产品加工业[单选]}{是否脱贫[否]\&企业（合作社、大户）是否带动[是]}$$

$$特色手工业=100\%\times\frac{是否脱贫[否]\&发展特色手工业[单选]}{是否脱贫[否]\&企业（合作社、大户）是否带动[是]}$$

休闲农业与乡村旅游业

$$=100\%\times\frac{是否脱贫[否]\&发展休闲农业与乡村旅游业[单选]}{是否脱贫[否]\&企业（合作社、大户）是否带动[是]}$$

$$其他=100\%\times\frac{是否脱贫[否]\&发展其他产业[单选]}{是否脱贫[否]\&企业（合作社、大户）是否带动[是]}$$

2）脱贫户

$$\text{种植业}=100\%\times\frac{\text{是否脱贫}\left[\text{是}\right]\&\text{发展种植业}\left[\text{单选}\right]}{\text{是否脱贫}\left[\text{是}\right]\&\text{企业（合作社、大户）是否带动}\left[\text{是}\right]}$$

$$\text{养殖业}=100\%\times\frac{\text{是否脱贫}\left[\text{是}\right]\&\text{发展养殖业}\left[\text{单选}\right]}{\text{是否脱贫}\left[\text{是}\right]\&\text{企业（合作社、大户）是否带动}\left[\text{是}\right]}$$

$$\text{林草业}=100\%\times\frac{\text{是否脱贫}\left[\text{是}\right]\&\text{发展林草业}\left[\text{单选}\right]}{\text{是否脱贫}\left[\text{是}\right]\&\text{企业（合作社、大户）是否带动}\left[\text{是}\right]}$$

$$\text{农产品加工业}=100\%\times\frac{\text{是否脱贫}\left[\text{是}\right]\&\text{发展农产品加工业}\left[\text{单选}\right]}{\text{是否脱贫}\left[\text{是}\right]\&\text{企业（合作社、大户）是否带动}\left[\text{是}\right]}$$

$$\text{特色手工业}=100\%\times\frac{\text{是否脱贫}\left[\text{是}\right]\&\text{发展特色手工业}\left[\text{单选}\right]}{\text{是否脱贫}\left[\text{是}\right]\&\text{企业（合作社、大户）是否带动}\left[\text{是}\right]}$$

$$\begin{aligned}&\text{休闲农业与乡村旅游业}\\&=100\%\times\frac{\text{是否脱贫}\left[\text{是}\right]\&\text{发展休闲农业与乡村旅游业}\left[\text{单选}\right]}{\text{是否脱贫}\left[\text{是}\right]\&\text{企业（合作社、大户）是否带动}\left[\text{是}\right]}\end{aligned}$$

$$\text{其他}=100\%\times\frac{\text{是否脱贫}\left[\text{是}\right]\&\text{发展其他产业}\left[\text{单选}\right]}{\text{是否脱贫}\left[\text{是}\right]\&\text{企业（合作社、大户）是否带动}\left[\text{是}\right]}$$

3）建档立卡户

$$\text{种植业}=100\%\times\frac{\text{发展种植业}\left[\text{单选}\right]}{\text{企业（合作社、大户）是否带动}\left[\text{是}\right]}$$

$$\text{养殖业}=100\%\times\frac{\text{发展养殖业}\left[\text{单选}\right]}{\text{企业（合作社、大户）是否带动}\left[\text{是}\right]}$$

$$\text{林草业}=100\%\times\frac{\text{发展林草业}\left[\text{单选}\right]}{\text{企业（合作社、大户）是否带动}\left[\text{是}\right]}$$

$$\text{农产品加工业}=100\%\times\frac{\text{发展农产品加工业}\left[\text{单选}\right]}{\text{企业（合作社、大户）是否带动}\left[\text{是}\right]}$$

$$\text{特色手工业}=100\%\times\frac{\text{发展特色手工业}\left[\text{单选}\right]}{\text{企业（合作社、大户）是否带动}\left[\text{是}\right]}$$

$$\begin{aligned}&\text{休闲农业与乡村旅游业}\\&=100\%\times\frac{\text{发展休闲农业与乡村旅游业}\left[\text{单选}\right]}{\text{企业（合作社、大户）是否带动}\left[\text{是}\right]}\end{aligned}$$

$$其他=100\%\times\frac{发展其他产业[单选]}{企业（合作社、大户）是否带动[是]}$$

10. 目前企业（合作社、大户）带动发展状况

1）贫困户

$$还没有开始干=100\%\times\frac{是否脱贫[否]\&还没有开始干[单选]}{是否脱贫[否]\&企业（合作社、大户）是否带动[是]}$$

$$刚开始干，还没有见到效益=100\%\times\frac{是否脱贫[否]\&刚开始干，还没有见到效益[单选]}{是否脱贫[否]\&企业（合作社、大户）是否带动[是]}$$

$$已经见效=100\%\times\frac{是否脱贫[否]\&已经见效[单选]}{是否脱贫[否]\&企业（合作社、大户）是否带动[是]}$$

$$现在干不下去了=100\%\times\frac{是否脱贫[否]\&现在干不下去了[单选]}{是否脱贫[否]\&企业（合作社、大户）是否带动[是]}$$

$$前景不错，想扩大规模=100\%\times\frac{是否脱贫[否]\&前景不错，想扩大规模[单选]}{是否脱贫[否]\&企业（合作社、大户）是否带动[是]}$$

$$其他=100\%\times\frac{是否脱贫[否]\&其他[单选]}{是否脱贫[否]\&企业（合作社、大户）是否带动[是]}$$

2）脱贫户

$$还没有开始干=100\%\times\frac{是否脱贫[是]\&还没有开始干[单选]}{是否脱贫[是]\&企业（合作社、大户）是否带动[是]}$$

$$刚开始干，还没有见到效益=100\%\times\frac{是否脱贫[是]\&刚开始干，还没有见到效益[单选]}{是否脱贫[是]\&企业（合作社、大户）是否带动[是]}$$

$$已经见效=100\%\times\frac{是否脱贫[是]\&已经见效[单选]}{是否脱贫[是]\&企业（合作社、大户）是否带动[是]}$$

$$现在干不下去了=100\%\times\frac{是否脱贫[是]\&现在干不下去了[单选]}{是否脱贫[是]\&企业（合作社、大户）是否带动[是]}$$

前景不错，想扩大规模

$$=100\%\times\frac{是否脱贫[是]\&前景不错，想扩大规模[单选]}{是否脱贫[是]\&企业（合作社、大户）是否带动[是]}$$

$$其他=100\%\times\frac{是否脱贫[是]\&其他[单选]}{是否脱贫[是]\&企业（合作社、大户）是否带动[是]}$$

3）建档立卡户

$$还没有开始干=100\%\times\frac{还没有开始干[单选]}{企业（合作社、大户）是否带动[是]}$$

$$刚开始干，还没有见到效益=100\%\times\frac{刚开始干，还没有见到效益[单选]}{企业（合作社、大户）是否带动[是]}$$

$$已经见效=100\%\times\frac{已经见效[单选]}{企业（合作社、大户）是否带动[是]}$$

$$现在干不下去了=100\%\times\frac{现在干不下去了[单选]}{企业（合作社、大户）是否带动[是]}$$

$$前景不错，想扩大规模=100\%\times\frac{前景不错，想扩大规模[单选]}{企业（合作社、大户）是否带动[是]}$$

$$其他=100\%\times\frac{其他[单选]}{企业（合作社、大户）是否带动[是]}$$

11. 家庭参与企业（合作社、大户）生产经营情况

1）贫困户

参与企业（合作社、大户）的生产经营

$$=100\%\times\frac{是否脱贫[否]\&是否参与企业（合作社、大户）的生产经营[是]}{是否脱贫[否]\&企业（合作社、大户）是否带动[是]}$$

没有参与企业（合作社、大户）的生产经营

$$=100\%\times\frac{是否脱贫[否]\&是否参与企业（合作社、大户）的生产经营[否]}{是否脱贫[否]\&企业（合作社、大户）是否带动[是]}$$

2）脱贫户

参与企业（合作社、大户）的生产经营

$$=100\%\times\frac{是否脱贫[是]\&是否参与企业（合作社、大户）的生产经营[是]}{是否脱贫[是]\&企业（合作社、大户）是否带动[是]}$$

没有参与企业（合作社、大户）的生产经营

$$=100\%\times\frac{\text{是否脱贫}\left[\text{是}\right]\&\text{是否参与企业（合作社、大户）的生产经营}\left[\text{否}\right]}{\text{是否脱贫}\left[\text{是}\right]\&\text{企业（合作社、大户）是否带动}\left[\text{是}\right]}$$

3）建档立卡户

参与企业（合作社、大户）的生产经营

$$=100\%\times\frac{\text{是否参与企业（合作社、大户）的生产经营}\left[\text{是}\right]}{\text{企业（合作社、大户）是否带动}\left[\text{是}\right]}$$

没有参与企业（合作社、大户）的生产经营

$$=100\%\times\frac{\text{是否参与企业（合作社、大户）的生产经营}\left[\text{否}\right]}{\text{企业（合作社、大户）是否带动}\left[\text{是}\right]}$$

12. 家庭人员在企业（合作社、大户）务工

1）贫困户

$$\text{有0人}=100\%\times\frac{\text{是否脱贫}\left[\text{否}\right]\&\text{0人在企业（合作社、大户）务工}\left[\text{填空}\right]}{\text{是否脱贫}\left[\text{否}\right]\&\text{企业（合作社、大户）是否带动}\left[\text{是}\right]}$$

$$\text{有1人}=100\%\times\frac{\text{是否脱贫}\left[\text{否}\right]\&\text{1人在企业（合作社、大户）务工}\left[\text{填空}\right]}{\text{是否脱贫}\left[\text{否}\right]\&\text{企业（合作社、大户）是否带动}\left[\text{是}\right]}$$

$$\text{有2人}=100\%\times\frac{\text{是否脱贫}\left[\text{否}\right]\&\text{2人在企业（合作社、大户）务工}\left[\text{填空}\right]}{\text{是否脱贫}\left[\text{否}\right]\&\text{企业（合作社、大户）是否带动}\left[\text{是}\right]}$$

$$\text{有3人}=100\%\times\frac{\text{是否脱贫}\left[\text{否}\right]\&\text{3人在企业（合作社、大户）务工}\left[\text{填空}\right]}{\text{是否脱贫}\left[\text{否}\right]\&\text{企业（合作社、大户）是否带动}\left[\text{是}\right]}$$

$$\text{有4人}=100\%\times\frac{\text{是否脱贫}\left[\text{否}\right]\&\text{4人在企业（合作社、大户）务工}\left[\text{填空}\right]}{\text{是否脱贫}\left[\text{否}\right]\&\text{企业（合作社、大户）是否带动}\left[\text{是}\right]}$$

$$\text{有5人}=100\%\times\frac{\text{是否脱贫}\left[\text{否}\right]\&\text{5人在企业（合作社、大户）务工}\left[\text{填空}\right]}{\text{是否脱贫}\left[\text{否}\right]\&\text{企业（合作社、大户）是否带动}\left[\text{是}\right]}$$

$$\text{有6人}=100\%\times\frac{\text{是否脱贫}\left[\text{否}\right]\&\text{6人在企业（合作社、大户）务工}\left[\text{填空}\right]}{\text{是否脱贫}\left[\text{否}\right]\&\text{企业（合作社、大户）是否带动}\left[\text{是}\right]}$$

$$\text{有7人}=100\%\times\frac{\text{是否脱贫}\left[\text{否}\right]\&\text{7人在企业（合作社、大户）务工}\left[\text{填空}\right]}{\text{是否脱贫}\left[\text{否}\right]\&\text{企业（合作社、大户）是否带动}\left[\text{是}\right]}$$

2）脱贫户

$$\text{有0人}=100\%\times\frac{\text{是否脱贫}\left[\text{是}\right]\&\text{0人在企业（合作社、大户）务工}\left[\text{填空}\right]}{\text{是否脱贫}\left[\text{是}\right]\&\text{企业（合作社、大户）是否带动}\left[\text{是}\right]}$$

$$有1人=100\%\times\frac{是否脱贫[是]\&1人在企业（合作社、大户）务工[填空]}{是否脱贫[是]\&企业（合作社、大户）是否带动[是]}$$

$$有2人=100\%\times\frac{是否脱贫[是]\&2人在企业（合作社、大户）务工[填空]}{是否脱贫[是]\&企业（合作社、大户）是否带动[是]}$$

$$有3人=100\%\times\frac{是否脱贫[是]\&3人在企业（合作社、大户）务工[填空]}{是否脱贫[是]\&企业（合作社、大户）是否带动[是]}$$

$$有4人=100\%\times\frac{是否脱贫[是]\&4人在企业（合作社、大户）务工[填空]}{是否脱贫[是]\&企业（合作社、大户）是否带动[是]}$$

$$有5人=100\%\times\frac{是否脱贫[是]\&5人在企业（合作社、大户）务工[填空]}{是否脱贫[是]\&企业（合作社、大户）是否带动[是]}$$

$$有6人=100\%\times\frac{是否脱贫[是]\&6人在企业（合作社、大户）务工[填空]}{是否脱贫[是]\&企业（合作社、大户）是否带动[是]}$$

$$有7人=100\%\times\frac{是否脱贫[是]\&7人在企业（合作社、大户）务工[填空]}{是否脱贫[是]\&企业（合作社、大户）是否带动[是]}$$

3）建档立卡户

$$有0人=100\%\times\frac{0人在企业（合作社、大户）务工[填空]}{企业（合作社、大户）是否带动[是]}$$

$$有1人=100\%\times\frac{1人在企业（合作社、大户）务工[填空]}{企业（合作社、大户）是否带动[是]}$$

$$有2人=100\%\times\frac{2人在企业（合作社、大户）务工[填空]}{企业（合作社、大户）是否带动[是]}$$

$$有3人=100\%\times\frac{3人在企业（合作社、大户）务工[填空]}{企业（合作社、大户）是否带动[是]}$$

$$有4人=100\%\times\frac{4人在企业（合作社、大户）务工[填空]}{企业（合作社、大户）是否带动[是]}$$

$$有5人=100\%\times\frac{5人在企业（合作社、大户）务工[填空]}{企业（合作社、大户）是否带动[是]}$$

$$有6人=100\%\times\frac{6人在企业（合作社、大户）务工[填空]}{企业（合作社、大户）是否带动[是]}$$

$$有7人=100\%\times\frac{7人在企业（合作社、大户）务工[填空]}{企业（合作社、大户）是否带动[是]}$$

13. 当年净收益情况

1）贫困户

净收益小于1 500元

$$=100\%\times\frac{\text{是否脱贫[否]\&净收益小于1 500元[含0元，不含1 500元]}}{\text{是否脱贫[否]\&企业（合作社、大户）是否带动[是]}}$$

净收益为1 500～3 000元

$$=100\%\times\frac{\text{是否脱贫[否]\&净收益为1 500～3 000元[含1 500元，不含3 000元]}}{\text{是否脱贫[否]\&企业（合作社、大户）是否带动[是]}}$$

净收益为3 000～5 000元

$$=100\%\times\frac{\text{是否脱贫[否]\&净收益为3 000～5 000元[含3 000元，不含5 000元]}}{\text{是否脱贫[否]\&企业（合作社、大户）是否带动[是]}}$$

净收益为5 000～10 000元

$$=100\%\times\frac{\text{是否脱贫[否]\&净收益为5 000～10 000元[含5 000元，不含10 000元]}}{\text{是否脱贫[否]\&企业（合作社、大户）是否带动[是]}}$$

净收益为10 000元及以上

$$=100\%\times\frac{\text{是否脱贫[否]\&净收益为10 000元及以上[含10 000元]}}{\text{是否脱贫[否]\&企业（合作社、大户）是否带动[是]}}$$

2）脱贫户

净收益小于1 500元

$$=100\%\times\frac{\text{是否脱贫[是]\&净收益小于1 500元[含0元，不含1 500元]}}{\text{是否脱贫[是]\&企业（合作社、大户）是否带动[是]}}$$

净收益为1 500～3 000元

$$=100\%\times\frac{\text{是否脱贫[是]\&净收益为1 500～3 000元[含1 500元，不含3 000元]}}{\text{是否脱贫[是]\&企业（合作社、大户）是否带动[是]}}$$

净收益为3 000～5 000元

$$=100\%\times\frac{\text{是否脱贫[是]\&净收益为3 000～5 000元[含3 000元，不含5 000元]}}{\text{是否脱贫[是]\&企业（合作社、大户）是否带动[是]}}$$

净收益为5 000～10 000元

$$=100\%\times\frac{\text{是否脱贫[是]\&净收益为5 000～10 000元[含5 000元，不含10 000元]}}{\text{是否脱贫[是]\&企业（合作社、大户）是否带动[是]}}$$

$$\text{净收益为10 000元及以上}=100\%\times\frac{\text{是否脱贫[是]}\&\text{净收益为10 000元及以上[含10 000元]}}{\text{是否脱贫[是]}\&\text{企业（合作社、大户）是否带动[是]}}$$

3）建档立卡户

$$\text{净收益小于1 500元}=100\%\times\frac{\text{净收益小于1 500元[含0元，不含1 500元]}}{\text{企业（合作社、大户）是否带动[是]}}$$

$$\text{净收益为1 500～3 000元}=100\%\times\frac{\text{净收益为1 500～3 000元[含1 500元，不含3 000元]}}{\text{企业（合作社、大户）是否带动[是]}}$$

$$\text{净收益为3 000～5 000元}=100\%\times\frac{\text{净收益为3 000～5 000元[含3 000元，不含5 000元]}}{\text{企业（合作社、大户）是否带动[是]}}$$

$$\text{净收益为5 000～10 000元}=100\%\times\frac{\text{净收益为5 000～10 000元[含5 000元，不含10 000元]}}{\text{企业（合作社、大户）是否带动[是]}}$$

$$\text{净收益为10 000元及以上}=100\%\times\frac{\text{净收益为10 000元及以上[含10 000元]}}{\text{企业（合作社、大户）是否带动[是]}}$$

14. 企业（合作社、大户）带动对农户家庭增收是否有效

1）贫困户

$$\text{非常有效}=100\%\times\frac{\text{是否脱贫[否]}\&\text{非常有效[单选]}}{\text{是否脱贫[否]}\&\text{企业（合作社、大户）是否带动[是]}}$$

$$\text{比较有效}=100\%\times\frac{\text{是否脱贫[否]}\&\text{比较有效[单选]}}{\text{是否脱贫[否]}\&\text{企业（合作社、大户）是否带动[是]}}$$

$$\text{效果一般}=100\%\times\frac{\text{是否脱贫[否]}\&\text{效果一般[单选]}}{\text{是否脱贫[否]}\&\text{企业（合作社、大户）是否带动[是]}}$$

$$\text{没有作用}=100\%\times\frac{\text{是否脱贫[否]}\&\text{没有作用[单选]}}{\text{是否脱贫[否]}\&\text{企业（合作社、大户）是否带动[是]}}$$

2）脱贫户

$$\text{非常有效}=100\%\times\frac{\text{是否脱贫[是]}\&\text{非常有效[单选]}}{\text{是否脱贫[是]}\&\text{企业（合作社、大户）是否带动[是]}}$$

$$比较有效=100\%\times\frac{是否脱贫[是]\&比较有效[单选]}{是否脱贫[是]\&企业（合作社、大户）是否带动[是]}$$

$$效果一般=100\%\times\frac{是否脱贫[是]\&效果一般[单选]}{是否脱贫[是]\&企业（合作社、大户）是否带动[是]}$$

$$没有作用=100\%\times\frac{是否脱贫[是]\&没有作用[单选]}{是否脱贫[是]\&企业（合作社、大户）是否带动[是]}$$

3）建档立卡户

$$非常有效=100\%\times\frac{非常有效[单选]}{企业（合作社、大户）是否带动[是]}$$

$$比较有效=100\%\times\frac{比较有效[单选]}{企业（合作社、大户）是否带动[是]}$$

$$效果一般=100\%\times\frac{效果一般[单选]}{企业（合作社、大户）是否带动[是]}$$

$$没有作用=100\%\times\frac{没有作用[单选]}{企业（合作社、大户）是否带动[是]}$$

15. 企业（合作社、大户）带动效果一般或没有作用的主要原因

1）贫困户

没有实际带动

$$=100\%\times\frac{是否脱贫[否]\&没有实际带动[单选]}{是否脱贫[否]\&企业（合作社、大户）带动效果[效果一般\&没有作用]}$$

带动效果不明显

$$=100\%\times\frac{是否脱贫[否]\&带动效果不明显[单选]}{是否脱贫[否]\&企业（合作社、大户）带动效果[效果一般\&没有作用]}$$

只有少量分红，没有参与产业经营

$$=100\%\times\frac{是否脱贫[否]\&只有少量分红，没有参与产业经营[单选]}{是否脱贫[否]\&企业（合作社、大户）带动效果[效果一般\&没有作用]}$$

企业（合作社、大户）不分配收益

$$=100\%\times\frac{是否脱贫[否]\&企业（合作社、大户）不分配收益[单选]}{是否脱贫[否]\&企业（合作社、大户）带动效果[效果一般\&没有作用]}$$

其他

$$=100\%\times\frac{\text{是否脱贫}\left[\text{否}\right]\&\text{其他}\left[\text{单选}\right]}{\text{是否脱贫}\left[\text{否}\right]\&\text{企业（合作社、大户）带动效果}\left[\text{效果一般}\&\text{没有作用}\right]}$$

2）脱贫户

没有实际带动

$$=100\%\times\frac{\text{是否脱贫}\left[\text{是}\right]\&\text{没有实际带动}\left[\text{单选}\right]}{\text{是否脱贫}\left[\text{是}\right]\&\text{企业（合作社、大户）带动效果}\left[\text{效果一般}\&\text{没有作用}\right]}$$

带动效果不明显

$$=100\%\times\frac{\text{是否脱贫}\left[\text{是}\right]\&\text{带动效果不明显}\left[\text{单选}\right]}{\text{是否脱贫}\left[\text{是}\right]\&\text{企业（合作社、大户）带动效果}\left[\text{效果一般}\&\text{没有作用}\right]}$$

只有少量分红，没有参与产业经营

$$=100\%\times\frac{\text{是否脱贫}\left[\text{是}\right]\&\text{只有少量分红，没有参与产业经营}\left[\text{单选}\right]}{\text{是否脱贫}\left[\text{是}\right]\&\text{企业（合作社、大户）带动效果}\left[\text{效果一般}\&\text{没有作用}\right]}$$

企业（合作社、大户）不分配收益

$$=100\%\times\frac{\text{是否脱贫}\left[\text{是}\right]\&\text{企业（合作社、大户）不分配收益}\left[\text{单选}\right]}{\text{是否脱贫}\left[\text{是}\right]\&\text{企业（合作社、大户）带动效果}\left[\text{效果一般}\&\text{没有作用}\right]}$$

其他

$$=100\%\times\frac{\text{是否脱贫}\left[\text{是}\right]\&\text{其他}\left[\text{单选}\right]}{\text{是否脱贫}\left[\text{是}\right]\&\text{企业（合作社、大户）带动效果}\left[\text{效果一般}\&\text{没有作用}\right]}$$

3）建档立卡户

没有实际带动

$$=100\%\times\frac{\text{没有实际带动}\left[\text{单选}\right]}{\text{企业（合作社、大户）带动效果}\left[\text{效果一般}\&\text{没有作用}\right]}$$

带动效果不明显

$$=100\%\times\frac{\text{带动效果不明显}\left[\text{单选}\right]}{\text{企业（合作社、大户）带动效果}\left[\text{效果一般}\&\text{没有作用}\right]}$$

只有少量分红，没有参与产业经营

$$=100\%\times\frac{\text{只有少量分红，没有参与产业经营}\left[\text{单选}\right]}{\text{企业（合作社、大户）带动效果}\left[\text{效果一般}\&\text{没有作用}\right]}$$

企业（合作社、大户）不分配收益

$$=100\%\times\frac{\text{企业（合作社、大户）不分配收益}\left[\text{单选}\right]}{\text{企业（合作社、大户）带动效果}\left[\text{效果一般}\&\text{没有作用}\right]}$$

$$\text{其他}=100\%\times\frac{\text{其他}\left[\text{单选}\right]}{\text{企业（合作社、大户）带动效果}\left[\text{效果一般}\&\text{没有作用}\right]}$$

二、易地扶贫搬迁

1. 搬迁后稳定就业情况

1）贫困户

搬迁后稳定就业情况

$$=100\%\times\frac{\text{是否脱贫}\left[\text{否}\right]\&\text{搬迁后几人实现稳定就业}\left[\text{数值}>0\right]}{\text{是否脱贫}\left[\text{否}\right]\&\text{是否易地扶贫搬迁户}\left[\text{是}\right]}$$

2）脱贫户

搬迁后稳定就业情况

$$=100\%\times\frac{\text{是否脱贫}\left[\text{是}\right]\&\text{搬迁后几人实现稳定就业}\left[\text{数值}>0\right]}{\text{是否脱贫}\left[\text{是}\right]\&\text{是否易地扶贫搬迁户}\left[\text{是}\right]}$$

3）建档立卡户

$$\text{搬迁后稳定就业情况}=100\%\times\frac{\text{搬迁后几人实现稳定就业}\left[\text{数值}>0\right]}{\text{是否易地扶贫搬迁户}\left[\text{是}\right]}$$

2. 搬迁后收入主要来源（需要分开统计 5 种类型，i=1,2,⋯,5）

1）贫困户

搬迁后收入主要来源

$$=100\%\times\frac{\text{是否脱贫}\left[\text{否}\right]\&\text{搬迁后家庭主要收入来源}\left[\text{第}i\text{种收入来源}\right]}{\text{是否脱贫}\left[\text{否}\right]\&\text{是否易地扶贫搬迁户}\left[\text{是}\right]}$$

2）脱贫户

搬迁后收入主要来源

$$=100\%\times\frac{\text{是否脱贫}\left[\text{是}\right]\&\text{搬迁后家庭主要收入来源}\left[\text{第}i\text{种收入来源}\right]}{\text{是否脱贫}\left[\text{是}\right]\&\text{是否易地扶贫搬迁户}\left[\text{是}\right]}$$

3）建档立卡户

$$\text{搬迁后收入主要来源}=100\%\times\frac{\text{搬迁后家庭主要收入来源}[\text{第}i\text{种收入来源}]}{\text{是否易地扶贫搬迁户}[\text{是}]}$$

3. 搬迁后生活条件明显改善状况（非常明显和比较明显）

1）贫困户

$$\text{搬迁后生活条件明显改善状况}=100\%\times\frac{\text{是否脱贫}[\text{否}]\,\&\,\text{搬迁后生活条件是否有所改善}[\text{非常明显和比较明显}]}{\text{是否脱贫}[\text{否}]\,\&\,\text{是否易地扶贫搬迁户}[\text{是}]}$$

2）脱贫户

$$\text{搬迁后生活条件明显改善状况}=100\%\times\frac{\text{是否脱贫}[\text{是}]\,\&\,\text{搬迁后生活条件是否有所改善}[\text{非常明显和比较明显}]}{\text{是否脱贫}[\text{是}]\,\&\,\text{是否易地扶贫搬迁户}[\text{是}]}$$

3）建档立卡户

$$\text{搬迁后生活条件明显改善状况}=100\%\times\frac{\text{搬迁后生活条件是否有所改善}[\text{非常明显和比较明显}]}{\text{是否易地扶贫搬迁户}[\text{是}]}$$

4. 搬迁后生活条件一般和没有改善状况（一般和没有改善）

1）贫困户

$$\text{搬迁后生活条件一般和没有改善状况}=100\%\times\frac{\text{是否脱贫}[\text{否}]\,\&\,\text{搬迁后生活条件是否有所改善}[\text{一般和没有改善}]}{\text{是否脱贫}[\text{否}]\,\&\,\text{是否易地扶贫搬迁户}[\text{是}]}$$

2）脱贫户

$$\text{搬迁后生活条件一般和没有改善状况}=100\%\times\frac{\text{是否脱贫}[\text{是}]\,\&\,\text{搬迁后生活条件是否有所改善}[\text{一般和没有改善}]}{\text{是否脱贫}[\text{是}]\,\&\,\text{是否易地扶贫搬迁户}[\text{是}]}$$

3）建档立卡户

$$\text{搬迁后生活条件一般和没有改善状况}=100\%\times\frac{\text{搬迁后生活条件是否有所改善}[\text{一般和没有改善}]}{\text{是否易地扶贫搬迁户}[\text{是}]}$$

5. 搬迁后效果一般的原因（需要分开统计 5 种类型，i=1,2,⋯,5）

1）贫困户

$$\text{搬迁后效果一般的原因}=100\%\times\frac{\text{是否脱贫}\left[\text{否}\right]\&\text{效果一般或者没有改善的原因}\left[\text{第}i\text{种原因}\right]}{\text{是否脱贫}\left[\text{否}\right]\&\text{搬迁后生活条件是否有所改善}\left[\text{一般和没有改善}\right]}$$

2）脱贫户

$$\text{搬迁后效果一般的原因}=100\%\times\frac{\text{是否脱贫}\left[\text{是}\right]\&\text{效果一般或者没有改善的原因}\left[\text{第}i\text{种原因}\right]}{\text{是否脱贫}\left[\text{是}\right]\&\text{搬迁后生活条件是否有所改善}\left[\text{一般和没有改善}\right]}$$

3）建档立卡户

$$\text{搬迁后效果一般的原因}=100\%\times\frac{\text{效果一般或者没有改善的原因}\left[\text{第}i\text{种原因}\right]}{\text{搬迁后生活条件是否有所改善}\left[\text{一般和没有改善}\right]}$$

三、就业扶贫

1. 扶贫车间工作情况

1）贫困户

$$\text{在扶贫车间工作}=100\%\times\frac{\text{是否脱贫}\left[\text{否}\right]\&\text{就业务工多少人}\left[\text{数值}>0\right]\&\text{扶贫车间就业多少人}\left[\text{数值}>0\right]}{\text{是否脱贫}\left[\text{否}\right]\&\text{就业务工多少人}\left[\text{数值}>0\right]}$$

2）脱贫户

$$\text{在扶贫车间工作}=100\%\times\frac{\text{是否脱贫}\left[\text{是}\right]\&\text{就业务工多少人}\left[\text{数值}>0\right]\&\text{扶贫车间就业多少人}\left[\text{数值}>0\right]}{\text{是否脱贫}\left[\text{是}\right]\&\text{就业务工多少人}\left[\text{数值}>0\right]}$$

3）建档立卡户

$$\text{在扶贫车间工作}=100\%\times\frac{\text{就业务工多少人}\left[\text{数值}>0\right]\&\text{扶贫车间就业多少人}\left[\text{数值}>0\right]}{\text{就业务工多少人}\left[\text{数值}>0\right]}$$

2. 扶贫车间就业有名无实情况

1）贫困户

扶贫车间工作虚设岗位情况

$$=100\%\times\frac{是否脱贫[否]\&就业务工[数值>0]\&扶贫车间工作[没有去过+偶尔去过]\&已获得收益[数值>0]}{是否脱贫[否]\&就业务工[数值>0]\&在扶贫车间就业多少人[数值>0]}$$

2）脱贫户

扶贫车间工作虚设岗位情况

$$=100\%\times\frac{是否脱贫[是]\&就业务工[数值>0]\&扶贫车间工作[没有去过+偶尔去过]\&已获得收益[数值>0]}{是否脱贫[是]\&就业务工[数值>0]\&在扶贫车间就业多少人[数值>0]}$$

3）建档立卡户

扶贫车间工作虚设岗位情况

$$=100\%\times\frac{就业务工[数值>0]\&扶贫车间工作[没有去过+偶尔去过]\&已获得收益[数值>0]}{就业务工[数值>0]\&在扶贫车间就业多少人[数值>0]}$$

3. 公益性岗位工作情况

1）贫困户

公益性岗位工作

$$=100\%\times\frac{是否脱贫[否]\&就业务工多少人[数值>0]\&公益性岗位就业多少人[数值>0]}{是否脱贫[否]\&就业务工多少人[数值>0]}$$

2）脱贫户

公益性岗位工作

$$=100\%\times\frac{是否脱贫[是]\&就业务工多少人[数值>0]\&公益性岗位就业多少人[数值>0]}{是否脱贫[是]\&就业务工多少人[数值>0]}$$

3）建档立卡户

$$公益性岗位工作=100\%\times\frac{就业务工多少人[数值>0]\&公益性岗位就业多少人[数值>0]}{就业务工多少人[数值>0]}$$

4. 公益性岗位有名无实情况

1）贫困户

公益性岗位变相发钱情况

$$=100\%\times\frac{是否脱贫[否]\&就业务工[数值>0]\&公益性岗位[没有去过+偶尔去过]\&已获得收益[数值>0]}{是否脱贫[否]\&就业务工[数值>0]\&公益性岗位就业多少人[数值>0]}$$

2）脱贫户

公益性岗位变相发钱情况

$$=100\%\times\frac{是否脱贫[是]\&就业务工[数值>0]\&公益性岗位[没有去过+偶尔去过]\&已获得收益[数值>0]}{是否脱贫[是]\&就业务工[数值>0]\&公益性岗位就业多少人[数值>0]}$$

3）建档立卡户

公益性岗位变相发钱情况

$$=100\%\times\frac{\text{就业务工}\left[\text{数值}>0\right]\&\text{公益性岗位}\left[\text{没有去过}+\text{偶尔去过}\right]\&\text{已获得收益}\left[\text{数值}>0\right]}{\text{就业务工}\left[\text{数值}>0\right]\&\text{公益性岗位就业多少人}\left[\text{数值}>0\right]}$$

5. 外出务工人员就业培训情况

1）贫困户

外出务工人员就业培训情况

$$=100\%\times\frac{\text{是否脱贫}\left[\text{否}\right]\&\text{就业务工多少人}\left[\text{数值}>0\right]\&\text{参加就业培训多少人}\left[\text{数值}>0\right]}{\text{是否脱贫}\left[\text{否}\right]\&\text{就业务工多少人}\left[\text{数值}>0\right]}$$

2）脱贫户

外出务工人员就业培训情况

$$=100\%\times\frac{\text{是否脱贫}\left[\text{是}\right]\&\text{就业务工多少人}\left[\text{数值}>0\right]\&\text{参加就业培训多少人}\left[\text{数值}>0\right]}{\text{是否脱贫}\left[\text{是}\right]\&\text{就业务工多少人}\left[\text{数值}>0\right]}$$

3）建档立卡户

外出务工人员就业培训情况

$$=100\%\times\frac{\text{就业务工多少人}\left[\text{数值}>0\right]\&\text{参加就业培训多少人}\left[\text{数值}>0\right]}{\text{就业务工多少人}\left[\text{数值}>0\right]}$$

6. 外出务工人员获得就业帮扶政策情况

1）贫困户

外出务工人员没有享受就业帮扶措施

$$=100\%\times\frac{\text{是否脱贫}\left[\text{否}\right]\&\text{就业务工多少人}\left[\text{数值}>0\right]\&\text{就业帮扶措施效果}\left[\text{没有享受}\right]}{\text{是否脱贫}\left[\text{否}\right]\&\text{就业务工多少人}\left[\text{数值}>0\right]\&\text{就业帮扶措施效果}\left[\text{数值}>0\right]}$$

2）脱贫户

外出务工人员没有享受就业帮扶措施

$$=100\%\times\frac{\text{是否脱贫}\left[\text{是}\right]\&\text{就业务工多少人}\left[\text{数值}>0\right]\&\text{就业帮扶措施效果}\left[\text{没有享受}\right]}{\text{是否脱贫}\left[\text{是}\right]\&\text{就业务工多少人}\left[\text{数值}>0\right]\&\text{就业帮扶措施效果}\left[\text{数值}>0\right]}$$

3）建档立卡户

外出务工人员没有享受就业帮扶措施

$$=100\%\times\frac{\text{就业务工多少人}\left[\text{数值}>0\right]\&\text{就业帮扶措施效果}\left[\text{没有享受}\right]}{\text{就业务工多少人}\left[\text{数值}>0\right]\&\text{就业帮扶措施效果}\left[\text{数值}>0\right]}$$

7. 外出务工人员获得就业帮扶措施对增收是否有效

1）增收有效贫困户

$$\text{外出务工人员就业帮扶措施增收有效}=100\%\times\frac{\text{是否脱贫}[\text{否}]\&\text{就业务工多少人}[\text{数值}>0]\&\text{就业帮扶措施效果}[\text{非常明显}+\text{比较明显}]}{\text{是否脱贫}[\text{否}]\&\text{就业务工多少人}[\text{数值}>0]\&\text{就业帮扶措施效果}[\text{数值}>0]}$$

2）增收有效脱贫户

$$\text{外出务工人员就业帮扶措施增收有效}=100\%\times\frac{\text{是否脱贫}[\text{是}]\&\text{就业务工多少人}[\text{数值}>0]\&\text{就业帮扶措施效果}[\text{非常明显}+\text{比较明显}]}{\text{是否脱贫}[\text{是}]\&\text{就业务工多少人}[\text{数值}>0]\&\text{就业帮扶措施效果}[\text{数值}>0]}$$

3）增收有效建档立卡户

$$\text{外出务工人员就业帮扶措施增收有效}=100\%\times\frac{\text{就业务工多少人}[\text{数值}>0]\&\text{就业帮扶措施效果}[\text{非常明显}+\text{比较明显}]}{\text{就业务工多少人}[\text{数值}>0]\&\text{就业帮扶措施效果}[\text{数值}>0]}$$

4）增收无效贫困户

$$\text{外出务工人员就业帮扶措施增收无效}=100\%\times\frac{\text{是否脱贫}[\text{否}]\&\text{就业务工多少人}[\text{数值}>0]\&\text{就业帮扶措施效果}[\text{没有效果}+\text{效果一般}]}{\text{是否脱贫}[\text{否}]\&\text{就业务工多少人}[\text{数值}>0]\&\text{就业帮扶措施效果}[\text{数值}>0]}$$

5）增收无效脱贫户

$$\text{外出务工人员就业帮扶措施增收无效}=100\%\times\frac{\text{是否脱贫}[\text{是}]\&\text{就业务工多少人}[\text{数值}>0]\&\text{就业帮扶措施效果}[\text{没有效果}+\text{效果一般}]}{\text{是否脱贫}[\text{是}]\&\text{就业务工多少人}[\text{数值}>0]\&\text{就业帮扶措施效果}[\text{数值}>0]}$$

6）增收无效建档立卡户

$$\text{外出务工人员就业帮扶措施增收无效}=100\%\times\frac{\text{就业务工多少人}[\text{数值}>0]\&\text{就业帮扶措施效果}[\text{没有效果}+\text{效果一般}]}{\text{就业务工多少人}[\text{数值}>0]\&\text{就业帮扶措施效果}[\text{数值}>0]}$$

四、扶贫小额信贷

1. 扶贫小额信贷知晓率

1）贫困户

$$\text{贫困户听说过扶贫小额信贷的比率}=100\%\times\frac{\text{是否脱贫}[\text{否}]\&\text{是否知道扶贫小额信贷}[\text{是}]}{\text{是否脱贫}[\text{否}]}$$

2）脱贫户

$$\text{脱贫户听说过扶贫小额信贷的比率}=100\%\times\frac{\text{是否脱贫}[\text{是}]\&\text{是否知道扶贫小额信贷}[\text{是}]}{\text{是否脱贫}[\text{是}]}$$

3）建档立卡户

$$\text{建档立卡户听说过扶贫小额信贷的比率}=100\%\times\frac{\text{是否知道扶贫小额信贷}[\text{是}]}{\text{受访建档立卡户总户数}}$$

2. 借过扶贫小额信贷的比率

1）贫困户

$$\text{贫困户借过扶贫小额信贷的比率}=100\%\times\frac{\text{是否脱贫}[\text{否}]\&\text{是否借过扶贫小额信贷}[\text{是}]}{\text{是否脱贫}[\text{否}]}$$

2）脱贫户

$$\text{脱贫户借过扶贫小额信贷的比率}=100\%\times\frac{\text{是否脱贫}[\text{是}]\&\text{是否借过扶贫小额信贷}[\text{是}]}{\text{是否脱贫}[\text{是}]}$$

3）建档立卡户

$$\text{建档立卡户借过扶贫小额信贷的比率}=100\%\times\frac{\text{是否借过扶贫小额信贷}[\text{是}]}{\text{受访建档立卡户总户数}}$$

3. 年度新贷款入股户贷企用户数和户贷合作社用户数

1）2018 年新贷款入股户贷企用户数

贫困户：

$$\text{2018年新贷款入股户贷企用户数}=\text{是否脱贫}[\text{否}]\&\text{贷款的起始年份}[2018]\&\text{使用方式}[\text{户贷企用}]$$

脱贫户：

$$\text{2018年新贷款入股户贷企用户数}=\text{是否脱贫}[\text{是}]\&\text{贷款的起始年份}[2018]\&\text{使用方式}[\text{户贷企用}]$$

建档立卡户：

$$\text{2018年新贷款入股户贷企用户数}=\text{贷款的起始年份}[2018]\&\text{使用方式}[\text{户贷企用}]$$

2）2018 年新贷款入股户贷合作社用户数

贫困户：

2018年新贷款入股户贷合作社用户数

=是否脱贫[否]&贷款的起始年份[2018]&使用方式[户贷合作社用]

脱贫户：

2018年新贷款入股户贷合作社用户数

=是否脱贫[是]&贷款的起始年份[2018]&使用方式[户贷合作社用]

建档立卡户：

2018年新贷款入股户贷合作社用户数

=贷款的起始年份[2018]&使用方式[户贷合作社用]

4. 年度新贷款入股户贷企用比例和户贷合作社用比例

1）2018 年新贷款入股户贷企用比例

贫困户：

2018年新贷款入股户贷企用比例

$$=100\%\times\frac{\text{是否脱贫[否]\&贷款的起始年份[2018]\&使用方式[户贷企用]}}{\text{是否脱贫[否]\&贷款的起始年份[2018]}}$$

脱贫户：

2018年新贷款入股户贷企用比例

$$=100\%\times\frac{\text{是否脱贫[是]\&贷款的起始年份[2018]\&使用方式[户贷企用]}}{\text{是否脱贫[是]\&贷款的起始年份[2018]}}$$

建档立卡户：

2018年新贷款入股户贷企用比例

$$=100\%\times\frac{\text{贷款的起始年份[2018]\&使用方式[户贷企用]}}{\text{贷款的起始年份[2018]}}$$

2）2018 年新贷款入股户贷合作社用比例

贫困户：

2018年新贷款入股户贷合作社用比例

$$=100\%\times\frac{\text{是否脱贫[否]\&贷款的起始年份[2018]\&使用方式[户贷合作社用]}}{\text{是否脱贫[否]\&贷款的起始年份[2018]}}$$

脱贫户：

2018年新贷款入股户贷合作社用比例

$$=100\%\times\frac{\text{是否脱贫}\left[\text{是}\right]\&\text{贷款的起始年份}\left[2018\right]\&\text{使用方式}\left[\text{户贷合作社用}\right]}{\text{是否脱贫}\left[\text{是}\right]\&\text{贷款的起始年份}\left[2018\right]}$$

建档立卡户：

2018年新贷款入股户贷合作社用比例

$$=100\%\times\frac{\text{贷款的起始年份}\left[2018\right]\&\text{使用方式}\left[\text{户贷合作社用}\right]}{\text{贷款的起始年份}\left[2018\right]}$$

5. 小额信贷到期能否还清贷款情况

1）贫困户

贫困户贷款到期能够还清比率

$$=100\%\times\frac{\text{是否脱贫}\left[\text{否}\right]\&\text{是否借过扶贫小额信贷}\left[\text{是}\right]\&\text{到期后能否还清}\left[\text{能}\right]}{\text{是否脱贫}\left[\text{否}\right]\&\text{是否借过扶贫小额信贷}\left[\text{是}\right]}$$

2）脱贫户

脱贫户贷款到期能够还清比率

$$=100\%\times\frac{\text{是否脱贫}\left[\text{是}\right]\&\text{是否借过扶贫小额信贷}\left[\text{是}\right]\&\text{到期后能否还清}\left[\text{能}\right]}{\text{是否脱贫}\left[\text{是}\right]\&\text{是否借过扶贫小额信贷}\left[\text{是}\right]}$$

3）建档立卡户

建档立卡户贷款到期能够还清比率

$$=100\%\times\frac{\text{是否借过扶贫小额信贷}\left[\text{是}\right]\&\text{到期后能否还清}\left[\text{能}\right]}{\text{是否借过扶贫小额信贷}\left[\text{是}\right]}$$

6. 小额信贷使用方式所占比例

1）自贷自用的情况

贫困户：

贫困户自贷自用的比率

$$=100\%\times\frac{\text{是否脱贫}\left[\text{否}\right]\&\text{是否借过扶贫小额信贷}\left[\text{是}\right]\&\text{使用方式}\left[\text{自贷自用}\right]}{\text{是否脱贫}\left[\text{否}\right]\&\text{是否借过扶贫小额信贷}\left[\text{是}\right]}$$

脱贫户：

脱贫户自贷自用的比率

$$=100\%\times\frac{\text{是否脱贫}\left[\text{是}\right]\&\text{是否借过扶贫小额信贷}\left[\text{是}\right]\&\text{使用方式}\left[\text{自贷自用}\right]}{\text{是否脱贫}\left[\text{是}\right]\&\text{是否借过扶贫小额信贷}\left[\text{是}\right]}$$

建档立卡户：

建档立卡户自贷自用的比率

$$=100\%\times\frac{是否借过扶贫小额信贷[是]\&使用方式[自贷自用]}{是否借过扶贫小额信贷[是]}$$

2）户贷企用的情况

贫困户：

贫困户户贷企用的比率

$$=100\%\times\frac{是否脱贫[否]\&是否借过扶贫小额信贷[是]\&使用方式[户贷企用]}{是否脱贫[否]\&是否借过扶贫小额信贷[是]}$$

脱贫户：

脱贫户户贷企用的比率

$$=100\%\times\frac{是否脱贫[是]\&是否借过扶贫小额信贷[是]\&使用方式[户贷企用]}{是否脱贫[是]\&是否借过扶贫小额信贷[是]}$$

建档立卡户：

建档立卡户户贷企用的比率

$$=100\%\times\frac{是否借过扶贫小额信贷[是]\&使用方式[户贷企用]}{是否借过扶贫小额信贷[是]}$$

3）户贷社用的情况

贫困户：

贫困户户贷社用的比率

$$=100\%\times\frac{是否脱贫[否]\&是否借过扶贫小额信贷[是]\&使用方式[户贷社用]}{是否脱贫[否]\&是否借过扶贫小额信贷[是]}$$

脱贫户：

脱贫户户贷社用的比率

$$=100\%\times\frac{是否脱贫[是]\&是否借过扶贫小额信贷[是]\&使用方式[户贷社用]}{是否脱贫[是]\&是否借过扶贫小额信贷[是]}$$

建档立卡户：

建档立卡户户贷社用的比率

$$=100\%\times\frac{是否借过扶贫小额信贷[是]\&使用方式[户贷社用]}{是否借过扶贫小额信贷[是]}$$

7. 小额信贷自贷自用主要用途

1）贫困户

贫困户自贷自用发展产业的比率

$$=100\%\times\frac{\text{是否脱贫[否]\&是否借过扶贫小额信贷[是]\&使用方式[自贷自用]\&借款的主要用途[发展产业]}}{\text{是否脱贫[否]\&是否借过扶贫小额信贷[是]\&使用方式[自贷自用]}}$$

贫困户自贷自用个体经营的比率

$$=100\%\times\frac{\text{是否脱贫[否]\&是否借过扶贫小额信贷[是]\&使用方式[自贷自用]\&借款的主要用途[个体经营]}}{\text{是否脱贫[否]\&是否借过扶贫小额信贷[是]\&使用方式[自贷自用]}}$$

贫困户自贷自用建房买房的比率

$$=100\%\times\frac{\text{是否脱贫[否]\&是否借过扶贫小额信贷[是]\&使用方式[自贷自用]\&借款的主要用途[建房买房]}}{\text{是否脱贫[否]\&是否借过扶贫小额信贷[是]\&使用方式[自贷自用]}}$$

贫困户自贷自用家庭消费的比率

$$=100\%\times\frac{\text{是否脱贫[否]\&是否借过扶贫小额信贷[是]\&使用方式[自贷自用]\&借款的主要用途[家庭消费]}}{\text{是否脱贫[否]\&是否借过扶贫小额信贷[是]\&使用方式[自贷自用]}}$$

贫困户自贷自用婚丧嫁娶的比率

$$=100\%\times\frac{\text{是否脱贫[否]\&是否借过扶贫小额信贷[是]\&使用方式[自贷自用]\&借款的主要用途[婚丧嫁娶]}}{\text{是否脱贫[否]\&是否借过扶贫小额信贷[是]\&使用方式[自贷自用]}}$$

贫困户自贷自用其他用途的比率

$$=100\%\times\frac{\text{是否脱贫[否]\&是否借过扶贫小额信贷[是]\&使用方式[自贷自用]\&借款的主要用途[其他]}}{\text{是否脱贫[否]\&是否借过扶贫小额信贷[是]\&使用方式[自贷自用]}}$$

2）脱贫户

脱贫户自贷自用发展产业的比率

$$=100\%\times\frac{\text{是否脱贫[是]\&是否借过扶贫小额信贷[是]\&使用方式[自贷自用]\&借款的主要用途[发展产业]}}{\text{是否脱贫[是]\&是否借过扶贫小额信贷[是]\&使用方式[自贷自用]}}$$

脱贫户自贷自用个体经营的比率

$$=100\%\times\frac{\text{是否脱贫[是]\&是否借过扶贫小额信贷[是]\&使用方式[自贷自用]\&借款的主要用途[个体经营]}}{\text{是否脱贫[是]\&是否借过扶贫小额信贷[是]\&使用方式[自贷自用]}}$$

脱贫户自贷自用建房买房的比率

$$=100\%\times\frac{\text{是否脱贫[是]\&是否借过扶贫小额信贷[是]\&使用方式[自贷自用]\&借款的主要用途[建房买房]}}{\text{是否脱贫[是]\&是否借过扶贫小额信贷[是]\&使用方式[自贷自用]}}$$

脱贫户自贷自用家庭消费的比率

$$=100\%\times\frac{\text{是否脱贫[是]\&是否借过扶贫小额信贷[是]\&使用方式[自贷自用]\&借款的主要用途[家庭消费]}}{\text{是否脱贫[是]\&是否借过扶贫小额信贷[是]\&使用方式[自贷自用]}}$$

脱贫户自贷自用婚丧嫁娶的比率

$$=100\%\times\frac{\text{是否脱贫[是]\&是否借过扶贫小额信贷[是]\&使用方式[自贷自用]\&借款的主要用途[婚丧嫁娶]}}{\text{是否脱贫[是]\&是否借过扶贫小额信贷[是]\&使用方式[自贷自用]}}$$

脱贫户自贷自用其他用途的比率

$$=100\%\times\frac{\text{是否脱贫[是]\&是否借过扶贫小额信贷[是]\&使用方式[自贷自用]\&借款的主要用途[其他]}}{\text{是否脱贫[是]\&是否借过扶贫小额信贷[是]\&使用方式[自贷自用]}}$$

3）建档立卡户

建档立卡户自贷自用发展产业的比率

$$=100\%\times\frac{\text{是否借过扶贫小额信贷}[\text{是}]\&\text{使用方式}[\text{自贷自用}]\&\text{借款的主要用途}[\text{发展产业}]}{\text{是否借过扶贫小额信贷}[\text{是}]\&\text{使用方式}[\text{自贷自用}]}$$

建档立卡户自贷自用个体经营的比率

$$=100\%\times\frac{\text{是否借过扶贫小额信贷}[\text{是}]\&\text{使用方式}[\text{自贷自用}]\&\text{借款的主要用途}[\text{个体经营}]}{\text{是否借过扶贫小额信贷}[\text{是}]\&\text{使用方式}[\text{自贷自用}]}$$

建档立卡户自贷自用建房买房的比率

$$=100\%\times\frac{\text{是否借过扶贫小额信贷}[\text{是}]\&\text{使用方式}[\text{自贷自用}]\&\text{借款的主要用途}[\text{建房买房}]}{\text{是否借过扶贫小额信贷}[\text{是}]\&\text{使用方式}[\text{自贷自用}]}$$

建档立卡户自贷自用家庭消费的比率

$$=100\%\times\frac{\text{是否借过扶贫小额信贷}[\text{是}]\&\text{使用方式}[\text{自贷自用}]\&\text{借款的主要用途}[\text{家庭消费}]}{\text{是否借过扶贫小额信贷}[\text{是}]\&\text{使用方式}[\text{自贷自用}]}$$

建档立卡户自贷自用婚丧嫁娶的比率

$$=100\%\times\frac{\text{是否借过扶贫小额信贷}[\text{是}]\&\text{使用方式}[\text{自贷自用}]\&\text{借款的主要用途}[\text{婚丧嫁娶}]}{\text{是否借过扶贫小额信贷}[\text{是}]\&\text{使用方式}[\text{自贷自用}]}$$

建档立卡户自贷自用其他用途的比率

$$=100\%\times\frac{\text{是否借过扶贫小额信贷}[\text{是}]\&\text{使用方式}[\text{自贷自用}]\&\text{借款的主要用途}[\text{其他}]}{\text{是否借过扶贫小额信贷}[\text{是}]\&\text{使用方式}[\text{自贷自用}]}$$

8. 小额信贷入股企业运营情况

1）贫困户

贫困户入股企业运营良好的比率

$$=100\%\times\frac{\text{是否脱贫}[\text{否}]\&\text{是否借过扶贫小额信贷}[\text{是}]\&\text{使用方式}[\text{户贷企用}+\text{户贷社用}]\&\text{企业运行情况}[\text{良好}]}{\text{是否脱贫}[\text{否}]\&\text{是否借过扶贫小额信贷}[\text{是}]\&\text{使用方式}[\text{户贷企用}+\text{户贷社用}]}$$

贫困户入股企业运营一般的比率

$$=100\%\times\frac{\text{是否脱贫}[\text{否}]\&\text{是否借过扶贫小额信贷}[\text{是}]\&\text{使用方式}[\text{户贷企用}+\text{户贷社用}]\&\text{企业运行情况}[\text{一般}]}{\text{是否脱贫}[\text{否}]\&\text{是否借过扶贫小额信贷}[\text{是}]\&\text{使用方式}[\text{户贷企用}+\text{户贷社用}]}$$

贫困户入股企业运营较差的比率

$$=100\%\times\frac{\text{是否脱贫}[\text{否}]\&\text{是否借过扶贫小额信贷}[\text{是}]\&\text{使用方式}[\text{户贷企用}+\text{户贷社用}]\&\text{企业运行情况}[\text{较差}]}{\text{是否脱贫}[\text{否}]\&\text{是否借过扶贫小额信贷}[\text{是}]\&\text{使用方式}[\text{户贷企用}+\text{户贷社用}]}$$

2）脱贫户

脱贫户入股企业运营良好的比率

$$=100\%\times\frac{\text{是否脱贫}[\text{是}]\&\text{是否借过扶贫小额信贷}[\text{是}]\&\text{使用方式}[\text{户贷企用}+\text{户贷社用}]\&\text{企业运行情况}[\text{良好}]}{\text{是否脱贫}[\text{是}]\&\text{是否借过扶贫小额信贷}[\text{是}]\&\text{使用方式}[\text{户贷企用}+\text{户贷社用}]}$$

脱贫户入股企业运营一般的比率

$$=100\%\times\frac{\text{是否脱贫}[\text{是}]\&\text{是否借过扶贫小额信贷}[\text{是}]\&\text{使用方式}[\text{户贷企用}+\text{户贷社用}]\&\text{企业运行情况}[\text{一般}]}{\text{是否脱贫}[\text{是}]\&\text{是否借过扶贫小额信贷}[\text{是}]\&\text{使用方式}[\text{户贷企用}+\text{户贷社用}]}$$

脱贫户入股企业运营较差的比率

$$=100\%\times\frac{\text{是否脱贫}[\text{是}]\&\text{是否借过扶贫小额信贷}[\text{是}]\&\text{使用方式}[\text{户贷企用}+\text{户贷社用}]\&\text{企业运行情况}[\text{较差}]}{\text{是否脱贫}[\text{是}]\&\text{是否借过扶贫小额信贷}[\text{是}]\&\text{使用方式}[\text{户贷企用}+\text{户贷社用}]}$$

3）建档立卡户

建档立卡户入股企业运营良好的比率

$$=100\%\times\frac{\text{是否借过扶贫小额信贷}[\text{是}]\&\text{使用方式}[\text{户贷企用}+\text{户贷社用}]\&\text{企业运行情况}[\text{良好}]}{\text{是否借过扶贫小额信贷}[\text{是}]\&\text{使用方式}[\text{户贷企用}+\text{户贷社用}]}$$

建档立卡户入股企业运营一般的比率

$$=100\%\times\frac{\text{是否借过扶贫小额信贷}[\text{是}]\&\text{使用方式}[\text{户贷企用}+\text{户贷社用}]\&\text{企业运行情况}[\text{一般}]}{\text{是否借过扶贫小额信贷}[\text{是}]\&\text{使用方式}[\text{户贷企用}+\text{户贷社用}]}$$

建档立卡户入股企业运营较差的比率

$$=100\%\times\frac{\text{是否借过扶贫小额信贷}[\text{是}]\&\text{使用方式}[\text{户贷企用}+\text{户贷社用}]\&\text{企业运行情况}[\text{较差}]}{\text{是否借过扶贫小额信贷}[\text{是}]\&\text{使用方式}[\text{户贷企用}+\text{户贷社用}]}$$

9. 年度扶贫小额信贷入股分红比率

1）贫困户

贫困户入股得到分红的比率

$$=100\%\times\frac{\text{是否脱贫}[\text{否}]\&\text{是否借过扶贫小额信贷}[\text{是}]\&\text{使用方式}[\text{户贷企用}+\text{户贷社用}]\&2018\text{年是否得到分红}[\text{是}]}{\text{是否脱贫}[\text{否}]\&\text{是否借过扶贫小额信贷}[\text{是}]\&\text{使用方式}[\text{户贷企用}+\text{户贷社用}]}$$

2）脱贫户

脱贫户入股得到分红的比率

$$=100\%\times\frac{\text{是否脱贫}[\text{是}]\&\text{是否借过扶贫小额信贷}[\text{是}]\&\text{使用方式}[\text{户贷企用}+\text{户贷社用}]\&2018\text{年是否得到分红}[\text{是}]}{\text{是否脱贫}[\text{是}]\&\text{是否借过扶贫小额信贷}[\text{是}]\&\text{使用方式}[\text{户贷企用}+\text{户贷社用}]}$$

3）建档立卡户

建档立卡户入股得到分红的比率

$$=100\%\times\frac{\text{是否借过扶贫小额信贷}[\text{是}]\&\text{使用方式}[\text{户贷企用}+\text{户贷社用}]\&2018\text{年是否得到分红}[\text{是}]}{\text{是否借过扶贫小额信贷}[\text{是}]\&\text{使用方式}[\text{户贷企用}+\text{户贷社用}]}$$

10. 扶贫小额信贷实现增收比率

1）贫困户

贫困户实现增收明显的比率

$$=100\%\times\frac{\text{是否脱贫}[\text{否}]\&\text{是否借过扶贫小额信贷}[\text{是}]\&\text{对家里发展产业实现增收是否有帮助}[\text{非常明显}+\text{比较明显}]}{\text{是否脱贫}[\text{否}]\&\text{是否借过扶贫小额信贷}[\text{是}]}$$

2）脱贫户

脱贫户实现增收明显的比率

$$=100\%\times\frac{\text{是否脱贫}[\text{是}]\&\text{是否借过扶贫小额信贷}[\text{是}]\&\text{对家里发展产业实现增收是否有帮助}[\text{非常明显}+\text{比较明显}]}{\text{是否脱贫}[\text{是}]\&\text{是否借过扶贫小额信贷}[\text{是}]}$$

3）建档立卡户

建档立卡户实现增收明显的比率

$$=100\%\times\frac{\text{是否借过扶贫小额信贷[是]\&对家里发展产业实现增收是否有帮助[非常明显+比较明显]}}{\text{是否借过扶贫小额信贷[是]}}$$

11. 扶贫小额信贷效果一般或没有效果主要原因比率

1）贫困户

产业发展失败的比率

$$=100\%\times\frac{\text{是否脱贫[否]\&是否借过扶贫小额信贷[是]\&效果一般或没有效果的主要原因[产业发展失败]}}{\text{是否脱贫[否]\&是否借过扶贫小额信贷[是]\&对家里发展产业实现增收是否有帮助[效果一般+没有效果]}}$$

产业发展还没有见效的比率

$$=100\%\times\frac{\text{是否脱贫[否]\&是否借过扶贫小额信贷[是]\&效果一般或没有效果的主要原因[产业发展还没有见效]}}{\text{是否脱贫[否]\&是否借过扶贫小额信贷[是]\&对家里发展产业实现增收是否有帮助[效果一般+没有效果]}}$$

当地限制贷款额度的比率

$$=100\%\times\frac{\text{是否脱贫[否]\&是否借过扶贫小额信贷[是]\&效果一般或没有效果的主要原因[当地限制贷款额度]}}{\text{是否脱贫[否]\&是否借过扶贫小额信贷[是]\&对家里发展产业实现增收是否有帮助[效果一般+没有效果]}}$$

企业（合作社、大户）拖欠分红或不分红的比率

$$=100\%\times\frac{\text{是否脱贫[否]\&是否借过扶贫小额信贷[是]\&效果一般或没有效果的主要原因[企业（合作社、大户）拖欠分红或不分红]}}{\text{是否脱贫[否]\&是否借过扶贫小额信贷[是]\&对家里发展产业实现增收是否有帮助[效果一般+没有效果]}}$$

2）脱贫户

产业发展失败的比率

$$=100\%\times\frac{\text{是否脱贫[是]\&是否借过扶贫小额信贷[是]\&效果一般或没有效果的主要原因[产业发展失败]}}{\text{是否脱贫[是]\&是否借过扶贫小额信贷[是]\&对家里发展产业实现增收是否有帮助[效果一般+没有效果]}}$$

产业发展还没有见效的比率

$$=100\%\times\frac{\text{是否脱贫[是]\&是否借过扶贫小额信贷[是]\&效果一般或没有效果的主要原因[产业发展还没有见效]}}{\text{是否脱贫[是]\&是否借过扶贫小额信贷[是]\&对家里发展产业实现增收是否有帮助[效果一般+没有效果]}}$$

当地限制贷款额度的比率

$$=100\%\times\frac{\text{是否脱贫[是]\&是否借过扶贫小额信贷[是]\&效果一般或没有效果的主要原因[当地限制贷款额度]}}{\text{是否脱贫[是]\&是否借过扶贫小额信贷[是]\&对家里发展产业实现增收是否有帮助[效果一般+没有效果]}}$$

企业（合作社、大户）拖欠分红或不分红的比率

$$=100\%\times\frac{\text{是否脱贫[是]\&是否借过扶贫小额信贷[是]\&效果一般或没有效果的主要原因[企业（合作社、大户）拖欠分红或不分红]}}{\text{是否脱贫[是]\&是否借过扶贫小额信贷[是]\&对家里发展产业实现增收是否有帮助[效果一般+没有效果]}}$$

3）建档立卡户

产业发展失败的比率

$$=100\%\times\frac{\text{是否借过扶贫小额信贷[是]\&效果一般或没有效果的主要原因[产业发展失败]}}{\text{是否借过扶贫小额信贷[是]\&对家里发展产业实现增收是否有帮助[效果一般+没有效果]}}$$

产业发展还没有见效的比率

$$=100\%\times\frac{\text{是否借过扶贫小额信贷[是]\&效果一般或没有效果的主要原因[产业发展还没有见效]}}{\text{是否借过扶贫小额信贷[是]\&对家里发展产业实现增收是否有帮助[效果一般+没有效果]}}$$

当地限制贷款额度的比率

$$=100\%\times\frac{\text{是否借过扶贫小额信贷[是]\&效果一般或没有效果的主要原因[当地限制贷款额度]}}{\text{是否借过扶贫小额信贷[是]\&对家里发展产业实现增收是否有帮助[效果一般+没有效果]}}$$

企业（合作社、大户）拖欠分红或不分红的比率

$$=100\%\times\frac{是否借过扶贫小额信贷[是]\&效果一般或没有效果的主要原因[企业（合作社、大户）拖欠分红或不分红]}{是否借过扶贫小额信贷[是]\&对家里发展产业实现增收是否有帮助[效果一般+没有效果]}$$

12. 没有借过小额信贷的原因比率

1）贫困户

没有借过小额信贷不想借的比率

$$=100\%\times\frac{是否脱贫[否]\&是否借过扶贫小额信贷[否]\&没有借过小额信贷的原因[不想借]}{是否脱贫[否]\&是否借过扶贫小额信贷[否]}$$

没有借过小额信贷找不到合适项目的比率

$$=100\%\times\frac{是否脱贫[否]\&是否借过扶贫小额信贷[否]\&没有借过小额信贷的原因[找不到合适项目]}{是否脱贫[否]\&是否借过扶贫小额信贷[否]}$$

没有借过小额信贷不符合年龄、信用等贷款条件的比率

$$=100\%\times\frac{是否脱贫[否]\&是否借过扶贫小额信贷[否]\&没有借过小额信贷的原因[不符合年龄、信用等贷款条件]}{是否脱贫[否]\&是否借过扶贫小额信贷[否]}$$

没有借过小额信贷当地限制了额度，设置了担保等贷款门槛的比率

$$=100\%\times\frac{是否脱贫[否]\&是否借过扶贫小额信贷[否]\&没有借过小额信贷的原因[当地限制了额度，设置了担保等贷款门槛]}{是否脱贫[否]\&是否借过扶贫小额信贷[否]}$$

没有借过小额信贷其他原因的比率

$$=100\%\times\frac{是否脱贫[否]\&是否借过扶贫小额信贷[否]\&没有借过小额信贷的原因[其他]}{是否脱贫[否]\&是否借过扶贫小额信贷[否]}$$

2）脱贫户

没有借过小额信贷不想借的比率

$$=100\%\times\frac{是否脱贫[是]\&是否借过扶贫小额信贷[否]\&没有借过小额信贷的原因[不想借]}{是否脱贫[是]\&是否借过扶贫小额信贷[否]}$$

没有借过小额信贷找不到合适项目的比率

$$=100\%\times\frac{是否脱贫[是]\&是否借过扶贫小额信贷[否]\&没有借过小额信贷的原因[找不到合适项目]}{是否脱贫[是]\&是否借过扶贫小额信贷[否]}$$

没有借过小额信贷不符合年龄、信用等贷款条件的比率

$$=100\%\times\frac{是否脱贫[是]\&是否借过扶贫小额信贷[否]\&没有借过小额信贷的原因[不符合年龄、信用等贷款条件]}{是否脱贫[是]\&是否借过扶贫小额信贷[否]}$$

没有借过小额信贷当地限制了额度，设置了担保等贷款门槛的比率

$$=100\%\times\frac{是否脱贫[是]\&是否借过扶贫小额信贷[否]\&没有借过小额信贷的原因[当地限制了额度，设置了担保等贷款门槛]}{是否脱贫[是]\&是否借过扶贫小额信贷[否]}$$

没有借过小额信贷其他原因的比率

$$=100\%\times\frac{是否脱贫[是]\&是否借过扶贫小额信贷[否]\&没有借过小额信贷的原因[其他]}{是否脱贫[是]\&是否借过扶贫小额信贷[否]}$$

3）建档立卡户

没有借过小额信贷不想借的比率

$$=100\%\times\frac{\text{是否借过扶贫小额信贷}[\text{否}]\&\text{没有借过小额信贷的原因}[\text{不想借}]}{\text{是否借过扶贫小额信贷}[\text{否}]}$$

没有借过小额信贷找不到合适项目的比率

$$=100\%\times\frac{\text{是否借过扶贫小额信贷}[\text{否}]\&\text{没有借过小额信贷的原因}[\text{找不到合适项目}]}{\text{是否借过扶贫小额信贷}[\text{否}]}$$

没有借过小额信贷不符合年龄、信用等贷款条件的比率

$$=100\%\times\frac{\text{是否借过扶贫小额信贷}[\text{否}]\&\text{没有借过小额信贷的原因}[\text{不符合年龄、信用等贷款条件}]}{\text{是否借过扶贫小额信贷}[\text{否}]}$$

没有借过小额信贷当地限制了额度，设置了担保等贷款门槛的比率

$$=100\%\times\frac{\text{是否借过扶贫小额信贷}[\text{否}]\&\text{没有借过小额信贷的原因}[\text{当地限制了额度，设置了担保等贷款门槛}]}{\text{是否借过扶贫小额信贷}[\text{否}]}$$

没有借过小额信贷其他原因的比率

$$=100\%\times\frac{\text{是否借过扶贫小额信贷}[\text{否}]\&\text{没有借过小额信贷的原因}[\text{其他}]}{\text{是否借过扶贫小额信贷}[\text{否}]}$$

五、驻村帮扶

1. 驻村工作队满意度所占比例

1）贫困户

$$\text{贫困户满意}=100\%\times\frac{\text{是否属于贫困村}[\text{是}]\&\text{贫困户满意户数}[\text{数值}>0]}{\text{是否属于贫困村}[\text{是}]\&\text{贫困户总户数}}$$

贫困户基本满意

$$=100\%\times\frac{\text{是否属于贫困村}[\text{是}]\&\text{贫困户基本满意户数}[\text{数值}>0]}{\text{是否属于贫困村}[\text{是}]\&\text{贫困户总户数}}$$

贫困户一般满意

$$=100\%\times\frac{\text{是否属于贫困村}[\text{是}]\&\text{贫困户一般满意户数}[\text{数值}>0]}{\text{是否属于贫困村}[\text{是}]\&\text{贫困户总户数}}$$

$$\text{贫困户不满意}=100\%\times\frac{\text{是否属于贫困村}[\text{是}]\&\text{贫困户不满意户数}[\text{数值}>0]}{\text{是否属于贫困村}[\text{是}]\&\text{贫困户总户数}}$$

2）脱贫户

$$脱贫户满意=100\%\times\frac{是否属于贫困村\left[是\right]\&脱贫户满意户数\left[数值>0\right]}{是否属于贫困村\left[是\right]\&脱贫户总户数}$$

脱贫户基本满意

$$=100\%\times\frac{是否属于贫困村\left[是\right]\&脱贫户基本满意户数\left[数值>0\right]}{是否属于贫困村\left[是\right]\&脱贫户总户数}$$

脱贫户一般满意

$$=100\%\times\frac{是否属于贫困村\left[是\right]\&脱贫户一般满意户数\left[数值>0\right]}{是否属于贫困村\left[是\right]\&脱贫户总户数}$$

$$脱贫户不满意=100\%\times\frac{是否属于贫困村\left[是\right]\&脱贫户不满意户数\left[数值>0\right]}{是否属于贫困村\left[是\right]\&脱贫户总户数}$$

3）建档立卡户

建档立卡户满意

$$=100\%\times\frac{是否属于贫困村\left[是\right]\&建档立卡户满意户数\left[数值>0\right]}{是否属于贫困村\left[是\right]\&建档立卡户总户数}$$

建档立卡户基本满意

$$=100\%\times\frac{是否属于贫困村\left[是\right]\&建档立卡户基本满意户数\left[数值>0\right]}{是否属于贫困村\left[是\right]\&建档立卡户总户数}$$

建档立卡户一般满意

$$=100\%\times\frac{是否属于贫困村\left[是\right]\&建档立卡户一般满意户数\left[数值>0\right]}{是否属于贫困村\left[是\right]\&建档立卡户总户数}$$

建档立卡户不满意

$$=100\%\times\frac{是否属于贫困村\left[是\right]\&建档立卡户不满意户数\left[数值>0\right]}{是否属于贫困村\left[是\right]\&建档立卡户总户数}$$

2. 一般或不满意的主要原因所占比例

1）贫困户

不知道有驻村工作队

$$=100\%\times\frac{是否属于贫困村\left[是\right]\&贫困户（不知道有驻村工作队）户数\left[数值>0\right]}{是否属于贫困村\left[是\right]\&\left[贫困户一般满意户数+贫困户不满意户数\right]}$$

未到家中了解情况

$$=100\%\times\frac{\text{是否属于贫困村}\left[\text{是}\right]\&\text{贫困户（未到家中了解情况）户数}\left[\text{数值}>0\right]}{\text{是否属于贫困村}\left[\text{是}\right]\&\left[\text{贫困户一般满意户数}+\text{贫困户不满意户数}\right]}$$

驻村工作队没有开展任何帮扶工作

$$=100\%\times\frac{\text{是否属于贫困村}\left[\text{是}\right]\&\text{贫困户（驻村工作队没有开展任何帮扶工作）户数}\left[\text{数值}>0\right]}{\text{是否属于贫困村}\left[\text{是}\right]\&\left[\text{贫困户一般满意户数}+\text{贫困户不满意户数}\right]}$$

驻村工作队帮扶工作没有效果

$$=100\%\times\frac{\text{是否属于贫困村}\left[\text{是}\right]\&\text{贫困户（驻村工作队帮扶工作没有效果）户数}\left[\text{数值}>0\right]}{\text{是否属于贫困村}\left[\text{是}\right]\&\left[\text{贫困户一般满意户数}+\text{贫困户不满意户数}\right]}$$

其他

$$=100\%\times\frac{\text{是否属于贫困村}\left[\text{是}\right]\&\text{贫困户（其他原因）户数}\left[\text{数值}>0\right]}{\text{是否属于贫困村}\left[\text{是}\right]\&\left[\text{贫困户一般满意户数}+\text{贫困户不满意户数}\right]}$$

2）脱贫户

不知道有驻村工作队

$$=100\%\times\frac{\text{是否属于贫困村}\left[\text{是}\right]\&\text{脱贫户（不知道有驻村工作队）户数}\left[\text{数值}>0\right]}{\text{是否属于贫困村}\left[\text{是}\right]\&\left[\text{脱贫户一般满意户数}+\text{脱贫户不满意户数}\right]}$$

未到家中了解情况

$$=100\%\times\frac{\text{是否属于贫困村}\left[\text{是}\right]\&\text{脱贫户（未到家中了解情况）户数}\left[\text{数值}>0\right]}{\text{是否属于贫困村}\left[\text{是}\right]\&\left[\text{脱贫户一般满意户数}+\text{脱贫户不满意户数}\right]}$$

驻村工作队没有开展任何帮扶工作

$$=100\%\times\frac{\text{是否属于贫困村}\left[\text{是}\right]\&\text{脱贫户（驻村工作队没有开展任何帮扶工作）户数}\left[\text{数值}>0\right]}{\text{是否属于贫困村}\left[\text{是}\right]\&\left[\text{脱贫户一般满意户数}+\text{脱贫户不满意户数}\right]}$$

驻村工作队帮扶工作没有效果

$$=100\%\times\frac{\text{是否属于贫困村}\left[\text{是}\right]\&\text{脱贫户（驻村工作队帮扶工作没有效果）户数}\left[\text{数值}>0\right]}{\text{是否属于贫困村}\left[\text{是}\right]\&\left[\text{脱贫户一般满意户数}+\text{脱贫户不满意户数}\right]}$$

其他

$$=100\%\times\frac{\text{是否属于贫困村}\left[\text{是}\right]\&\text{脱贫户（其他原因）户数}\left[\text{数值}>0\right]}{\text{是否属于贫困村}\left[\text{是}\right]\&\left[\text{脱贫户一般满意户数}+\text{脱贫户不满意户数}\right]}$$

3）建档立卡户

不知道有驻村工作队

$$=100\%\times\frac{\text{是否属于贫困村}\left[\text{是}\right]\&\text{建档立卡户（不知道有驻村工作队）户数}\left[\text{数值}>0\right]}{\text{是否属于贫困村}\left[\text{是}\right]\&\left[\text{建档立卡户一般满意户数}+\text{建档立卡户不满意户数}\right]}$$

未到家中了解情况

$$=100\%\times\frac{是否属于贫困村[是]\&建档立卡户（未到家中了解情况）户数[数值>0]}{是否属于贫困村[是]\&[建档立卡户一般满意户数+建档立卡户不满意户数]}$$

驻村工作队没有开展任何帮扶工作

$$=100\%\times\frac{是否属于贫困村[是]\&建档立卡户（驻村工作队没有开展任何帮扶工作）户数[数值>0]}{是否属于贫困村[是]\&[建档立卡户一般满意户数+建档立卡户不满意户数]}$$

驻村工作队帮扶工作没有效果

$$=100\%\times\frac{是否属于贫困村[是]\&建档立卡户（驻村工作队帮扶工作没有效果）户数[数值>0]}{是否属于贫困村[是]\&[建档立卡户一般满意户数+建档立卡户不满意户数]}$$

其他

$$=100\%\times\frac{是否属于贫困村[是]\&建档立卡户（其他原因）户数[数值>0]}{是否属于贫困村[是]\&[建档立卡户一般满意户数+建档立卡户不满意户数]}$$

3. 是否有帮扶责任人

1）贫困户

$$有帮扶责任人=100\%\times\frac{贫困户有帮扶责任人户数[数值>0]}{贫困户总户数}$$

$$无帮扶责任人=100\%\times\frac{贫困户无帮扶责任人户数[数值>0]}{贫困户总户数}$$

$$不知道=100\%\times\frac{贫困户不知道有无帮扶责任人户数[数值>0]}{贫困户总户数}$$

2）脱贫户

$$有帮扶责任人=100\%\times\frac{脱贫户有帮扶责任人户数[数值>0]}{脱贫户总户数}$$

$$无帮扶责任人=100\%\times\frac{脱贫户无帮扶责任人户数[数值>0]}{脱贫户总户数}$$

$$不知道=100\%\times\frac{脱贫户不知道有无帮扶责任人户数[数值>0]}{脱贫户总户数}$$

3）建档立卡户

$$有帮扶责任人=100\%\times\frac{建档立卡户有帮扶责任人户数[数值>0]}{建档立卡户总户数}$$

$$无帮扶责任人=100\%\times\frac{建档立卡户无帮扶责任人户数[数值>0]}{建档立卡户总户数}$$

$$不知道=100\%\times\frac{建档立卡户不知道有无帮扶责任人户数[数值>0]}{建档立卡户总户数}$$

4. 对帮扶责任人满意度

1）贫困户

$$贫困户满意=100\%\times\frac{是否有帮扶责任人[是]\&贫困户满意户数[数值>0]}{是否有帮扶责任人[是]\&贫困户总户数}$$

贫困户基本满意

$$=100\%\times\frac{是否有帮扶责任人[是]\&贫困户基本满意户数[数值>0]}{是否有帮扶责任人[是]\&贫困户总户数}$$

贫困户一般满意

$$=100\%\times\frac{是否有帮扶责任人[是]\&贫困户一般满意户数[数值>0]}{是否有帮扶责任人[是]\&贫困户总户数}$$

$$贫困户不满意=100\%\times\frac{是否有帮扶责任人[是]\&贫困户不满意户数[数值>0]}{是否有帮扶责任人[是]\&贫困户总户数}$$

2）脱贫户

$$脱贫户满意=100\%\times\frac{是否有帮扶责任人[是]\&脱贫户满意户数[数值>0]}{是否有帮扶责任人[是]\&脱贫户总户数}$$

脱贫户基本满意

$$=100\%\times\frac{是否有帮扶责任人[是]\&脱贫户基本满意户数[数值>0]}{是否有帮扶责任人[是]\&脱贫户总户数}$$

脱贫户一般满意

$$=100\%\times\frac{是否有帮扶责任人[是]\&脱贫户一般满意户数[数值>0]}{是否有帮扶责任人[是]\&脱贫户总户数}$$

$$脱贫户不满意=100\%\times\frac{是否有帮扶责任人[是]\&脱贫户不满意户数[数值>0]}{是否有帮扶责任人[是]\&脱贫户总户数}$$

3）建档立卡户

建档立卡户满意

$$=100\%\times\frac{是否有帮扶责任人[是]\&建档立卡户满意户数[数值>0]}{是否有帮扶责任人[是]\&建档立卡户总户数}$$

建档立卡户基本满意

$$=100\%\times\frac{\text{是否有帮扶责任人}\left[\text{是}\right]\&\text{建档立卡户基本满意户数}\left[\text{数值}>0\right]}{\text{是否有帮扶责任人}\left[\text{是}\right]\&\text{建档立卡户总户数}}$$

建档立卡户一般满意

$$=100\%\times\frac{\text{是否有帮扶责任人}\left[\text{是}\right]\&\text{建档立卡户一般满意户数}\left[\text{数值}>0\right]}{\text{是否有帮扶责任人}\left[\text{是}\right]\&\text{建档立卡户总户数}}$$

建档立卡户不满意

$$=100\%\times\frac{\text{是否有帮扶责任人}\left[\text{是}\right]\&\text{建档立卡户不满意户数}\left[\text{数值}>0\right]}{\text{是否有帮扶责任人}\left[\text{是}\right]\&\text{建档立卡户总户数}}$$

5. 对帮扶责任人一般满意或者不满意的原因

1）贫困户

帮扶责任人没到过家里

$$=100\%\times\frac{\text{贫困户（帮扶责任人没到过家里）户数}\left[\text{数值}>0\right]}{\text{贫困户一般满意户数}+\text{贫困户不满意户数}}$$

虽然去过家里，但未采取帮扶措施

$$=100\%\times\frac{\text{贫困户（虽然去过家里，但未采取帮扶措施）户数}\left[\text{数值}>0\right]}{\text{贫困户一般满意户数}+\text{贫困户不满意户数}}$$

$$\text{帮扶措施没有效果}=100\%\times\frac{\text{贫困户（帮扶措施没有效果）户数}\left[\text{数值}>0\right]}{\text{贫困户一般满意户数}+\text{贫困户不满意户数}}$$

$$\text{帮扶措施不持续}=100\%\times\frac{\text{贫困户（帮扶措施不持续）户数}\left[\text{数值}>0\right]}{\text{贫困户一般满意户数}+\text{贫困户不满意户数}}$$

$$\text{其他}=100\%\times\frac{\text{贫困户（其他原因）户数}\left[\text{数值}>0\right]}{\text{贫困户一般满意户数}+\text{贫困户不满意户数}}$$

2）脱贫户

帮扶责任人没到过家里

$$=100\%\times\frac{\text{脱贫户（帮扶责任人没到过家里）户数}\left[\text{数值}>0\right]}{\text{脱贫户一般满意户数}+\text{脱贫户不满意户数}}$$

虽然去过家里，但未采取帮扶措施

$$=100\%\times\frac{\text{脱贫户（虽然去过家里，但未采取帮扶措施）户数}\left[\text{数值}>0\right]}{\text{脱贫户一般满意户数}+\text{脱贫户不满意户数}}$$

$$\text{帮扶措施没有效果}=100\%\times\frac{\text{脱贫户（帮扶措施没有效果）户数}\left[\text{数值}>0\right]}{\text{脱贫户一般满意户数}+\text{脱贫户不满意户数}}$$

$$帮扶措施不持续=100\%\times\frac{脱贫户（帮扶措施不持续）户数\left[数值>0\right]}{脱贫户一般满意户数+脱贫户不满意户数}$$

$$其他=100\%\times\frac{脱贫户（其他原因）户数\left[数值>0\right]}{脱贫户一般满意户数+脱贫户不满意户数}$$

3）建档立卡户

帮扶责任人没到过家里

$$=100\%\times\frac{建档立卡户（帮扶责任人没到过家里）户数\left[数值>0\right]}{建档立卡户一般满意户数+建档立卡户不满意户数}$$

虽然去过家里，但未采取帮扶措施

$$=100\%\times\frac{建档立卡户（虽然去过家里，但未采取帮扶措施）户数\left[数值>0\right]}{建档立卡户一般满意户数+建档立卡户不满意户数}$$

帮扶措施没有效果

$$=100\%\times\frac{建档立卡户（帮扶措施没有效果）户数\left[数值>0\right]}{建档立卡户一般满意户数+建档立卡户不满意户数}$$

$$帮扶措施不持续=100\%\times\frac{建档立卡户（帮扶措施不持续）户数\left[数值>0\right]}{建档立卡户一般满意户数+建档立卡户不满意户数}$$

$$其他=100\%\times\frac{建档立卡户（其他原因）户数\left[数值>0\right]}{建档立卡户一般满意户数+建档立卡户不满意户数}$$

6. 对村两委近年来的工作情况是否满意？

1）贫困户

$$贫困户满意=100\%\times\frac{贫困户满意户数\left[数值>0\right]}{贫困户总户数}$$

$$贫困户基本满意=100\%\times\frac{贫困户基本满意户数\left[数值>0\right]}{贫困户总户数}$$

$$贫困户一般满意=100\%\times\frac{贫困户一般满意户数\left[数值>0\right]}{贫困户总户数}$$

$$贫困户不满意=100\%\times\frac{贫困户不满意户数\left[数值>0\right]}{贫困户总户数}$$

2）脱贫户

$$脱贫户满意=100\%\times\frac{脱贫户满意户数\left[数值>0\right]}{脱贫户总户数}$$

$$脱贫户基本满意=100\%\times\frac{脱贫户基本满意户数\left[数值>0\right]}{脱贫户总户数}$$

$$\text{脱贫户一般满意}=100\%\times\frac{\text{脱贫户一般满意户数}\left[\text{数值}>0\right]}{\text{脱贫户总户数}}$$

$$\text{脱贫户不满意}=100\%\times\frac{\text{脱贫户不满意户数}\left[\text{数值}>0\right]}{\text{脱贫户总户数}}$$

3）建档立卡户

$$\text{建档立卡户满意}=100\%\times\frac{\text{建档立卡户满意户数}\left[\text{数值}>0\right]}{\text{建档立卡户总户数}}$$

$$\text{建档立卡户基本满意}=100\%\times\frac{\text{建档立卡户基本满意户数}\left[\text{数值}>0\right]}{\text{建档立卡户总户数}}$$

$$\text{建档立卡户一般满意}=100\%\times\frac{\text{建档立卡户一般满意户数}\left[\text{数值}>0\right]}{\text{建档立卡户总户数}}$$

$$\text{建档立卡户不满意}=100\%\times\frac{\text{建档立卡户不满意户数}\left[\text{数值}>0\right]}{\text{建档立卡户总户数}}$$

7. 对帮扶责任人一般满意或者不满意的原因

1）贫困户

尚未采取任何帮扶措施

$$=100\%\times\frac{\text{贫困户（尚未采取任何帮扶措施）户数}\left[\text{数值}>0\right]}{\text{贫困户一般满意户数}+\text{贫困户不满意户数}}$$

$$\text{没有开展实质性帮扶}=100\%\times\frac{\text{贫困户（没有开展实质性帮扶）户数}\left[\text{数值}>0\right]}{\text{贫困户一般满意户数}+\text{贫困户不满意户数}}$$

$$\text{帮扶措施不精准}=100\%\times\frac{\text{贫困户（帮扶措施不精准）户数}\left[\text{数值}>0\right]}{\text{贫困户一般满意户数}+\text{贫困户不满意户数}}$$

$$\text{帮扶工作效果不明显}=100\%\times\frac{\text{贫困户（帮扶工作效果不明显）户数}\left[\text{数值}>0\right]}{\text{贫困户一般满意户数}+\text{贫困户不满意户数}}$$

$$\text{其他}=100\%\times\frac{\text{贫困户（其他原因）户数}\left[\text{数值}>0\right]}{\text{贫困户一般满意户数}+\text{贫困户不满意户数}}$$

2）脱贫户

尚未采取任何帮扶措施

$$=100\%\times\frac{\text{脱贫户（尚未采取任何帮扶措施）户数}\left[\text{数值}>0\right]}{\text{脱贫户一般满意户数}+\text{脱贫户不满意户数}}$$

$$\text{没有开展实质性帮扶}=100\%\times\frac{\text{脱贫户（没有开展实质性帮扶）户数}\left[\text{数值}>0\right]}{\text{脱贫户一般满意户数}+\text{脱贫户不满意户数}}$$

$$帮扶措施不精准=100\%\times\frac{脱贫户（帮扶措施不精准）户数[数值>0]}{脱贫户一般满意户数+脱贫户不满意户数}$$

$$帮扶工作效果不明显=100\%\times\frac{脱贫户（帮扶工作效果不明显）户数[数值>0]}{脱贫户一般满意户数+脱贫户不满意户数}$$

$$其他=100\%\times\frac{脱贫户（其他原因）户数[数值>0]}{脱贫户一般满意户数+脱贫户不满意户数}$$

3）建档立卡户

尚未采取任何帮扶措施

$$=100\%\times\frac{建档立卡户（尚未采取任何帮扶措施）户数[数值>0]}{建档立卡户一般满意户数+建档立卡户不满意户数}$$

没有开展实质性帮扶

$$=100\%\times\frac{建档立卡户（没有开展实质性帮扶）户数[数值>0]}{建档立卡户一般满意户数+建档立卡户不满意户数}$$

$$帮扶措施不精准=100\%\times\frac{建档立卡户（帮扶措施不精准）户数[数值>0]}{建档立卡户一般满意户数+建档立卡户不满意户数}$$

帮扶工作效果不明显

$$=100\%\times\frac{建档立卡户（帮扶工作效果不明显）户数[数值>0]}{建档立卡户一般满意户数+建档立卡户不满意户数}$$

$$其他=100\%\times\frac{建档立卡户（其他原因）户数[数值>0]}{建档立卡户一般满意户数+建档立卡户不满意户数}$$

8. 贫困村驻村干部数量所占比例

$$驻村干部为0人=100\%\times\frac{是否为贫困村[是]\&驻村干部为0人的村数[数值>0]}{是否为贫困村[是]\&调查贫困村总数}$$

$$驻村干部为1人=100\%\times\frac{是否为贫困村[是]\&驻村干部为1人的村数[数值>0]}{是否为贫困村[是]\&调查贫困村总数}$$

$$驻村干部为2人=100\%\times\frac{是否为贫困村[是]\&驻村干部为2人的村数[数值>0]}{是否为贫困村[是]\&调查贫困村总数}$$

驻村干部为3人及以上

$$=100\%\times\frac{是否为贫困村[是]\&驻村干部为3人及以上的村数[数值>0]}{是否为贫困村[是]\&调查贫困村总数}$$

9. 驻村工作队主要做的事情所占比例

$$宣传政策数=100\%\times\frac{是否为贫困村\left[是\right]\&宣传政策数\left[数值>0\right]}{是否为贫困村\left[是\right]\&做事情总数}$$

到家里了解情况，建档立卡

$$=100\%\times\frac{是否为贫困村\left[是\right]\&到家里了解情况，建档立卡\left[数值>0\right]}{是否为贫困村\left[是\right]\&做事情总数}$$

$$组织老百姓培训=100\%\times\frac{是否为贫困村\left[是\right]\&组织老百姓培训\left[数值>0\right]}{是否为贫困村\left[是\right]\&做事情总数}$$

$$组织务工=100\%\times\frac{是否为贫困村\left[是\right]\&组织务工\left[数值>0\right]}{是否为贫困村\left[是\right]\&做事情总数}$$

$$组织发展产业=100\%\times\frac{是否为贫困村\left[是\right]\&组织发展产业\left[数值>0\right]}{是否为贫困村\left[是\right]\&做事情总数}$$

$$组织移民搬迁=100\%\times\frac{是否为贫困村\left[是\right]\&组织移民搬迁\left[数值>0\right]}{是否为贫困村\left[是\right]\&做事情总数}$$

落实各类社会保障政策

$$=100\%\times\frac{是否为贫困村\left[是\right]\&落实各类社会保障政策\left[数值>0\right]}{是否为贫困村\left[是\right]\&做事情总数}$$

组织农户参与村庄基础设施建设从而获得相关收入

$$=100\%\times\frac{是否为贫困村\left[是\right]\&组织农户参与村庄基础设施建设从而获得相关收入\left[数值>0\right]}{是否为贫困村\left[是\right]\&做事情总数}$$

$$危房改造=100\%\times\frac{是否为贫困村\left[是\right]\&危房改造\left[数值>0\right]}{是否为贫困村\left[是\right]\&做事情总数}$$

$$其他=100\%\times\frac{是否为贫困村\left[是\right]\&其他\left[数值>0\right]}{是否为贫困村\left[是\right]\&做事情总数}$$

10. 对驻村工作满意度所占比例

$$满意=100\%\times\frac{是否为贫困村\left[是\right]\&满意的村数\left[数值>0\right]}{是否为贫困村\left[是\right]\&调查贫困村总数}$$

$$基本满意=100\%\times\frac{是否为贫困村\left[是\right]\&基本满意的村数\left[数值>0\right]}{是否为贫困村\left[是\right]\&调查贫困村总数}$$

$$一般满意=100\%\times\frac{是否为贫困村\left[是\right]\&一般满意的村数\left[数值>0\right]}{是否为贫困村\left[是\right]\&调查贫困村总数}$$

$$不满意=100\%\times\frac{是否为贫困村\left[是\right]\&不满意的村数\left[数值>0\right]}{是否为贫困村\left[是\right]\&调查贫困村总数}$$

11. 一般满意或不满意的主要原因

$$尚未采取任何帮扶措施=100\%\times\frac{尚未采取任何帮扶措施的村数\left[数值>0\right]}{贫困村一般满意的村数+贫困村不满意的村数}$$

$$没有开展实质性帮扶=100\%\times\frac{没有开展实质性帮扶的村数\left[数值>0\right]}{贫困村一般满意的村数+贫困村不满意的村数}$$

$$帮扶措施不精准=100\%\times\frac{帮扶措施不精准的村数\left[数值>0\right]}{贫困村一般满意的村数+贫困村不满意的村数}$$

$$帮扶工作效果不明显=100\%\times\frac{帮扶工作效果不明显的村数\left[数值>0\right]}{贫困村一般满意的村数+贫困村不满意的村数}$$

$$其他=100\%\times\frac{其他的村数\left[数值>0\right]}{贫困村一般满意的村数+贫困村不满意的村数}$$